서문문고
213

한문해석입문

김 종 권 지음

머리말

漢文은 人類의 古典으로서 높은 가치가 있어, 우리는 옛날부터 애독하여 왔고, 文字文化生活에 많은 영향을 받아 왔다. 그래서 한글이 제정된 뒤에도 여전히 漢文字를 많이 써서, 우리 古典에는 漢文 및 漢文體로 된 文章이 많으며, 國語生活과는 떨어질 수 없는 밀접한 관계를 가지고 있다. 그러므로 漢文工夫는 古典 해득 및 國語의 지식과 이해 기능을 높이는 데 도움이 될 뿐만 아니라, 東洋文化의 특성을 이해하는 데 필요한 학문이 되는 것이다.

漢文學習에는 첫째로 漢字 및 漢文의 構造와 文章의 특질을 이해하고, 둘째로 漢文을 읽고 이해하는 힘과 효과적으로 활용할 수 있는 능력과 문학 작품을 감상·비평할 수 있는 힘을 기르고, 셋째로, 한문학이 우리 文化生活과 東洋文化 및 人類文化生活에 어떤 역할을 하였는가를 알면서, 국어의 문화 발전에 이바지할 수 있도록 힘쓰고, 넷째로, 漢文을 學理的으로 연구하여 바르게 이해하며 審美力과 판단력을 길러서 健實한 人格을 도야하는 데에 힘쓸 것이다.

그런데 한때 주춤했던 漢文敎育이 교육 과정에 따라 각급 학교 전반에 걸쳐 강화되고 있고, 또 오랫동안 간직만 해오던 수많은 古典을 國譯하여 國學의 근본적인 연구와 그 발전을 도모하여야 한다는 여론도 비등하다. 그러나 현실적으로 漢文으로 된 古典을 現代文化시킬 학자가 많지 않고, 있다고 해도 고령이어서 실질적으로 젊은 漢文學者들의 많은 배출이 시급하다. 이러한 실정으로 보아 무엇보다 漢文도 여느 학문과 마찬가지로 그 基礎부터 체계적으로 공부할 필요가 있다는 뜻에서 이 책을 엮었다.

끝으로 이 책을 내는 데에 있어서 여러 면으로 도와준 분들에게 고마운 뜻을 표하며, 이 변변찮은 책이 독자에게 다소나마 보람이 있었으면 하고 바랄 뿐이다.

雪嶽山人 金鐘權

한문해석입문

▨ 일러두기

1. 이 책을 편찬한 주안점은 한문 공부의 기초 실력을 길러 한문을 해석할 수 있는 능력을 배양하는 데에 두었다.
2. 이 책의 내용은 한문 학습과 학문법의 기초, 한문의 문형, 한문 해석법과 한시 학습의 기초 등으로 나누어 그 근본적인 소양을 기르도록 하고, 뒷부분에는 우리나라와 중국의 유명한 문장과 시를 뽑아 해석하여 놓았다.
3. 한문법의 기초, 한문의 문형, 한문 해석법의 기초를 다루는 데에 보기로 든 글들은 될 수 있는 대로 명문에서 뽑아서, 그 글공부가 그대로 심신의 수양이 될 수 있도록 했고, 한시 학습의 예(例)는 우리나라 것만을 들었다.
4. 유명한 문장과 한시는 우리나라와 중국 것을 양적으로 비슷하게 뽑아 각 유형별로 실어 해석하여 놓았다.
5. 한문 공부를 스스로 힘쓴다는 점에서 명문은 자의나 어구나 문장풀이를 특별히 해놓지 않고, 다만 토(구결) 대신 구두점을 찍었고, 또 주석을 붙이지 않고 중요한 곳은 괄호 안에 풀이하여 놓았다.
6. 문장의 해석은 그 성분에 유의하여 한문법에 따르는 해석법을 위주로 하였으나, 될 수 있는 대로 현대문으로 풀이하는 데에 힘썼다.
7. 특별히 학습에 유의할 점에는 그 글의 왼쪽에 방점을 찍고, 그 풀이한 내용에는 그대로 두었는데, 이는 스스로 찾아보며 공부하게 하기 위해서이다. 예를 든 글에 간혹 동일한 어구나 문장을 인용한 것이 있는데, 이는 문법적으로 좋은 예문(例文)이 되기 때문이다.

⊠ 한문해석입문

차 례

머리말

1 漢文學習의 基礎 ································· *11*
   (1) 漢文學習에 알아 둘 점 ················· *13*
   (2) 六書法 ································· *16*
      ① 漢文字의 발달 / ② 六書法의 내용
   (3) 字典活用法 ····························· *23*
   (4) 字義活用法 ····························· *25*
      ① 同字異訓 / ② 異字同訓
   (5) 漢字語句의 構成法 ······················ *41*
      ① 單語의 構成法 / ② 熟語의 構成法 / ③ 句의 構成法

2 漢文法의 基礎 ································· *45*
   (1) 九品詞 ································· *47*
      ① 名詞 / ② 代名詞 / ③ 動詞 / ④ 形容詞 / ⑤ 副詞 / ⑥ 接續詞 / ⑦ 關係詞 / ⑧ 語助辭 / ⑨ 感歎詞
   (2) 文章의 構成法 ··························· *72*
      ① 漢文의 基本構成法 / ② 成分의 省略 / ③ 成分의 倒置
   (3) 句의 排列法 ····························· *77*
      ① 對句法 / ② 重疊法 / ③ 承遞法

3 漢文의 文型 *83*
  (1) 平叙文 *85*
  (2) 疑問文 *87*
    ① 疑問形語助辭가 붙는 例 / ② 글머리에 疑問副詞가 붙는 例 / ③ 글 끝에 疑問詞가 붙는 例
  (3) 否定文 *92*
    ① 否定副詞가 쓰이는 例 / ② 否定副詞가 二重으로 쓰이는 例 / ③ 否定副詞에 다른 副詞가 첨가되는 例
  (4) 反語文 *101*
    ① 副詞에 疑問形語助詞가 붙는 例
  (5) 禁止文 *106*
    ① 禁止形否定副詞가 쓰이는 例 / ② 禁止詞가 쓰이는 例
  (6) 受動文 *108*
    ① 被動詞가 쓰이는 例
  (7) 使役文 *110*
    ① 使役動詞가 쓰이는 例
  (8) 比較文 *114*
    ① 關係詞 '於'가 쓰이는 例 / ② 副詞 '如' '若'이 쓰이는 例 / ③ 否定副詞를 아울러 쓰는 例 / ④ 選擇形副詞가 쓰여 比較되는 例
  (9) 假想文 *122*
    ① 假定形副詞가 쓰이는 例 / ② 假想의 뜻을 가진 말이 쓰이는 例
  (10) 咏歎文 *125*
    ① 感歎詞가 쓰이는 例 / ② 感歎形語助詞가 쓰이는 例

(11) 譬喩法 ··· *128*
      ① 明喩하는 文의 例 / ② 隱喩文의 例
   (12) 限定文 ··· *131*
      ① 限定副詞가 쓰이는 例 / ② 限定形語助詞가 쓰이는 例
   (13) 抑揚文 ··· *136*
   (14) 引用文 ··· *138*
      ① 인용문이 쓰인 例
   (15) 倒置文 ··· *140*
      ① 목적어가 述語의 앞에 놓인 例 / ② 목적어가 앞에 提起되는 例 / ③ 述語가 主語에 先行되는 例

4. 漢文解釋法의 基礎 ··· *143*
   (1) 句讀法 ··· *145*
      ① 句點 / ② 讀點 / ③ 中止符 / ④ 疑問符 / ⑤ 感歎符 / ⑥ 竝列點 / ⑦ 引用符 / ⑧ 特示符 / ⑨ 省略符
   (2) 口訣法 ··· *153*
   (3) 解釋法 ··· *157*
      ① 可·可以 / ② 莫 / ③ 無 / ④ 勿 / ⑤ 未 / ⑥ 不 / ⑦ 不可 / ⑧ 所 / ⑨ 所以 / ⑩ 雖 / ⑪ 於 / ⑫ 如 / ⑬ 欲 / ⑭ 爲 / ⑮ 有 / ⑯ 而 / ⑰ 以 / ⑱ 以爲 / ⑲ 自 / ⑳ 則 / ㉑ 之 / ㉒ 知 / ㉓ 致 / ㉔ 必 / ㉕ 何

5. 漢詩學習의 基礎 ··· *183*
   (1) 詩形의 分類 ·· *187*
      ① 五言詩 / ② 七言詩

(2) 押韻法 ··· *190*
　　　① 五言詩 / ② 七言詩
　　(3) 平仄法 ··· *194*
　　(4) 構成法 ··· *196*
　　　① 絶句 / ② 律詩
　　(5) 漢詩學習에 留意할 점 ··· *199*

6. 名文選 ·· *203*
　　(1) 韓國名文選 ·· *205*
　　　① 史書類 / ② 敎養類 / ③ 文章類
　　(2) 中國名文選 ·· *257*
　　　① 經書類 / ② 史書類 / ③ 子集類 / ④ 文章類

7. 名詩選 ·· *305*
　　(1) 韓國名詩選 ·· *307*
　　　① 五言詩 / ② 七言詩 / ③ 樂府
　　(2) 中國名詩選 ·· *314*
　　　① 五言詩 / ② 七言詩 / ③ 樂符

1. 漢文學習의 基礎

(1) 漢文學習에 알아 둘 점

漢文 안에는 人類의 古典으로서 높은 價値가 있어서 우리는 옛날부터 이를 工夫하여 文字文化 생활에 많은 영향을 받아 왔다. 그래서 한글이 制定된 뒤에도 여전히 漢文字를 많이 써서, 우리 古典에는 漢文과 漢文體로 된 文章이 대부분이다. 그러므로 漢文工夫는 우리 古典을 解得하고 國語의 知識과 理解 技能을 높이는 데에 큰 도움이 된다. 文敎部에서는 敎育用 基礎 漢字 1800字를 제정하여 漢文敎育을 强化하는만큼, 學徒들은 이 뜻에 부응하여 漢文學習에 留意하고, 理解面에서는 漢字 漢文의 構造 및 漢文章의 構成을 잘 把握하고, 技能面에서는 漢文을 읽고 理解하는 힘과 效果的인 活用能力을 기르고, 古典 文學作品을 感賞・批評하는 힘을 기르며, 態度面에서는 漢文學習을 통하여 漢文學이 우리 文字生活과 東洋文化圈 및 人類文化 發展에 寄與한 점을 알고, 나아가 우리 국어의 醇化 發展에 이바지할 수 있도록 힘쓰고, 努力面에서는 漢文을 學理的으로 硏究하여 그 내용을 확실히 이해하며 아울러 健實한 인격을 陶冶하는 데에 힘써야 할 것이다.

그런데 어떤 글이든 그 글자를 안다고 해서, 또는 그 말을 안다고 해서 그 글을 쉽사리 깨우치는 것은 아니다. 漢文도 마찬가지이다. 곧 漢字나 國漢混用文을 잘 안다고 해서 漢文을 읽고 그 文脈・文意・要旨・內容 등을 이해할 수 있는 것은 아니니, 이는 漢文을 읽는 법과 해석하는 법을 해득하지 못한 까닭이다. 그러므로 漢文學習에 있어서 무엇보다도 중요한 것은, 한문을 잘 읽고 잘 해석하는 힘과 그 내용을 이해할 수 있는 힘을 기르는 데에 힘쓴다는 점이다.

　漢文을 잘 읽는 힘을 기르는 데에는 첫째로, 漢字를 여러 면으로 많이 익혀서 한문을 충분히 音讀할 수 있어야 하고, 둘째로, 쉬운 文章이든 어려운 문장이든 여러 번 반복하여 읽어 그 뜻을 알도록 힘써야 하고, 셋째로, 漢文法의 基礎와 訓讀法을 익혀 品詞를 알고 句讀點을 찍거나 吐(口訣)를 달아 새겨 읽도록 힘쓰고, 넷째로, 정성들여 써보며 중요한 語句와 문장을 외우고, 아울러 이를 활용하기에 힘써야 한다. 이렇게 읽는 힘을 길러나가다 보면 자연히 漢文의 句讀法이 마음속에서 떠오르고 文理가 통하여, 어떤 文章을 대하더라도 法에 맞게 吐를 달며 읽을 수 있게 될 것이다. 그리고 漢文을 읽는 방법으로는 소리를 내어 읽는 音讀法 또는 訓讀法과 소리를 안 내고 읽는 默讀法이 있는데, 文體의 文脈・文意・要旨 등을 把握하려면 소리를 내어 읽는 것이 좋고, 내용을 探究하는 데에는 소리를 안 내고 默讀이나 精讀하는 것이 좋다. 또 文章의 첫머리부터 끝까지 죽죽 읽어 나가는 通讀法과 한 語句에서 한 文節로, 한 句節에서 全文章으로 세밀하게 풀어나가며 읽는 精讀法이 있는데, 대체의 뜻과 내용을 파악하는 데에는 通讀법이 좋고, 文理를 탐구하는 데에는 精讀法이 좋다. 그런데 漢文은 一種의 語學이므로 처음 대하는 글은 말할 것도 없거니와, 한번 익혀 아는 글이라도 몇 번이고 되풀이하여 읽는 것이, 이른바 文理를 통할 수 있는 捷徑이라고 하겠다.

다음으로 漢文을 해석하여 그 내용을 이해하는 힘을 기르는 데에는 첫째로, 漢文法과 訓讀法을 충분히 익혀 활용할 줄 알아야 하고, 둘째로, 文章의 成分과 句의 排列法을 이해하여야 하고, 셋째로, 漢文의 文型을 충분히 익혀 그 文章을 올바르게 해석하고 그 내용을 바르게 이해하는 데 힘써야 할 것이다. 要는 옛말에, '백 번 읽으면 그 뜻이 저절로 나타난다'는 말처럼, 漢文學習의 중요한 점은 많이 읽고 해석하는 힘을 기르는 데 있다.

(2) 六書法

文字는 사람의 사상을 전달하는 수단인 언어를 적는 記號이다. 문자에는 表音文字와 表意文字가 있는데 우리나라 글자인 한글은 표음문자이고, 중국 글자인 漢文字와 같은 것은 표의문자이다. 그런데 한문자는 우리 東洋文化뿐만 아니라 세계 문화에 큰 영향을 끼친 글자며, 그 構成法과 活用法도 特異하다. 그러면 한문자는 어떻게 발달하여 왔으며, 그 근본 문제인 六書法의 내용은 어떠한 것인지 대략 살펴본다.

① 漢文字의 발달

한문자의 起源에 대하여 세상에서는 중국의 黃帝 때의 史官인 창힐(蒼頡)이 새의 발자국을 보고 만들었다고 전하고, 문자의 뜻을 말한 ≪說文解字≫의 序文에, 事物의 모양을 본떠 만든 것을 文이라 이르고, 사물의 모양과 그 소리를 본떠 만든 것을 字라 한다 하였다. 그런데 지금 남아 있는 가장 오래된 文字는 殷나라 때의 것으로, 그 하나는 河南省에서 出土된 龜甲文字이고, 또 한 가지는 여러 곳에서 발굴된 鐘·솥(鼎)·그릇 등에 새겨 놓은 글자들이다. 周나라 때의 문자는, 당시의 구리 그릇에 새겨 놓은 金文이 많이 보인다. 이러한 옛 글자〔古文〕를 太史인 史籒라는 사람이 고쳐서 주문(籒文), 곧 대전문자(大篆文字)

15篇을 만들었는데, 그 문자는 대개 옛글자와 같으나 글자의 획이 좀 복잡하다. 戰國時代에는 그 나라에 따라서 글자가 서로 달랐으나, 秦나라가 天下를 통일하자 그 글자에 맞지 않는 것을 다 금하였다. 이때 李斯는 蒼頡篇을, 趙高는 援歷篇을, 胡母敬은 博學篇을 만들었는데, 이것들은 다 史籒의 大篆을 참고로 한 小篆, 또는 秦篆이라 칭하는 秦나라 글자로서, 이 글자는 泰山의 始皇帝刻石(頌德碑)에서 볼 수 있다.

秦나라 때의 實用文字로는 정막(程邈)이 篆書를 簡略하게 만든 隸書가 있었다. 漢나라 때에는 宣帝 때 蒼頡篇에 능통한 장고(張敞)가 문자의 學理를 밝히고 平帝 때 揚雄이 訓篆篇을 만들었는데, 창힐로부터 이 당시까지 쓴 글자가 5,340字였다. 漢나라 때의 通用文字는 隸書였는데, 그 때의 문자는 碑文과 西域에서 발굴된 木簡에 의하여 볼 수 있다. 그런데 오늘까지 남아 있는 가장 오랜 文字學에 관한 중요한 책은 後漢 때에 許愼이 지은 ≪說文解字≫15篇이다. 이 책에는 옛글자 9,353字를 모아 해석하였다.

漢文字는 唐・宋 때에 이르기까지 많은 글자가 만들어져서 사용되었다. 그리고 글씨체〔書體〕에 있어서도 篆書・隸書・八分・楷書・行書・草書등으로 발전하였다.

그리고 唐・宋 때 文字學의 책으로는 說文 관계 書籍이 많이 나왔다. 그뒤 明나라 때를 거쳐 淸나라 때에 이르러서는 考證學이 연구되었는 데, 이때 說文은 經書와 함께 존중되었고, 문자학의 연구가 盛大하게 발달하여 이에 관한 여러 가지 책이 나왔으며, 漢文字도 많이 만들어져서

≪康熙字典≫에 실려 있는 것만도 49030자나 되었다. 그러면 漢文字의 구성에 관한 육서법의 내용을 살펴보기로 한다.

② 六書法의 내용

漢文字는 옛날부터 그 構成法과 活用法에 따라 象形文字·指事文字·會意文字·形聲文字·轉注·假借의 여섯 가지로 나눠 설명하였는데 이를 六書法이라 한다. 後漢 때 (서기100)에 許愼은 그의 著書 ≪說文解字≫에 漢文字 9,350자를 六書法으로 分類하였다. 이를 가장 오랜 字典이라고 부르거니와 漢文字를 공부하려면 우선 이 六書의 기본 문제를 알아야 한다. 이는 곧 六書가 한문자를 만든 기본법이기 때문이다. 許愼은 ≪說文解字≫의 序文에 저 班固의 ≪漢書藝文志≫처럼 六書의 이름만 열거하지 않고, 각각 四字二句의 글로 그 뜻을 풀이하고 또 그 例를 2자씩 만들었다.

이 六書法 중에서 象形·指事·會意·形聲의 네 가지 법은 한문자의 구성법에 따르는 것이고, 轉注·假借는 활용법에 따르는 것인데, 轉注와 假借에 대하여는 전혀 다른 뜻으로 사용되고 있다는 설도 있다. 이에 관하여 淸나라의 江永은 '본뜻 이외에 다른 뜻으로 바꿔 쓰는 것'을 轉注라 하여, 그 예로서 '준마 준(駿)'자를 '클 준' '빠를 준'자로 쓴다 하였고, '그 뜻은 없고 다만 그 音만을 빌려 쓰는 것'를 假借라 하여, 그 예로서 '나라 연(燕)'자를 '즐거울 연(宴)'자와 음이 같으므로 빌려 쓰는 것과 같다고 하였는데, 나는 생각하기를, 轉注는 한 글자를 여러 가지 뜻으로 활용하는 '同字異訓'으로, 假借는 음이 같은 글자를 빌어서 같은 뜻으로 활용하는 '異字同訓'으로 쓰이는 것이 아닌가 한다. 그러면 許愼의 ≪說文解字≫의 六書法 내용을 소개하고 아울러 그 예를 들어보기로 한다.

㉠ 象形文字 : 象形이란 事物의 형상을 그려 形體대로 꾸불꾸불하게 만든 글자로서, 날 일(日)·달 월(月)자 같은 것이 이것이다(象形者, 畵成其物, 隨體詰詘, 日月是也).

이는 事物의 形體를 본떠 만든 글자라는 뜻으로서, 뫼 산(山)·물 수(水)·내 천(川)·우물 정(井)·밭 전(田)·사람 인(人)·몸 신(身)·손 수(手)·어미 모(母)·아들 자(子)·풀 초(草)·나무 목(木)·새 조(鳥)·고기 어(魚)·개 견(犬)·날 비(飛)·문 문(門)·실 사(絲)·칼 도(刀)·수건 건(巾) 등이 곧 象形文字이다(이를 그림으로 그리면 실감이 나지만 여기에는 생략한다).

㉡ 指事文字 : 指事란 事物의 모양을 보아서 알 수 있고, 생각해서 뜻이 나타날 수 있게 만든 글자로서, 위 상(上), 아래 하(下) 자와 같은 것이 이것이다(指事者, 視而可識, 察面見意, ≒是也).

이는 사물을 보고 생각해서 알 수 있는 글자라는 뜻으로, 한 일(一)·두 이(二)·석 삼(三)·넉 사(四)·다섯 오(五)·근본 본(本)·끝 말(末)·하늘 천(天)·아닐 비

(非) 등이 곧 指事文字이다.

ⓒ **會意文字** : 會意란 이미 있는 글자를 합하여 새로운 뜻을 나타내도록 만든 글자로서, 무사 무(武)·믿을 신(信) 자 같은 것이 이것이다(會意者, 比類合誼, 以見指撝, 武信是也).

이는 둘 이상의 글자를 합하여 새로운 뜻을 나타낸 글자라는 뜻으로, 밝을 명(明)·좋을 호(好)·무(武)·사내 남(男)·편안 안(安)·옳을 의(義)·볼 간(看)·착할 선(善)·어질 인(仁)·아내 부(婦)·효도 효(孝)·앉을 좌(坐)·서로 상(相)·임금 군(君)·꾀 계(計)·솜 면(綿)·모을 집(集)·나라 국(國)·집 가(家) 등이 곧 會意文字이다.

ⓓ **形聲文字** : 形聲이란 半은 사물의 뜻을, 반은 말의 뜻을 따서 이를 結合하여 만든 글자로서, 물 강(江)·물 하(河) 자 같은 것이 이것이다(形聲者, 以事爲名, 取譬相成, 江河是也).

이는 반은 사물의 뜻을 나타내는 부분과 반은 이미 만들어진 글자의 音을 따서 이를 결합하여 만든 글자로서 諧聲文字라고도 한다. 재 성(城)·탑 탑(塔)·뜻 정(情)·솔 송(松)·잣 백(柏)·닭 계(鷄)·오리 압(鴨)·마침 종(終)·돈 전(錢)·쇠북 종(鍾)·권세 권(權) 등이 곧 形聲文字이다.

㉤ **轉注** : 轉注란 같은 部首에 속한 글자를 자져다가 같은 뜻으로 받아 쓰는 글자로서, 늙을 고(考)·늙을 로(老) 자 따위가 이것이다(轉注者, 建類一首, 同意相受, 考老是也).

이는 어떤 글자의 본뜻을 바꿔 다른 뜻으로 쓰이는 글자, 곧 어떠한 한 개의 모양〔形〕·소리〔音〕·뜻〔義〕을 가지면서 따로 만들고자 하는 글자 내용에 轉注하는 것으로서, 풍류 악(樂) 자의 본뜻인 음악(音樂)·악기(樂器) 등으로 쓰이는 것을 바꿔, 즐거울 락(樂) 자의 뜻인 낙원(樂園)·안락(安樂) 등으로 쓰이기도 하고, 좋아할 요(樂) 자의 뜻인 요산요수(樂山樂水)로 쓰이는 것이라든지, 목숨 명(命) 자의 본뜻인 생명(生命)으로 쓰이는 것을 바꿔 명령 명(命) 자의 뜻인 명령(命令)으로 쓰이는 것이라든지, 쇠 금(金) 자의 본뜻인 황금(黃金) 등 광물의 총칭으로 쓰이는 것을 바꿔 돈 금(金) 자의 뜻인 금전(金錢), 또는 성의 뜻인 김씨(金氏) 등으로 쓰이는 것이라든지, 착할 선(善) 자, 악할 악(惡) 자, 장수 장(將) 자 등등을 여러 가지 뜻으로 바꿔 쓰는 것과 같은 것이 곧 轉注이다.

㉥ **假借** : 假借란 본래 거기 해당하는 글자가 없는 것을, 소리에 따라 그 사물의 뜻으로 빌려 쓰는 글자로서, 하여금 령(令)·긴 장(長) 자 같은 것이 이것이다(假借者, 本無其字, 依聲托事, 令長是也)

이는 어떤 말을 표기할 때 거기 해당하는 글자가 없을 경우에, 그 말에 부합되는 旣成文字를 빌려 쓰는 글자, 곧 그 글자의 뜻과는 아무 관계도 없고, 다만 그 음만을 빌려서 쓰는 글자를 말하는데, 지금 외래어나 지명 등의 표기, 곧 나라 이름인 美國·英國·佛蘭西 등과 地名인 亞細亞 등으로 쓰이는 것과 같다. 그런데 이 假借에 대하여는 여러 가지 학술적 이론이 있으나 여기에서는 언급하지 않는다.

(3) 字典活用法

漢文 공부에는 우선 많은 글자를 아는 문제가 중요하므로 자전 활용법을 능숙하게 익혀, 알려는 글자를 뜻하는 대로 찾을 수 있어야 한다.

그런데 漢字의 構造는 土·山·日·月·水·火·木·石·言·身·魚·鳥 등의 글자처럼 하나의 글자로 된 것도 있고, 地·神·順·則·好·男·思·明·聞·信·動·紅·楓 등의 글자처럼 두 글자가 합쳐서 된 것도 있고, 品·姦·森·晶·磊·蟲 등의 글자처럼 세 글자가 합쳐서 된 것도 있고, 또 그 이상의 글자가 합쳐서 된 것도 있다.

이처럼 복잡하게 이뤄진 漢字라 하더라도 字典에는 漢文字의 구조에 따라 系統的으로 分類되어 있는데 이를 部首라고 한다. 部首에는 변(扁)·방(旁)·머리〔冠〕·받침·몸 등으로 분류되어, 그 部首가 信·江·明·眼·談·燦 등처럼 그 글자의 왼쪽에 있는 것을 扁이라 하고, 政·郡·利 등처럼 그 글자의 오른쪽에 있는 것을 旁이라 하고, 安·家·第·篤·交 등처럼 그 글자의 위에 있는 것을 머리〔冠〕라 하고, 建·超·通·題 등처럼 그 글자의 밑에 있는 것을 받침이라 하고, 國·間·疾·冉·店·鬪 등처럼 그 글자의 바깥쪽에 있는 것을 몸이라 한다.

部首의 畫數는 1획인 한 일(一)에서 17획인 피리 약(龠)에 이르기까지 214種이 있는데, 어떤 글자를 찾아보려면 우선 그 漢字가 속하는 부수를 확인하고, 아울러 그 部首索引에서 그 글자가 들어 있는 面(페이지)을 찾아서 그 글자의 부수를 제외한 획수를 세어서 찾으면 된다. 예를 들면 '大普成'이란 글자들을 찾으려면 큰 대(大) 자는 큰 대(大) 부의 제 부수에 있고, 넓을 보(普) 자는 날 일(日) 부의 8획에 있고, 이룰 성(成) 자는 창 과(戈) 부의 3획에 있는 것과 같다.

그러나 어떤 글자는 그 부수를 알지 못할 때가 있는데, 이런 때에는 그 글자의 음으로써 字音索引에서 찾고, 그 글자의 음도 모를 때에는 그 글자인 總畫數를 세어 總畫索引(檢字)에서 찾아야 한다.

(4) 字義活用法

漢字는 表意文字이므로 한 글자가 다 제대로 지니고 있는 뜻이 있고, 또한 글자가 한 音節을 나타내고 그 음절은 소리〔聲〕와 운(韻)으로 나누어졌다. 字典에는 이른바 反切法을 쓰고 있는데, 이에 의하면 字音을 表示하는 글자와 소리〔聲〕가 같은 글자를 위에 놓아 그 글자의 소리를 보이고, 그 글자와 韻이 같은 글자를 아래에 놓아 그 글자의 운을 나타내고 있다. 예를 들면 東(德紅切:동)·丹(德安切:단)·克(可黑切:극)·則(子黑切:즉)·戶(胡五切:호)·登(德增切:등)·眞(支因切:진) 등과 같다.

그런데 漢文은 뜻글자인 漢字로써 다채롭게 구성되므로, 그 뜻을 解得하려면 무엇보다도 먼저 漢字의 字義를 충분히 알고 활용할 수 있어야 한다. 특히 漢文解得에 어려운 점은 같은 글자를 다른 뜻으로 쓰는 同字異訓과, 다른 글자를 같은 뜻으로 쓰는 異字同訓의 字義問題가 學習에 중요하므로, 漢文에 많이 쓰이는 漢字를 예로 들어보기로 한다.

① 同字異訓
〔可〕 옳을 가(否之對), 허락할 가(許), 가히 가(肯), 바 가(所), 마땅할 가(宜), 착할 가(善), 만큼 가(程), 겨우 가(僅), 아내 극(妻曰可敦).

〔假〕 거짓 가(非眞), 빌릴 가(借), 잠시 가(非永久), 클 가(大), 아름다울 가(美), 인할 가(因), 빌려줄 가(貸), 가령 가(設使), 용서할 가(恕), 좋은 운 가(嘏), 여가 가(暇), 아득할 하(遐), 이룰 격(至).

〔間〕 사이 간(隙·中), 사이할 간(隔), 겨를 간(暇), 갈마들 간(迭), 사잇길 간(間道), 이간할 간(反間), 병나을 간(瘳), 나무랄 간(訾), 섞일 간(雜), 잠시 간(暫時), 대신 간(代), 간살 간(六尺爲間).

〔擧〕 들 거(扛), 받들 거(擎), 움직일 거(動), 일컬을 거(稱·揚), 뺄 거(拔), 모두 거(皆), 행할 거(行), 말할 거(言), 합할 거(合), 일으킬 거(起), 날 거(爲飛).

〔見〕 볼 견(識見·視), 만나볼 견(會見), 당할 견(當), 나타날 현(顯), 드러날 현(露), 있을 현(在), 뵐 현(朝見).

〔遣〕 보낼 견(送), 쫓을 견(逐), 견전제 견(祖奠).

〔更〕 고칠 경(改), 대신할 경(代), 지날 경(歷), 경점할 경(督夜行鼓), 다시 갱(再).

〔故〕 예 고(舊), 연고 고(緣故), 일 고(事), 사건 고(事件), 변사 고(變事), 옛 관습 고(先例), 죽을 고(物故·死), 까닭 고(理由), 그러므로 고(承上起下語), 짐짓 고(固爲之), 과실 고(過失), 초상날 고(大故·喪事), 글뜻 고(指義).

〔顧〕 돌아볼 고(回首旅視), 돌보아 줄 고(眷), 도리어 고(發語辭·反).

〔過〕 넘을 과(越), 그릇할 과(誤失), 허물 과(罪), 지날 과

(經).

[苟] 풀 구(草), 다만 구(但), 구차할 구(苟且), 진실할 구(誠), 겨우 구(纔), 만일 구(若).

[歸] 돌아갈 귀(還), 던질 귀(投), 붙좇을 귀(附), 허락할 귀(許), 시집갈 귀(嫁), 먹일 궤(餽).

[幾] 거의 기(尙·庶幾), 얼마 기(多少·幾何), 기미 기(微), 자못 기(殆), 가까울 기(近), 위태할 기(危), 기약할 기(期), 살필 기(察).

[難] 어려울 난(不易艱難), 구슬이름 난(木難), 근심 난(患), 막을 난(阻), 꾸짖을 난(責), 힐난할 난(詰), 성할 나(難然), 탈 나(國難·大難).

[女] 계집 녀(婦人未嫁), 여자 녀(婦人總稱), 시집보낼 녀(以女妻人), 딸녀(子女), 너 여(汝).

[寧] 편안 녕(安), 차라리 녕(願詞), 문안할 녕(省視), 어찌 녕(何), 거상할 녕(居喪予寧), 정녕 녕(諄復丁寧), 어떠할 녕(如何).

[度] 법도 도(法制), 잴 도(丈尺), 지날 도(過), 국량 도(度量), 뼘잴 도(布指知尺), 모양 도(姿態), 번 도(數量單位), 때 도(時), 도수 도(溫度), 꾀할 탁(謀), 헤아릴 탁(忖), 벼슬이름 탁(度支).

[道] 길 도(路), 이치 도(理), 순할 도(順), 도 도(仁義忠孝之德義), 말할 도(言), 말미암을 도(由), 좇을 도(從), 행정구역이름 도(行政區域).

〔動〕 움직일 동(靜之對), 지을 동(作), 감응 동(感應), 나올 동(出), 행동 동(行動・擧動), 동물 동(動物), 난리 동(亂), 일어날 동(起), 흔들 동(搖).

〔良〕 착할 량(善), 자못 량(頗), 남편 량(良人), 장인 량(器工), 깊을 량(深), 머리 량(首), 때문 량(良有以).

〔力〕 힘 력(筋), 부지런할 력(勤), 일할 력(勞動), 심할 력(甚), 종부릴 력(僕役), 덕 력(恩德), 위엄 력(權威), 용기 력(勇氣), 힘쓸 력(盡力), 작용할 력(作用).

〔亡〕 잃을 망(失), 망할 망(滅), 도망할 망(逃), 없을 망(不存).

〔微〕 은밀할 미(隱), 작을 미(細), 희미할 미(不明), 쇠약할 미(衰), 아닐 미(非), 없을 미(無), 기찰할 미(伺察), 숨길 미(匿), 천할 미(賤).

〔薄〕 엷을 박(不厚), 적을 박(少), 가벼울 박(輕), 애오라지 박(聊), 임박할 박(迫), 빨리달릴 박(疾驅薄薄), 발 박(박簾), 풀떨기 박(叢林), 모을 박(集), 넓을 박(薄薄之地).

〔方〕 모 방(矩), 방위 방(向), 이제 방(今), 떳떳할 방(常), 견줄 방(比), 바야흐로 방(且), 있을 방(有), 배아울러맬 방(倂舟), 방법 방(術法), 책 방(簡策), 방서 방(醫書).

〔夫〕 사내 부(男子・丈夫), 지아비 부(配匹), 선생 부(先生・夫子), 어조사 부(語助辭), 저 부(其), 계집벼슬 부(女職夫人).

〔負〕 짐질 부(背荷物), 빚질 부(受貸不償), 저버릴 부(背恩),

질 부(敗北), 믿을 부(有所恃).

[不] 아닐 불(非), 아니 부(未定辭), 클 부(大).

[比] 비교한 비(較), 무리 비(類), 견줄 비(比例), 고를 비(和), 차례비 (次), 혁대갈구리 비(胡革帶鉤), 범가죽 비(虎皮), 빽빽할 비(密), 미칠 비(及), 기다릴 비(待), 무리 비(黨), 편벽될 비(偏), 가까울 비(近), 좇을 비(從), 자주 비(頻), 빗 비(比余櫛具), 차례 필(櫛比・次).

[舍] 놓을 사(釋), 집 사(屋), 쉴 사(止息), 베풀 사(施), 폐할 사(廢), 둘 사(置), 삼십리 사(三十里), 용서할 사(赦).

[尙] 오히려 상(猶), 숭상할 상(崇), 일찍 상(曾), 거의 상(庶幾), 높을 상(尊), 귀할 상(貴), 더할 상(加), 짝 상(配), 꾸밀 상(飾), 위 상(上), 아름다울 상(嘉), 자랑할 상(矜), 주장할 상(主).

[相] 서로 상(共), 바탕 상(質), 볼 상(視), 도울 상(助), 인도할 상(導), 붙들 상(扶), 정승 상(官名), 상볼 상(相術).

[嘗] 맛볼 상(探味), 시험할 상(試), 일찍 상(曾), 가을제사 지낼 상(秋祭).

[庶] 뭇 서(衆), 거의 서(庶幾), 바랄 서(冀), 백성 서(人民), 많을 서(多), 서자 서(嫡之對).

[釋] 놓을 석(捨), 내놓을 석(放), 풀릴 석(消散), 둘 석(置), 주낼 석(註解), 벗을 석(脫), 부처이름 석(釋迦).

[善] 착할 선(良), 길할 선(吉), 많을 선(多), 좋을 선(好), 착하게여길 선(善之).

〔少〕 젊을 소(年少), 버금 소(副), 적을 소(不多).
〔須〕 잠간 수(斯須·須臾), 기다릴 수(待), 거리 수(資·用), 수염 수(鬚), 생선아가미벌떡거릴 수(魚動腮), 모름지기 수(必), 별이름 수(須女), 풀이름 수(夫須), 종첩 수(婢妾餘須).
〔數〕 두어 수(幾), 셈 수(計), 꾀 수(謀·術數), 운수 수(曆數), 팔자 수(命數).
〔純〕 순전할 순(粹), 두터울 순(篤), 온전할 순(全), 실 순(絲), 꾸릴 돈(包束), 옷선 준(衣緣).
〔勝〕 이길 승(負之對), 승할 승(優), 오디새 승(戴勝), 견딜 승(堪), 들 승(擧), 맡을 승(任).
〔是〕 이 시(此), 옳을 시(非之對), 바를 시(正), 곧을 시(直).
〔食〕 녹 식(祿), 먹을 식(茹), 살림 식(生計衣食), 밥 식(飮食), 씹을 식(啗), 먹일 사(飼), 사람이름 이(酈食其·審食其).
〔申〕 펼 신(伸), 원숭이 신(猿), 기지개켤 신(欠伸).
〔尋〕 찾을 심(搜), 궁구할 심(繹), 인할 심(仍), 아까 심(俄), 여덟자 심(八尺).
〔惡〕 악할 악(不善), 더러울 악(醜陋), 미워할 오(憎), 부끄러울 오(恥), 어찌 오(何), 어허 오(感歎詞).
〔若〕 같을 약(如), 너 약(汝), 순할 약(順), 및 약(豫及辭), 만약 약(假說辭), 젊을 약(年少), 반야 야(般若), 절 야(僧

居蘭若).

〔焉〕 어찌 언(何), 의심쩍을 언(疑), 어조사 언(語助辭).

〔如〕 같을 여(若), 갈 여(往), 이를 여(至), 어조사 여(語助辭).

〔與〕 더불 여(許·共爲), 다만 여(及), 같을 여(如), 좋아할 여(善), 줄 여(施與), 화할 여(和), 참여할 여(參與), 무리 여(黨與), 번성할 여(蕃蕪與與), 어조사 여(語助辭).

〔逆〕 거스릴 역(不易), 맞을 역(迎), 역적 역(大逆).

〔要〕 구할 요(求), 종요할 요(樞), 살필 요(察), 언약 요(約), 모을 요(會), 겁박할 요(劫), 억지로할 요(勒), 기다릴 요(待), 부를 요(招), 하고자할 요(欲), 옳게밝힐 요(取調), 허리 요(腰), 시골 요(畿外要服), 꼭 요(必), 통계 요(統計).

〔容〕 얼굴 용(貌), 모양 용(儀), 편안 용(安·從容), 용납할 용(受·包函), 펄렁거릴 용(飛揚容容), 놓을 용(置), 용서할 용(宥), 쓸 용(用), 내용 용(內容).

〔庸〕 떳떳할 용(常), 쓸 용(用), 용렬할 용(愚·凡庸), 화할 용(和), 물도랑 용(溝·水庸), 부세 용(賦法·租庸), 공 용(功), 수고로울 용(勞), 어찌 용(豈).

〔于〕 갈 우(往), 여기 우(是), 부터 우(於·乎), 넓은모양 우(廣大貌), 만족할 우(自足貌), 말할 우(曰), 할 우(爲), 어조사 우(語助辭).

〔由〕 말미암을 유(從·自), 행할 유(行), 쓸 유(用), 마음든

든할 유(自得貌), 까닭 유(理由·由緒), 인할 유(因), 지날 유(經由).

〔惟〕 꾀 유(謀), 생각할 유(思), 오직 유(獨), 어조사 유(語助辭).

〔爲〕 할 위(造), 다스릴 위(治), 하여금 위(使), 어조사 위(語助辭), 인연 위(緣), 지을 위(著), 위할 위(助), 될 우(成), 호위할 위(護), 원숭이 위(母猴), 행할 위(行), 생각할 위(思), 배울 위(學), 까닭 위(所以), 흉내낼 위(擬), 만들 위(生産).

〔謂〕 이를 위(與之言), 고할 위(告), 일컬을 위(稱).

〔宜〕 옳을 의(所安適理), 마땅할 의(當), 유순할 의(和順), 일할 의(事), 좋아할 의(好), 제사이름 의(祭名).

〔以〕 할 이(爲), 써 이(用), 쓸 이(用), 까닭 이(因), 함께 이(與), 거느릴 이(率), 생각할 이(思).

〔異〕 다를 이(不同), 괴이할 이(怪), 나눌 이(分), 기이할 이(奇).

〔易〕 다스릴 이(治), 쉽게여길 이(忽), 쉬울 이(不難), 게으를 이(輕惰), 편안 이(安), 변할 역(變), 바꿀 역(換), 형상할 역(象), 역서 역(易書), 물이름 역(水名).

〔已〕 이미 이(過事語辭), 그칠 이(止·訖), 말 이(終事之辭), 버릴 이(去), 너무 이(太過), 조금있다가 이(踰時), 뿐 이·따름 이(啻), 병나을 이(病愈).

〔而〕 말이을 이(上下接續辭), 어조사 이(語助辭), 너 이(汝),

에 이(於), 같을 이(如), 이에 이(乃).

〔自〕몸소 자(己), 부터 자(由·從), 스스로 자(躬親), 저절로 자(無勉自然).

〔資〕재물 자(貨), 취할 자(取), 쓸 자(用), 도울 자(助), 자품 자(稟), 자뢰 자(賴).

〔將〕장차 장(漸), 거의 장(幾), 문득 장(抑然辭), 또 장(且), 기를 장(養), 도울 장(助), 보낼 장(送), 클 장(大), 받들 장(奉), 이을 장(承), 곧 장(卽), 거느릴 장(領), 나아갈 장(進), 행할 장(行), 가질 장(持), 곁붙일 장(扶持), 으로써 장(以), 장수 장(師), 대장 장(大將), 청할 장(請), 쟁그랑 소리날 장(聲).

〔適〕갈 적(往), 편안할 적(自得安便), 마침 적(適然偶爾), 깨달을 적(悟), 시집갈 적(嫁), 좇을 적(從), 주장할 적(專主), 친히할 적(親).

〔諸〕모든 제(衆), 말잘할 제(諸諸辯給), 어조사 제(語助辭), 옷이름 제(諸于).

〔濟〕건널 제(渡), 건질 제(賙救), 구할 제(救), 일이룰 제(事遂), 정할 제(定), 그칠 제(止), 가지런할 제(多威儀貌 濟濟).

〔從〕좇을 종(隨), 일가 종(同宗), 말들을 종(相隨), 허락할 종(許), 나아갈 종(就), 부터 종(自), 순할 종(順), 종용할 종(舒緩貌 從容), 상투우뚝할 종(髻高), 따르는사람 종(隨行者·侍從·驅從).

〔縱〕 세로 종(橫之對), 세울 종(竪), 비록 종(雖), 놓을 종(放), 어지러울 종(亂), 둘 종(置), 바쁠 총·급할 총(急遽縱縱).

〔之〕 갈 지(往), 이를 지(至), 이 지(此), 어조사 지(語助辭), 의 지(所有格), 이에 지(於).

〔疾〕 병 질(病), 근심할 질(患), 투기할 질(妒), 급할 질(急), 미워할 질(憎), 몹쓸 질(惡), 원망할 질(怨), 빠를 질(速).

〔且〕 또 차(又), 면서 차(接續辭), 장차 차(將), 문득 차(抑), 아직 차(姑), 설령 차(假說辭), 거의 차(幾), 여기에 차(此), 어조사 차(語助辭), 나아가지않을 저(不進), 많을 저(多), 파초 저(芭蕉), 공손할 저(恭).

〔差〕 어기어질 차(舛), 가리 차(擇), 다를 차(異), 병나을 차(病愈), 사신갈 차(使), 사신보낼차(使送), 어긋날 치(不齊), 오르락내리락할 치(燕飛), 구분지을 치(區分), 버금 채(貳), 가릴 채(擇).

〔聽〕 들을 청(聆), 받을 청(受), 좇을 청(從), 결단할 청(斷), 꾀할 청(謀), 기다릴 청(待), 수소문할 청(偵察), 맡길 청(任).

〔就〕 나아갈 취(進), 이룰 취(成), 곧 취(卽), 가령 취(假令), 능할 취(能), 마칠 취(終), 저자 취(市), 좇을 취(從).

〔値〕 만날 치(遇), 당할 치(當), 가질 치(持), 값 치(價).

〔稱〕 일컬을 칭(言), 저울질할 칭(銓), 저울 칭(衡), 날릴 칭(揚), 들 칭(擧), 이름할 칭(名號), 헤아릴 칭(量度), 맞을 칭(副), 마음에맞을 칭(愜意), 같을 칭(等參稱).

〔殆〕 위태할 태(危), 가까이할 태(近), 거의 태(幾), 비로소 태(始), 장차 태(將).

〔特〕 우뚝할 특(挺立), 특별할 특(唯獨), 짝 특(配匹), 수소 특(牡牛), 뛰어날 특(恪別), 수컷 특(雄), 홀짐승 특(獨), 다만 특(但), 세살난짐승 특(三歲獸).

〔行〕 다닐 행(步), 갈 행(往), 길 행(路), 오행 행(運·五行), 쓸 행(用), 행서 행(書體), 행실 행(身之所敬), 순행할 행(巡視), 항렬 항(等輩), 굳셀 항(行行剛强), 항오 항(列).

〔或〕 혹 혹·아마 혹(未定辭), 의심날 혹(疑), 괴이할 혹(怪), 어떤사람 혹(誰人), 있을 혹(有).

〔效〕 본받을 효·모방할 효(倣), 형상할 효(象), 공효 효(功), 증험할 효(驗), 힘쓸 효(勉), 드릴 효(獻), 줄 효(授).

② **異字同訓**

〔가다〕 行(행), 往(왕), 征(정), 適(적), 如(여), 之(지), 逝(서), 去(거).

〔가령〕 假(가), 設(설).

〔갑자기〕俄(아), 遽(거), 驟(취), 頓(돈), 卒(졸), 猝(졸).
〔같다〕等(등), 均(균), 齊(제), 猶(유), 若(약), 如(여).
〔건너다〕渡(도), 亙(호), 涉(섭), 濟(제), 度(도), 經(경).
〔겨우〕纔(재), 僅(근).
〔견주다〕比(비), 較(교), 校(교), 視(시).
〔겹치다〕重(중), 疊(첩).
〔곧〕卽(즉), 則(즉), 乃(내), 是(시), 便(변), 迺(내), 斯(사).
〔그〕其(기), 厥(궐).
〔그만두다〕止(지), 已(이), 罷(파), 輟(철), 休(휴), 寢(침), 息(식), 舍(사).
〔기다리다〕待(대), 俟(사), 須(수), 候(후).
〔기르다〕養(양), 育(육), 畜(축).
〔기쁘다〕喜(희), 悅(열), 說(열), 歡(환), 懽(환), 欣(흔), 忻(흔), 怡(이).
〔나〕我(아), 吾(오), 予(여), 余(여).
〔나타나다〕形(형), 見(현), 現(현), 露(로), 顯(현), 表(표).
〔너〕汝(여), 女(여), 若(약), 而(이), 乃(내), 爾(이), 迺(내).
〔넘다〕越(월), 逾(유), 踰(유), 超(초).
〔노하다〕怒(노), 恚(에), 慍(온), 忿(분), 嗔(진).
〔높다〕高(고), 崇(숭), 尊(존), 隆(륭), 貴(귀), 顯(현).
〔눕다〕臥(와), 偃(언), 仆(부).

〔느가〕 邪(야), 耶(야), 歟(여), 與(여), 乎(호), 哉(재), 夫(부).

〔늘〕 常(상), 恒(항), 每(매).

〔다〕 皆(개), 咸(함), 僉(첨), 擧(거).

〔다만〕 但(단), 只(지), 苟(구), 第(제).

〔다스리다〕 治(치), 修(수), 위(爲), 理(리).

〔다하다〕 盡(진), 竭(갈), 極(극).

〔달리다〕 走(주), 趁(진), 馳(치), 騁(빙), 驟(취).

〔도리어〕 反(반), 却(각), 還(환), 復(복).

〔도모하다〕 圖(도), 畫(획), 謀(모), 諮(자), 咨(자), 議(의), 規(규), 權(권).

〔돌다〕 回(회), 廻(회), 巡(순), 周(주), 週(주), 旋(선), 繞(요), 環(환), 遶(요).

〔돕다〕 佐(좌), 輔(보), 相(상), 助(조), 扶(부), 救(구).

〔또〕 又(우), 亦(역), 復(부), 且(차).

〔두다〕 置(치), 舍(사), 措(조), 寘(치).

〔두려워하다〕 恐(공), 懼(구), 惧(구), 畏(외), 怖(포), 惶(황), 怕(파).

〔따르다〕 從(종), 順(순), 隨(수), 循(순), 聽(청).

〔마침〕 畢(필), 終(종), 卒(졸), 竟(경), 適(적), 會(회), 遇(우), 偶(우).

〔만나다〕 會(회), 遇(우), 逢(봉), 遭(조).

〔만들다〕 造(조), 作(작), 爲(위), 制(제), 製(제).

〔만약〕若(약), 如(여), 苟(구).
〔많다〕多(다), 衆(중), 稠(조).
〔말하다〕言(언), 語(어), 云(운), 曰(왈), 謂(위), 道(도).
〔먼저〕先(선), 前(전), 曩(낭), 向(향), 初(초).
〔몰래〕私(사), 陰(음), 密(밀), 竊(절), 潛(잠).
〔몸소〕白(자), 親(친), 躬(궁), 身(신), 己(기)
〔묻다〕問(문), 訊(신), 諮(자).
〔미워하다〕惡(오), 憎(증), 嫉(질).
〔밟다〕履(이), 踐(천), 蹈(도), 踏(답), 蹂(유), 躡(섭).
〔배반하다〕反(반), 叛(반), 乖(괴), 背(배), 負(부), 違(위).
〔베다〕斬(참), 切(절), 割(할).
〔보다〕見(견), 看(간), 視(시), 觀(관), 覽(람), 覩(도), 瞻(첨).
〔본래〕本(본), 素(소), 原(원).
〔부끄럽다〕恥(치), 愧(괴), 慙(참), 羞(수), 怩(니), 忸(뉵), 恧(뉵), 赧(난).
〔부터〕從(종), 自(자), 由(유), 以(이), 于(우).
〔붉다〕赤(적), 紅(홍), 朱(주), 丹(단).
〔비록〕雖(수), 縱(종).
〔빠르다〕速(속), 急(급), 迅(신), 駿(준), 疾(질), 捷(첩), 遽(거).
〔뿐〕耳(이), 已(이), 爾(이).
〔생각하다〕思(사), 意(의), 以(이), 爲(위), 謂(위), 念(념),

惟(유), 想(상), 憶(억).

[실로] 誠(성), 眞(진), 固(고), 實(실), 信(신), 允(윤), 良(량), 諒(량), 苟(구).

[심하다] 甚(심), 太(태), 劇(극), 酷(혹).

[아아] 嗚(오), 呼(호), 嗟(차), 吁(우), 噓(허), 噫(희), 於(호), 乎(호).

[어찌] 何(하), 安(안), 寧(녕), 焉(언), 惡(오), 胡(호), 奚(해), 曷(갈), 奈(내).

[없다] 無(무), 莫(막), 无(무), 毋(무), 靡(미), 亡(망), 罔(망), 勿(물).

[열다] 開(개), 拓(척), 披(피), 啓(계), 發(발), 闢(벽).

[오히려] 猶(유), 尙(상).

[오직] 唯(유), 惟(유), 維(유).

[옳다] 可(가), 是(시), 宜(의), 義(의).

[용서하다] 免(면), 宥(유), 容(용), 恕(서).

[울다] 鳴(명), 啼(제), 嘶(시), 泣(읍), 哭(곡), 涕(체).

[위태롭다] 危(위), 殆(태).

[의지하다] 依(의), 據(거), 賴(뢰), 仗(장), 倚(의), 憑(빙), 寄(기).

[이] 此(차), 是(시), 之(지), 斯(사), 玆(자), 伊(이).

[이기다] 勝(승), 克(극), 剋(극).

[이르다] 至(지), 到(도), 詣(예), 抵(저), 格(격).

[이미] 已(이), 旣(기), 業(업).

〔인연〕 因(인), 緣(연).
〔일어나다〕 起(기), 興(흥), 作(작), 發(발), 勃(발).
〔일찍이〕 嘗(상), 曾(증), 夙(숙), 早(조)
〔잃다〕 失(실), 亡(망), 喪(상), 遺(유).
〔잇다〕 繼(계), 續(속), 嗣(사), 襲(습), 接(접).
〔있다〕 有(유), 在(재), 存(존).
〔작다〕 小(소), 微(미), 細(세).
〔잠시〕 暫(잠), 乍(사), 頃(경), 須(수), 臾(유), 假(가).
〔재화〕 災(재), 禍(화), 殃(앙), 凶(흉), 祅(요).
〔적다〕 少(소), 寡(과), 鮮(선), 尠(선).
〔좋다〕 善(선), 良(량), 好(호), 吉(길), 美(미).
〔주다〕 與(여), 贈(증), 遺(유), 貽(이).
〔착하다〕 善(선), 良(량), 仁(인), 臧(장), 可(가).
〔찾는다〕 尋(심), 探(탐), 求(구), 訪(방), 索(색).
〔책망하다〕 責(책), 譴(견), 讓(양).
〔치다〕 擊(격), 討(토), 伐(벌), 打(타), 毆(구), 拍(박).
〔하다〕 爲(위), 作(작), 成(성), 以(이).
〔하물며〕 況(황), 矧(신).
〔하여금〕 使(사), 令(령), 俾(비), 敎(교).
〔허락하다〕 許(허), 允(윤), 歸(귀), 可(가).
〔헤아리다〕 計(계), 測(측), 度(탁), 量(량).

(5) 漢字語句의 構成法

 漢字는 뜻글자이므로, 나라〔國〕・백성〔民〕・나〔我〕・너〔汝〕・움직이다〔動〕・크다〔大〕・어찌〔何〕 등과 같이 하나의 글자가 하나의 말이 되기도 하고, 民族・國家・三千里・錦繡江山・大韓民國 등과 같이 둘 이상의 글자가 하나의 단어가 되기도 하고, 愛國精神・民族文化・自由平和・民族正氣發揮 등과 같이, 둘 이상의 단어가 모여 하나의 熟語가 되기도 하고, 봄바람이 분다〔春風吹〕, 온갖 꽃이 핀다〔百花發〕, 물이 매우 맑다〔水極淸〕, 말이 경쾌하게 달린다〔馬快走〕 등과 같이, 主語・述語에 修飾語가 붙어서 이뤄진 語句도 있고, 어버이는 자식을 사랑한다〔親愛子〕는 말과 같이 主語・述語・目的語로 이뤄진 句도 있고, 의리를 먼저하고〔先義理〕, 공리를 뒤에 한다〔後功利〕는 述語・目的語로 된 句도 있고, 금은 은보다 귀하고〔金貴於銀〕, 옥은 돌보다 아름답다〔玉美於石〕 등과 같이 主語・述語・補語로 된 句도 있고, 이름을 후세에 드날린다〔揚名於後世〕와 같이 述語・目的語・補語로 된 句도 있고, 가난하면서도 즐거워한다〔貧而樂〕, 신용을 근본으로 삼는다〔以信爲本〕, 부강한 나라〔富强之國〕 등과 같이 實辭에 虛辭인 接續詞와 關係詞를 넣어서 이뤄진 句도 있다.

① 單語의 構成法

日月(해와 달), 草木(풀과 나무), 朝夕(아침·저녁), 父母(아버지·어머니), 男性(남성), 女性(여성), 手足(손발), 學生(학생), 國語(나라말), 漢文(한문), 學習(배우고 익힘), 道德(사람으로서 해야 할 올바른 행실), 誠實(참되고 진실함), 忍耐(참고 견딤).

② 熟語의 構成法

三綱五倫(세 가지 근본 강령과 다섯 가지 윤리), 身體健康(몸이 건강함), 孤軍奮鬪(외로운 군사로 잘 싸움), 信賞必罰(상 줄 것은 상 주고, 벌 줄 것은 벌 줌), 國難克服(나라의 어려운 일을 이겨냄), 規則生活(규칙적으로 생활함), 初志貫徹(처음 먹은 뜻을 관철함).

③ 句의 構成法

夏雲起(여름 구름이 일어남), 秋霜降(가을 서리가 내림), 淸風徐來(맑은 바람이 천천히 불어 옴), 漢江遠流(한강물이 멀리 흘러감), 重公事(공적인 일을 중히 하다), 輕私情(사사로운 정을 가벼이 함), 盡人事待天命(사람의 할 일을 다하고 천명을 기다림), 花發園中(꽃이 정원 안에 피다), 草生江邊(풀이 강변에 나다), 花朝月夕(꽃피는 아침 달 뜨는 저녁).

  彼善於此(저것은 이것보다 좋다), 此大於彼(이것은 저것보다 크다).

  義重於山(의리는 산보다 무겁다), 命輕於毛(목숨은

털보다 가볍다).

　寄西於親友(편지를 친우에게 부치다), 問路於行客(길을 나그네에게 묻다).

　質疑於先生(의문 나는 점을 선생에게 묻다), 日出於東方(해가 동녘에서 뜨다), 月落於西山(달이 서산에 지다), 美而不奢(아름다우면서도 사치스럽지 않다), 貧而無怨(가난하면서도 원망하지 않는다).

　以錢換物(돈으로 물건을 바꾸다), 以藥救命(약으로 생명을 구하다).

　破山中之賊易(산 속의 도적을 쳐부수기는 쉽다), 破心中之賊難(마음속의 도적을 쳐부수기는 어렵다).

　訪師千里之外(스승을 천리 밖에서 찾아뵙다), 受學萬卷之書(만 권의 책을 공부하다).

　晝耕而夜讀(낮에는 밭을 갈고 밤에는 책을 읽다), 朝出而暮歸(아침에 나갔다가 저물어서 돌아오다).

2. 漢文法의 基礎

(1) 九品詞

漢文은 한 글자가 하나의 뜻을 가지고 있으므로 '品字'라고 한다. 그러나 國文法의 用語를 考慮하여 品詞라 부르기로 한다. 品詞란 한 문장 안에 있는 여러 語句들을 그 작용이나 성질에 따라 여러 종류로 나누는 말이다.

漢文의 品詞는 名詞(名字)·代名詞(代字)·動詞(動字)·形容詞(靜字)·副詞(狀字)·接續詞(連字)·關係詞(介字)·語助辭(助字)·感歎詞(歎字)의 9品詞로 나눈다. 이 중에서 한 문장의 主成分이 되어 꼭 새겨야 하는 것을 實辭라 하고 문장의 副成分으로 實辭를 도와 널리 활용되는 것을 虛辭라고 한다. 實辭는 名詞·代名詞·動詞·形容詞·副詞 등 다섯 가지 品詞이고, 虛辭는 接續詞·關係詞·語助辭·感歎詞 등 네 가지 品詞이다.

① 名詞

ㄱ. 普通名詞 : 事物의 이름을 나타내는 말로서, 그 쓰이는 範圍에 따라 一般事物에 두루 쓰이는 品詞이다. 예를 들면 天(하늘)·地(땅)·人(사람)·國(나라)·民(백성)·日(해)·月(달)·山(메)·水(물)·魚(고기)·鳥(새)·身體·家屋·學校·學生·自由·平和·民主主義·自主獨立 등이 곧 이것이다.

ㄴ. **固有名詞** : 어느 한 사람이나 事物에 한정하여 특별히 그 이름을 나타내는 品詞이다. 예를 들면 金庾信·王建·李舜臣 등과 같은 人名이나, 江原道·雪嶽山·南漢山城 등과 같은 地名이나, 高麗·朝鮮·大韓民國 등과 같은 國名이나, 三一運動·六二五事變 등과 같은 事件名이나, 〈三國史記〉〈高麗史〉〈朝鮮王朝實錄〉 등과 같은 書名이 곧 이것이다.

ㄷ 名詞의 用法
㉮ 名詞의 밑에 動詞가 놓이면 순서대로 새기는데, 이 때 名詞는 그 글의 主語가 된다.
〔例〕 春來(봄이 오다), 夏去(여름이 가다), 花發(꽃이 피다), 雲起(구름이 일다), 牛步(소가 걷다), 馬走(말이 달린다), 鷄鳴狗吠(닭이 울고 개가 짖다), 鶯歌蝶舞(꾀꼬리는 노래하고 나비는 춤추다), 鳶飛魚躍(솔개가 날고 물고기가 뛰다).

㉯ 名詞가 動詞의 밑에 놓이면 순서를 거꾸로 새기는데, 이때는 名詞가 述語인 動詞의 目的語가 된다.
〔例〕 望鄕(고향을 그리워하다), 愛妻(아내를 사랑하다), 思友(벗을 사랑하다), 敬長(어른을 공경하다), 治國(나라를 다스리다), 讀書彈琴(글을 읽고 거문고를 타다), 置酒迎賓(주연을 베풀고 손님을 맞다).

이와 같이 名詞를 動詞보다 먼저 새기면 主格, 뒤에 새기면 目的格이 되는데, 이는 우리말의 순서가 主格이나 目的格은 述語인 動詞보다 먼저 오기 때문이다.

㉓ 名詞는 한 文章에 主語나 目的語의 구실을 하는 외에 補語의 구실도 한다.

〔例〕我質疑於金先生(나는 의문을 김선생에게 물었다).
李舜臣爲三道水軍統制使(이순신은 삼도 수군통제사가 되었다), 苛政猛於虎(가혹한 정치는 호랑이보다 사납다).

㉔ 名詞 중에는 독립된 구실을 하지 못하고 다른 말에 힘입어 그 뜻을 나타내는 所(것)·所以(까닭) 등의 不完全名詞도 있고, 動詞인 生(살다)이나 形容詞인 大(크다)가 名詞形으로 轉成되어 '삶'이나 '크기' 등으로 活用되기도 한다.

② 代名詞

代名詞는 事物의 이름 대신으로 쓰이는 말로, 문장의 重複을 피하고 그 뜻을 簡潔히 하는 데에 重要한 구실을 한다. 代名詞는 그 가리키는 對象에 따라서 人稱代名詞와 指示代名詞로 나눈다.

ㄱ. 人稱代名詞 : 사람의 이름을 대신하여 쓰이는 品詞이다. 예를 들면 나(我·吾·余·予), 짐(朕·寡人·孤) 등과 같은 一人稱代名詞도 있고, 너(汝·女·爾·而·若·乃), 그대·자네(君), 당신·어르신네·박군·임자(子) 등과 같은 二人稱代名詞도 있고, 누구(誰·孰), 어떤 사람(或) 등의 不定稱代名詞도 있고, 우리들(吾等)·너희들(爾曹) 등의 複數로 쓰이는 것도 있다.

ㄴ. 指示代名詞 : 事物・處所・方向 등을 가리키는 데에 쓰이는 말, 곧 이(이것)・그(그것)・저(저것) 등으로, 그 중요한 것은 이(是・此・斯・玆・之), 그(其・厥・之), 저(彼・之) 등도 있고, 어느 것(孰), 어떤 것(何者) 등의 品詞도 있다.

ㄷ. 代名詞의 用法 : 代名詞의 用法은 대개 名詞의 쓰임과 같이, 主語・目的語・補語 등으로 活用되는데, 述語를 主語보다 먼저 놓이게 할 경우와 目的語를 主語에 提起할 경우가 있다. 그런데 述語 밑에 놓이는 目的格代名詞 '之'자는 속뜻으로만 새기고, 말로는 나타내지 않아도 좋을 경우가 많다.

〔例〕 我見金剛山(나는 금강산을 보았다), 吾嘗終日而思矣(나는 일찍이 종일토록 생각하였다), 予爲此憫然(내 이를 민망스럽게 여겨서).

觀百獸之見我而敢不走乎(온갖 짐승들이 나를 보고서 감히 도망하지 않는가를 구경하겠는가!).

寡人之於國也(과인이 나라를 다스리는 데에 있어서는).

汝不飮酒顔何紅(너는 술을 마시지 않았는데 얼굴이 어찌하여 붉어졌는가?).

君不見石將軍, 日擁紅粧醉金谷, 不若首山餓夫淸名千古獨(그대는 석장군이 날마다 아름다운 계집을 껴안고 금곡원에서 술취하여 놀다가 죽은 것이 수양산에서 굶어 죽은 백이・숙제가 깨끗한 이름을 천고에 오르지한 것만 같지 못한 것을 보지 않았는가?)

子無敢食我也(그대는 감히 나를 잡아먹을 수 없다).

而忘越人之殺而父邪(그대는 월나라 사람이 그대의 아버지를 죽인 것을 잊었는가?).

菊花滿開, 是可賞(국화가 활짝 다 피니 이를 구경할 만하다), 雪嶽, 山明水麗, 此天下第一江山(설악은 자연의 경치가 아름다우니, 이는 천하 제일의 강산이다).

人生斯世非學問 無以爲人(사람이 이 세상에서 살아가는 데에 공부를 하지 않으면 사람다운 사람이 될 수 없다).

其身正, 而天下歸之(자신의 몸가짐이 발라야 세상 사람들이 그에게 의지한다).

晩得一子, 愛之重之, 如金枝玉葉(늦게야 아들 하나를 얻어서 이를 사랑하고 중히 하기를 제왕의 자손같이 한다).

孰不爲事, 事親事之本也(누구를 섬기지 않으리요만 어버이를 섬기는 것이 섬김의 근본이다).

君在何處? 我來此地, 久矣(그대는 어느 곳에 살고 있는지? 나는 이곳에 와서 산 지 오래되었다).

打虎殺之, 取其皮, 而賣之, 其價千金(호랑이를 때려 이놈을 잡아 그 가죽을 벗겨서 이것을 팔았더니 그 값이 천금이었다).

③ 動詞

動詞는 事物의 움직임을 나타내는 品詞로서, 한 문장을 구성하는 데에 敍述語의 成分을 가졌으므로, 形容詞와 아울러 중요한 用言의 구실을 한다.

動詞의 用法은 名詞나 代名詞의 밑에 놓이면 순서대로 새기고, 그 위에 놓이면 거꾸로 새긴다. 漢文을 解釋하는 데에는 그 語句나 문장에서 敍述語인 動詞를 찾아내는 것이 매우 중요하다.

〔例〕夙興夜寐(아침 일찍 일어나고 밤 늦게 잔다). 朝見暮思(아침에 보고 저녁에 생각한다). 晝耕夜讀(낮에는 밭을 갈고 밤에는 책을 읽는다). 見善如渴, 聞惡如聾(선행을 보면 목마른 것같이 하고, 악행을 들으면 귀먹은 것같이 하라). 順天者存, 逆天者亡(천도를 순종하면 살고, 천도를 거역하면 죽는다).

父母養其子, 而不教, 是不愛其子也(부모가 그 아들을 기르면서 가르치지 않으면, 이는 그 아들을 사랑하지 않는 것이다).

衆好之, 必察焉, 衆惡之, 必察焉(뭇사람이 좋아하더라도 반드시 살필 것이고, 뭇사람이 싫어하더라도 반드시 살필 것이다).

子之廢學, 若吾斷斯織也(네가 학문을 그만두는 것은 내가 짜던 이 베를 끊어 버리는 것과 같다).

鎭國家, 撫百姓, 給餽饟, 不絶糧道, 吾不如蕭何(국가를 진정시키고, 백성을 무마하고, 군량을 공급하여 양도를 끊어지게 하지 않는 데에는 나는 소하만 같지 못하다).

愛人不親, 反其仁, 治人不治, 反其智(남을 사랑해도 친근해지지 않으면 그 인자함을 반성하고, 남을 다스려도 다스려지지 않으면 그 지혜를 반성하라).

匹夫見辱, 拔劍而起, 挺身而鬪(보통 사람은 모욕을 당하면 칼을 빼어 들고 일어나 몸을 내던지고 나가 싸운다).

孤立語인 漢文은 우리말과 같이 體言의 助詞나 用言의 活用語尾가 없이 그 位置에 따라 格이 表示된다. 그러므로 敍述語인 動詞나 形容詞 끝에는 우리말 투에 따라 適當한 말을 붙여서 活用하여야 한다. 그리고 動詞에는 自動詞와 他動詞 등이 있으므로 그 解釋에 留意하여야 한다.

④ 形容詞

形容詞는 事物의 情態를 나타내는 品詞로서, 한 문장을 構成하는 데에 敍述語의 成分을 가졌다. 그러므로 動詞와 아울러 중요한 用言의 구실을 한다.

形容詞의 用法은, 그것이 名詞의 앞에 놓이거나 뒤에 놓이거나 다 순서대로 새기는데, 名詞 앞에 놓일 때에는 冠形格副詞가 되고, 名詞의 뒤에 놓이면 敍述語가 된다. 그런데 形容詞는 動詞와 아울러 用言의 구실을 하므로, 이를 풀이할 때에는 우리말 투에 따라 적당한 말을 붙여서 活用하여야 한다.

〔例〕 險山峻嶺(험한 산과 가파른 고개). 白花靑葉(흰

꽃과 푸른 잎). 長江遠路(긴 강과 먼 길). 黃花紅葉(누런 꽃과 붉은 잎). 白石淸溪(흰 돌과 맑은 시내). 茂林幽谷(우거진 숲과 깊숙한 골짜기).

窓明机靜(창은 밝고 책상은 고요하다). 晝長夜短(낮은 길고 밤은 짧다). 月明星稀(달은 밝고 별은 드물다). 桃花紅梨花白(복숭아꽃은 붉고 배꽃은 희다). 前程險難 後悔莫甚(앞길이 험난하니 후회가 막심하다).

霜葉紅於二月花(서리 맞은 단풍잎이 2월에 핀 꽃보다 붉구나).

靑出於藍, 而靑於藍, 氷水爲之, 而寒於水(푸른 빛은 쪽에서 나왔으나 쪽보다 푸르고, 얼음은 물로써 되었으나 물보다 차갑다).

水至淸則無魚, 人至察則無徒(물이 지극히 맑으면 고기가 없고, 사람이 지극히 결백하면 따르는 무리가 없다).

可樂者常少, 而可悲者常多(즐거워할 만한 것은 항상 적고, 슬퍼할 만한 것은 항상 많다).

⑤ 副詞

副詞는 주로 述語의 위에서 그 뜻을 한정하는 말로서 事物의 時間·處所·方向·狀態 또는 方法·程度나, 事件의 成不成, 行動의 肯定·否定 등을 나타내는 品詞이다.

副詞는 다른 品詞를 빌려 쓰는 것이 많으며, 그 쓰이는 한계도 일정하지 않아서, 한 字나 한 句, 때로는 全文에 몇 가지씩 들어간 것이 있어 品詞 중에서 가장 복잡하다.

副詞는 그 한정하려는 말보다 먼저 놓이는데, 그 文脈·文意에 따라서 먼저 새겨야 좋을 것이 있고, 나중에 새겨야 좋을 것이 있다. 그 예를 들면 대략 다음과 같다.

ㄱ. 時間을 나타내는 副詞 : 已·旣·業(이미)·嘗(일찍이)·方(바야흐로)·將(장차)·朝(아침)·夕(저녁)·晝(낮)·夜(밤)·昨(어제)·今(오늘) 등의 例.

〔已〕 萬事分已定, 浮生空自忙(세상 만사는 분수가 이미 정하여졌는데, 덧없는 인생이 부질없이 스스로 분망하는 것이다).

〔已〕 悟已往之不諫, 知來者之可追(이미 지나간 잘못은 뉘우쳐 탓할 것이 아님을 깨달았고, 다가올 일은 잘 추구해야 할 것을 알았다).

〔旣〕 旣自以心爲行役, 奚惆悵而獨悲(이미 스스로의 마음으로 해서 몸을 시달리게 만들었으니, 어찌 실심하여 홀로 슬퍼하리오?)

〔嘗〕 吾嘗終日而思矣, 不如須臾之所學(내 일찍이 종일토록 생각하여 보았으나, 잠깐 동안 배우는 것만 같지 못하였다).

〔方〕 如此方是有益(이와 같이 해야 바야흐로 이로움이 있을 것이다).

〔將〕 農人告予以春及, 將有事於西疇(농부들이 나에게 봄이 왔다고 알려 주니, 장차 서주로 가서 농사일을 해야겠다).

〔朝夕〕 朝聞道 夕死可矣(아침에 도를 들어 깨달았으면 저녁에 죽어도 좋다).

〔晝夜〕 晝耕夜讀(낮에는 밭을 갈고 밤에는 책을 읽는다).

〔昨今〕 實迷塗其未遠, 覺今是而昨非(실로 갈 길을 헤매었으나 그리 멀어진 것은 아니니, 지금은 옳고 어제까지는 그른 줄 깨달았다).

ㄴ. 處所・方向을 나타내는 副詞 : 此處(이곳)・到處(이르는 곳마다)・何處(어느 곳)・遠近(멀고 가까움) 등의 例

〔此處〕 此處肥沃之地(이곳은 비옥한 땅이다).

〔到處〕 雪嶽, 山紫水明, 到處天下絶勝(설악산은 산수의 자연경치가 아름다워 이르는 곳마다 천하의 절경이다).

〔何處〕 君自何處來, 吾居此處久矣(그대는 어느 곳으로부터 왔는지, 나는 이곳에 산 지가 오래다).

〔遠近〕 以卓球競技, 制覇世界, 遠近諸國, 讚歎不已(탁구 경기로써 세계를 제패하니, 멀고 가까운 여러 나라들이 찬양하고 감탄하여 마지않는다).

ㄷ. 狀態・方法・程度 등을 나타내는 副詞 : 必(반드시), 須(모름지기・반드시), 終(마침내), 遂(드디어), 蓋(대개), 凡(무릇), 夫(대저), 何・安・豈・奚・胡(어찌), 寧(차라리・어찌), 唯(오직)・可(가히)・能(능히)・敢(감히)・若・如(만약), 亦(또한), 宜・當(마땅히)・善(잘)・

深(깊이)・甚(심히・몹시)・卒然(갑자기)・慨然(개연한・서글픈)・悠然(유연)・油然(유연)・沛然(패연)・浡然(발연) 등의 例.

〔必〕 必能裨補闕漏, 有所廣益(반드시 부족한 점을 능히 보충하여 널리 이익되는 바가 있을 것이다).

〔須〕 學者, 須是務實, 不要近名方是(공부하는 사람은 모름지기 참된 일을 하는 데 힘쓸 것이요, 명예를 가까이 하지 않아야 떳떳하고 옳다).

〔遂〕 虎以爲然 故 遂與之行, 獸見之皆走(호랑이는 그렇겠다고 생각하였으므로 드디어 그와 함께 갔더니, 짐승들이 그를 보고 다 도망하였다).

〔蓋〕 蓋文章, 經國之大業, 不朽之盛事(대개 문장은 나라를 경영하는 위대한 사업이며 썩지 않는 훌륭한 일이다).

〔夫〕 夫以十人之衆, 樹易生之物, 而不勝一人者, 何也(대저 열 사람의 무리로써 심어 쉽게 사는 식물이라도, 한 사람을 이기지 못하는 것은 무슨 까닭인지?).

〔何〕 諸公何不諒此(여러분들은 어찌 이를 헤아리지 못하는지?).

〔安〕 燕雀安知鴻鵠之志(제비나 참새 따위가 어찌 기러기나 고니의 뜻을 알겠는가?).

〔寧〕 王侯將相 寧有種乎(왕후장상이 어찌 씨가 있으리오?).

〔豈〕 豈可他求哉(어찌 가히 다른 데서 구하리오?).

〔奚〕 奚惆悵而獨悲(어찌 실심하며 홀로 슬퍼하리오?).

〔曷〕 曷不委心任去留(어찌 가고 머무름을 마음대로 맡겨 두지 않으리오?).

〔胡〕 胡爲乎遑遑欲何之(어찌하여 허둥지둥 어디로 가려는가?)

〔惟〕 惟有心志, 則可以變愚爲智(오직 마음과 뜻은 가히 어리석음을 고쳐 지혜롭게 만들 수 있다).

〔可〕 知足可樂, 務貪則憂(만족할 줄 알면 가히 즐거울 것이요, 탐욕에 힘쓰면 근심스러울 것이다).

〔能〕 右手畫蛇曰 '吾能爲之足' 未成(오른손으로 뱀을 그리면서 말하기를 '내 능히 뱀발을 만드리라' 하고 만들지 못하였다).

〔敢〕 子無敢食我也(자네는 감히 나를 잡아 먹지 못한다).

〔若〕 若有作奸犯科 及忠善者(만약 간악한 짓을 저질러 죄를 범하는 자와 충성과 선행을 하는 자가 있다면).

〔如〕 如有能信之者(만약 능히 이를 편다는 사람이 있으면).

〔亦〕 學而時習之, 不亦說乎(배우고 때때로 이를 익히면 역시 기쁘지 않겠는가?)

〔宜〕 宜付有司, 論其刑賞(마땅히 유사에게 붙여서 그 형벌과 포상을 논하여야 한다).

〔當〕 當以禮義相先, 各盡其道(마땅히 예절과 의리를 서로 먼저 하여 각각 그 도리를 다하여야 한다).

〔善〕 陛下不能將兵, 而善將將(폐하께서는 사병을 잘 거느리지 못하나 그러나 장수를 잘 거느리십니다).

〔深〕 深思熟考(깊이 생각하고 충분히 상고하다).
〔甚〕 一日妻甚飢, 泣曰 '子平生不赴擧, 讀書何爲?'(어느 날 아내는 몹시 배가 고파서 울면서 '당신은 평생 과거 보러 가지 않으니 책은 읽어서 무엇하오?' 하였다).
〔卒然〕 卒然臨之, 而不驚(갑자기 덤벼들어도 놀라지 않는다).
〔慨然〕 不能無慨然之歎(서글픈 탄식이 없을 수 없다).
〔悠然〕 採菊東籬下, 悠然見南山(국화를 동쪽 울타리 밑에서 따며 유연히 남산을 바라본다).
〔油然·沛然·浡然〕 油然作雲, 沛然下雨, 苗浡然興起(뭉게뭉게 구름이 일어나서 물을 퍼붓듯 비가 쏟아지니, 싹이 벌떡벌떡 일어난다).

ㄹ. 事件의 成不成이나 行動의 肯定·否定을 나타내는 副詞 : 爲(되다·하다), 可(되다), 不(아니다), 未(아니다·못하다·없다), 非(아니다), 弗(아니다·못하다), 無(없다), 莫(말다·없다), 勿~(말다), 不~不(않으면 안된다), 莫不(않음이 없다), 無~不(않음은 없다), 未~不(않음이 없다), 必不~(반드시 ~않다), 不必~(반드시 ~는 않다), 常不~(항상 ~않다), 不常~(항상 ~은 아니다) 등의 例.
〔爲〕 人不以多言爲善, 犬不以善吠爲良(사람이 말이 많다고 해서 훌륭하다고 하지 않으며, 개가 잘 짖는다고 해서 우량하다고 하지 않는다).
〔可〕 人之容貌, 不可變醜爲姸(사람의 용모는 가히 미운 것을

고쳐 곱게 만들 수 없다).

〔不〕 先帝不以臣卑鄙(선제께서는 신을 미천하다 아니 하시다).

〔未〕 臣侍湯藥, 未嘗廢離(신이 모시고 약을 달여야 하므로, 아예 그 일을 그만두고 떠날 수가 없습니다).

〔非〕 非疾痛害事也(아프거나 일에 방해가 되지는 않는다).

〔弗〕 不信於友, 弗獲於上矣(친구에게 신망을 얻지 못하면 윗사람에게도 신망을 얻지 못한다).

〔無〕 臣無祖母, 無以至今日, 祖母無臣, 無以終餘年(신은 할머니가 없었더라면 오늘에 이를 수가 없었을 것이요, 할머니도 신이 없으면 여생을 편히 마칠 수 없습니다).

〔莫〕 自是, 莫不從用焉(이로부터 따라 쓰지 않음이 없었다).

〔勿〕 己所不欲, 勿施於人(자기가 하고 싶지 않은 것은 남에게 시키지 마라).

〔不~不〕 不敢不告也(감히 알리지 않으면 안 된다).

〔莫不〕 人情莫不愛其子(사람의 마음은 그 아들을 사랑하지 않음이 없다).

〔無~不〕 無物不長(만물로서 자라지 않는 것은 없다).

〔未~不〕 吾未嘗不得見(내 일찍이 얻어 보지 않을 수 없었다).

〔必不~〕 必不要(반드시 요긴하지 않다).

〔不必~〕 不必要(반드시 요긴하지는 않다).

〔常不~〕 常不有(항상 있지 않다).

〔不常~〕 不常有(항상 있는 것은 아니다).

⑥ 接續詞(連詞)

接續詞는 윗말과 아랫말을 이어 주어 문장의 連續的關係를 나타내는 品詞인데 그 活用하는 범위가 넓다.

接續詞의 중요한 것 몇 가지 예를 들면 ㉠ 順接·逆接으로 아래 위의 말이나 語句를 이어 주는 '而'(고, 서, 고서, 하고, 하고서, 며, 면서, 하여, 그리고, 나, 그러나, 수록, 되, 도…)가 있고, ㉡ 原因·條件·結果 등의 관계 지어주는 '則'(면, 도, 라도, 즉, 곧, 은, 데는…)도 있고, ㉢ 反意나 轉換 및 因果關係의 뜻을 나타내는 '然'(그러나, 연이나, 그러면, 그런데…), '然則'(그러면, 그렇다면…)도 있고, ㉣ 理由·條件·結果 등의 뜻을 나타내는 '故'(고로, 그러므로, 까닭으로, 그런 까닭으로…), '是故'(이런 고로, 이 까닭으로, 이러한 까닭에…), '是以'(이로써, 이 까닭으로, 이 때문에…) 등도 있다.

그 예를 몇 가지 들면,

〔而〕 學而時習之(배우고서 때때로 그것을 익힌다).

博學而篤志, 切問而近思(널리 배우면서 뜻을 독실하게 하고, 간절히 물으면서 생각을 가까이 한다).

樂而不淫, 哀而不傷(즐기되 음란하지 않고, 슬퍼하되 상심하지 않아야 한다).

淵深而魚生之, 山深而獸住之(못이 깊어야 고기가 살고, 산이 깊어야 짐승이 머무른다).

莞爾而笑, 欣然而去(빙그레 웃고 흔연히 간다).

視而不見, 聽而不聞(봐도 보이지 않고 들어도 들리지 않는다).

一朝而得千金, 謂之不祥, 而棄之(하루아침에 천금을 얻었으나, 이를 상서롭지 않다고 하면서 버렸다).

〔則〕言則是也(말인즉 옳다).

君子言善行善, 則千里之外應之(군자의 언행이 착하면 천리 밖에서도 이에 호응한다).

弟子入則孝, 出則弟(자제는 집안에 들어오면 효도하고 밖에 나가면 공경하여야 한다).

指不若人, 則知惡之, 心不若人, 則不知惡(손가락이 남과 같지 않으면 부끄러운 줄 알고, 마음이 남과 같지 않으면 부끄러워할 줄 모른다).

〔然〕爲名與爲利, 淸濁雖不同, 然, 其利心則一也(명예를 위하는 것과 이익을 위하는 것은 청탁이 비록 같지 않다고 하나 그 탐욕은 마찬가지이다).

草屋數間, 不蔽風雨, 然, 許生好讀書, 妻爲人縫刺以糊口(두어칸 오막살이는 비바람을 가리지 못하였으나 허생은 독서를 좋아하였으며, 그의 아내는 남의 바느질을 해주고 입에 풀칠을 하였다).

〔然則〕春則萬物始生, 夏則萬物長養, 秋則萬物成熟, 冬則萬物閉藏, 然則萬物之所以生長收藏, 無非四時之功也(봄이면 만물이 처음으로 생겨나고, 여름이면 만물이 자라나고, 가을이면 만물이 성숙하고, 겨울이면 만물이 간직되니, 그렇다면 만물이 나고 자라고 거두어 간직되는 까닭이 사철의 공이 아님이 없다).

〔故〕國之語音, 異乎中國, 與文字不相流通, 故, 愚民有所欲言, 而終不得伸其情者, 多矣(우리나라의 말이 중국과 달라서 문자(한문)와 서로 유통하지 않는다. 그러므로 어리석은 백성이 말하고자 하는 것이 있어도, 마침내 그 뜻을 펼 수 없는 사람이 많다).

〔是故〕誠身有道, 不明乎善, 不誠其身矣, 是故誠者天之道也, 思誠者人之道也(몸가짐을 성실하게 하는 방법이 있으니, 착한 일에 밝지 않으면 그 몸가짐을 성실하게 하지 못한다. 이런 까닭으로 참된 것은 하늘의 도리요, 참된 것을 생각하는 것은 사람의 도리이다).

〔是以〕二者必至常期, 未若文章之無窮, 是以古之作者, 寄身於翰墨, 見意於篇籍(두 가지는 반드시 한정된 때에 이르니, 문장의 무궁한 것만 같지 못하다. 이런 까닭으로 옛날의 작가는 몸을 글 쓰는 데에 맡기고 뜻을 책에 나타냈다).

이처럼 接續詞는 우리말의 順接・逆接・轉換・因果 등 接續副詞의 구실을 한다.

⑦ **關係詞(介詞)**

關係詞는 윗말을 아랫말에, 또는 아랫말을 윗말에 관계를 맺어 주는 品詞로서, 前置形關係詞와 後置形關係詞가 있다.

漢字는 孤立語이므로, 그 글자의 놓이는 위치에 따라서 뜻이 표현되고 한 문장이 구성되지만, 그것으로 잘 안 될 경우에 關係詞가 필요하다.

關係詞의 用法은 主語의 밑에 놓여서 윗말을 아랫말과 관계를 지어 주는 '之'자 같은 것도 있고, 目的語의 뒤나 補語의 앞에 놓여 아랫말을 윗말과 관계를 지어 주는 '於・干・乎・諸' 자 같은 것도 있고, 말의 첫머리에 놓여 時間・場所・方向・方法・狀態 등의 관계를 지어 주는 '自・從・由・以・毎・與' 자 같은 것도 있는데, 이들은 다 우리말의 助詞와 같은 구실을 한다. 그 예를 몇 가지 들면,

〔之〕上有天, 下有地, 天地之間, 有人焉, 有萬物焉, 日月星辰者, 天之所係也, 江海山岳者, 地之所載也, 父子君臣夫婦長幼朋友者, 人之大倫也(위에는 하늘이 있고, 아래에는 땅이 있으며, 하늘과 땅의 사이에는 사람이 있고 만물이 있다. 해와 달과 별은 하늘에 매여 있고, 강과 바다와 산은 땅에 실려 있고 아버지와 아들, 임금과 신하, 남편과 아내, 어른과 어린이, 벗과 벗 관계는 사람의 큰 윤리이다).

悅親戚之情話, 樂琴書以消憂(친척들의 정다운 이야기를 즐기기도 하고, 거문고 타고 책 읽기를 즐기면서 근심을 없애기도 하리라).

聞人之過失, 如聞父母之名(남의 잘못을 들으면 부모의 이름을 들은 것같이 하라).

賢明之人, 忠直之士(현명한 사람과 충직한 인사).

愛族之靑年, 憂國之士(겨레를 사랑하는 청년과 나라를 근심하는 인사).

如是之難, 如彼之易(이게 어려울 것 같고 저게 쉬울 것 같다).

破山中之賊易, 破心中之賊難(산 속의 적을 쳐부수기는 쉬워도, 마음속의 적을 쳐부수기는 어렵다).

〔於〕 學生質疑於先生(학생이 의심나는 점을 선생에게 묻는다).

盡力於國事, 揚名於後世(힘을 나라 일에 다하고 이름을 후세에 떨친다).

古之欲明明德於天下者, 先治其國(옛날에 밝은 덕을 세상에 밝히고자 하는 사람은 먼저 그 나라를 잘 다스렸다).

先生旣得木綿花, 納於筆管而還(문익점 선생은 목화씨를 구하여 붓대에 넣어 가지고 돌아왔다).

李舜臣擊破倭賊於閑山島(이순신 장군이 왜적을 한산도에서 쳐부쉈다).

彼善於此, 此大於彼(저것은 이것보다 좋고 이것은 저것보다 크다).

金貴於銀, 玉美於石(금은 은보다 귀하고 옥은 돌보다 아름답다).

〔干〕 三歲之習, 至干八十(세 살 때의 버릇이 여든까지 이른다).

吾十有五而志干學, 三十而立(내 열다섯 살에 학문에 뜻을 두어 서른에 체계가 서다).

孝曾孫鍾權, 敢昭告干顯曾祖考(효증손 종권은 감히 명백하게 증조부님께 아룁니다).

〔乎〕君子戒愼乎其所不睹, 恐懼乎其所不聞(군자는 남이 보지 않는 곳에서 경계하고 삼가며 남이 듣지 않는 곳에서 두려워한다).

〔諸〕行有不得者, 皆反求諸己(행하는 일이 뜻대로 안 되는 것이 있으면 그 원인을 다 자기에게서 찾아 반성하라).

〔自〕自是, 莫不從用焉, 故, 天下咸稱蔡倫紙(이로부터 따라 쓰지 않음이 없었다. 그러므로 세상에서는 다 '채윤의 종이'라고 일컬었다).

自古, 書契多編以竹簡, 其用縑帛者, 謂之爲紙(옛날부터 글을 흔히 대쪽을 엮어서 쓰거나 비단에 쓰는 것을 종이라고 하였다).

自其不變者, 而觀之, 物與我皆無盡也(그 변하지 않는 것으로부터 관찰하면 만물과 나는 다함이 없는 것이다).

〔從〕有一人從橋下出(한 사람이 다리 밑으로부터 나왔다).

賢佐忠臣, 從此而秀(어진 재상과 충성된 신하가 이로부터 배출되었다).

〔由〕良將勇卒, 由是而生(훌륭한 장수와 용감한 군사가 이로부터 생겨났다).

〔以〕以前 以後(이로부터 앞, 이로부터 뒤), 以上 以下(이로부터 위, 이로부터 아래), 以南 以北(이로부터 남쪽, 이로부터 북쪽), 復以李舜臣爲三道水軍統制使(다시 이순신을 삼도 수군통제사로 삼았다).

子以我爲不信, 吾爲子先行(네가 나를 믿지 않는다면 내 너를 위하여 앞서 갈 터이다).

或相磨以道義, 或相悅以歌樂(혹은 서로 도의를 연마하고, 혹은 서로 가악을 즐기다).

〔每〕每日(날마다), 每夜(밤마다), 每週日(주일마다), 每土曜日(토요일마다), 每八月十五日(8월 15일마다), 先帝在時, 每與臣論此事(선제께서 계실 때에 신과 이 일을 논할 때마다).

〔與〕富與貴, 是人之所欲也(부와 귀는 곧 사람이 탐내는 것이다).

吾與汝, 皆學生也(나와 너는 다 학생이다).

況吾與子, 漁樵於江海之上, 侶魚鰕而友麋鹿(하물며 나와 그대는 강가에서 고기 잡고 나무하면서, 물고기와 새우의 짝이 되고 사슴 따위를 벗함에랴!)

⑧ 語助辭(助詞)

語助辭는 語句나 문장의 끝에 붙어서 그 語氣를 돕는 品詞이다. 語助辭는 우리말의 助詞와 혼돈하여서는 안 된다. 漢文에는 一切 助詞가 없다. 다만 우리말의 活用語尾의 구실을 할 따름이다.

語助辭의 用法은 ㉠ 단정의 뜻을 가지고 글의 끝에 붙어서 끝맺는 말의 語氣를 돕는 '也・矣'(다・이다・라・이라・이니라…)도 있고(矣는 也에 비하여 語氣와 文意가 좀 급할 때에 쓰임), ㉡ 語句의 끝이나 중간에 붙어서 指定・强勢・比較・調整・反語・疑問 등의 뜻을 나타내는

'焉'자도 있고, ㉢ 문장의 끝에 붙어서 강한 斷定의 뜻을 나타내는 '已·耳·爾·而已·而已矣'(뿐·뿐이다·따름이다)도 있고(耳는 已보다 좀 약한 단정의 뜻으로 쓰임), ㉣ 語句나 문장의 끝에 붙어서 疑問이나 詠歎의 뜻을 나타내는 '乎·哉·耶·歟'(는가?·느냐?·구나!·로다·인가?·리요?)도 있고, ㉤ 詩句의 끝에 붙어서 어떤 느낌을 나타내는 '兮'(여·이여)도 있다.

그 몇 가지 예를 들면,

〔也〕是年, 民俗歡康, 始製兜率歌, 此歌樂之始也(이 해에 백성들의 생활이 즐겁고 편안해서 비로소 도솔가를 지으니, 이것이 가악의 시초이다).

　　仁, 人之安宅也, 義, 人之正路也(인은 사람의 마음을 깃들일 편안한 집이요, 의는 사람이 행할 바른 길이다).

〔矣〕日月逝矣, 歲不我延(날과 달은 간다, 흐르는 세월은 나를 위하여 지체하지 않는다).

　　子雖工自樹於王, 而去子者衆矣, 子必危矣(그대가 비록 스스로 왕을 세웠더라도 그대를 제거하려는 사람이 많으면 그대는 반드시 위태로울 것이다).

　　奉命於危難之間, 爾來二十有一年矣(명을 위급하고 어려운 때에 받들어 지금까지 21년이 되었습니다).

〔焉〕罪人不順道, 故, 使然焉, 君王何爲痛之至於此也(죄인은 올바른 도리를 따르지 않은 까닭으로 그렇게 벌주게 하였거늘, 임금께서는 어찌하여 슬퍼함이 이에

이르나이까?).

　君子有三樂, 而王天下, 不與存焉(군자에게는 세 가지 즐거움이 있으나, 세상에 왕 노릇하는 것은 함께 주어 있지 아니하다).

　吾將任彼, 而不用吾力焉(내 장차 그에게 맡기고 내 힘을 쓰지 않으련다).

〔已〕 亦無及已(역시 미치지 못할 따름이다).

　所謂空言已(이른바 헛된 말일 따름이다).

　王之所欲 可知已(임금의 하고 싶어하는 것을 가히 알 따름이다).

　檀君以前之事, 吾不知已(단군 이전의 사실을 나는 알지 못할 따름이다).

〔耳〕 欲使人人易習, 便於日用耳(사람들로 하여금 쉽게 익혀서 날로 쓰는 데에 편하게 하고자 할 따름이다).

　然, 爲之甚易, 惟在其心耳(그러나 이를 하기란 매우 쉬우니, 오직 그 마음에 달려 있을 따름이다).

〔爾〕 有本者如是, 是之取爾(근본이란 것은 이와 같다. 이것을 취하였을 뿐이다).

〔而已〕 已吾女與汝女待其嫁, 如此而已(내 딸과 네 딸이 시집가기를 기다릴 것이니, 이와 같이 할 따름이다).

〔而已矣〕 一國一州非之, 力行而不惑者, 蓋天下一人而已矣(한 나라, 한 고을이 이를 비난하더라도, 힘써 행하며 미혹하지 않는 사람은 대개 세상에 한 사람일 따름이다).

〔乎〕 安知非福乎(어찌 복이 아니 될지 알겠는가?).

人人皆曰我一人, 則卒誰能紀傳之乎(사람마다 다 나한 사람이라고 말하면, 마침내 누가 능히 이를 기록하여 전하겠는가?).

　　　如吾之衰者, 豈能久存乎(나같이 쇠약한 사람이 어찌 능히 오래 살겠는가?).

　　　其然乎, 其不然乎(그런가, 그렇지 않는가?).

〔哉〕 哀哉(슬프구나!), 痛哉(원통하구나!).

　　　管仲者, 何以死哉(관중은 어찌하여 죽었는가?).

　　　曠安宅而不居, 舍正路而不由, 哀哉(편안한 집을 비워 두고 살지 않고, 바른 길을 버리고 따르지 않으니 슬프구나!).

　　　況賢於隗者, 豈遠千里哉(더구나 곽외보다 어진 사람이 어찌 천리를 멀다 하리오?).

　　　以此爲治, 豈不難哉(이런 식으로 정치를 한다면 어찌 어렵지 않으리오?)

〔耶〕 其夢耶, 其傳之非眞耶(그것이 꿈인가? 그 전하는 말이 진실이 아니지?).

　　　汝其知也耶, 其不知也耶(너는 그것을 아는가, 그것을 모르는가?).

〔歟〕 寧有改理也歟(어찌 고칠 리가 있으랴?).

〔兮〕 歸去來兮, 田園荒蕪, 胡不歸(돌아가련다! 전원이 거칠어지려는데 어찌 돌아가지 않으리오?).

⑨ 感歎詞

感歎詞는 事物에 대한 느낌을 나타낼 때 쓰는 品詞로서,

그 用法은 우리말의 感歎詞와 같다.

感歎詞로 쓰이는 말은 嗚呼・噫・嗟乎・於戱 등이 있는데, 이들의 뜻은 다 '아!' 하는 뜻으로 活用된다.

그 한두 가지 예를 들면,

〔嗚呼〕嗚呼痛哉!(아! 원통하구나), 嗚呼哀哉(아! 슬프구나).

　嗚呼, 國恥民辱, 乃至於此(아! 나라의 부끄러움과 백성의 욕됨이 이 지경에 이르렀다).

〔噫〕噫 勢急矣(아! 형세가 위급하구나).

　噫 天喪予(아! 하늘이 나를 죽이는구나).

〔嗟乎〕嗟乎! 吳朝必生荊棘矣(아! 오나라 조정에는 반드시 가시가 돋아나리라).

　嗟乎! 一人固不能獨立(아! 한 사람으로서는 실로 독립할 수 없으리라).

　嗟乎! 一人之心, 千萬人之心也(아! 한 사람의 마음이 천만 사람의 마음이라).

〔於戱〕於戱! 前王不忘(아! 선왕을 잊지 못하겠다).

　於戱! 盛哉(아! 성대하구나).

(2) 文章의 構成法

　漢文도 우리말과 마찬가지로 아무리 간단한 문장이라도 그 構成에 있어서 主部와 述部의 形式을 갖추고, 그 成分에 있어서 主語·述語·目的語·補語 등 네 가지 要素로 이루어진다. 이 네 가지 요소는 곧 文章構成의 四大成分이다.

　그런데 그 構成形式을 살펴보면, 첫째로는 그 基本的인 構成法으로서 主語·述語로 구성되는 것, 主語·述語·目的語로 구성되는 것, 主語·述語·補語로 구성되는 것, 主語·述語·目的語·補語로 구성되는 것이 있다. 둘째로는 그 成分이 省略되는 것이 있는데, 主語가 생략되는 것, 述語가 생략되는 것, 目的語가 생략되는 것, 補語가 생략되는 것 등이 있다. 셋째로는 그 成分이 倒置되는 것도 있다. 그것들의 예를 들면 대략 다음과 같다.

① 漢文의 基本構成法

㉠ 主語와 述語로 構成되는 例
　春 + 來 (봄이 온다).
　主　　述
　魚 + 遊 (물고기가 놀다).
　主　　述

花 + 發 (꽃이 피다).
 主   述
山川 + 華麗 (산천이 화려하다).
 主   述
天下 + 泰平 (천하가 태평하다).
 主   述
金元述 + 新羅花郎 (김원술은 신라 화랑이다).
 主   述

ⓛ 主語와 述語와 目的語로 構成되는 例
兄 + 讀 + 書 (형은 책을 읽는다).
主   述   目
弟 + 賞 + 畫 (아우는 그림을 감상한다).
主   述   目
學生 + 學習 + 訓民正音 (학생이 훈민정음을 학습한다).
 主   述   目
李舜臣 + 擊破 + 倭賊 (이순신이 왜적을 격파하다).
 主   述   目
自由民 + 愛護 + 平和 (자유민은 평화를 애호한다).
 主   述   目

ⓒ 主語와 述語와 補語로 構成되는 例
金君 + 爲 + 科學者 (김군은 과학자가 되다).
 主   述   補
桃花 + 滿 + 庭 (복숭아꽃이 뜰에 가득하다).
 主   述   補

```
我 + 爲 + 農夫 (나는 농사꾼이 되다).
主   述   補
青 + 出 + 於藍 (푸른 빛은 쪽에서 나오다).
主   述   補
黃喜 + 爲 + 領議政 (황희가 영의정이 되다).
主    述    補
```

ㄹ **主語와 述語와 目的語와 補語로 構成되는 例**

```
學生+質+疑+於 先生 (학생이 의문점을 선생에게 묻
主   述 目    補  다).
孔子 + 問 + 禮 + 於 老子 (공자가 예를 노자에
主    述    目     補  게 묻다).
臣 + 盡 + 節 + 於 陛下 (신하가 절의를 폐하께
主   述   目    補  다하다).
```

그런데 補語의 위나, 目的語와 補語의 사이에는 '於·干·乎·諸' 등의 關係詞가 놓이는 경우가 있고, 또 補語가 目的語의 앞에 놓이는 경우도 있다.

② **成分의 省略**

㉠ **主語가 省略되는 例**

```
天下 雖有至道, 人 弗學, 不知其善也 ( 세상에  비록 지
主            主                  극한 도리가 있다 하더라도
사람이  배우지 않으면 그것이 훌륭함을 알지 못한다).
```

⊙ 學而時習之, 不亦說乎　([사람이] 배우고서 때로 익
　主　　　　　　　　　　　히면 역시 기쁘지 아니하겠는가?)

ⓒ 述語가 省略되는 例

死馬且買之, 況 不買 生者乎 (죽은 말도 사려는데 하물
　　　　　　　述　　　　　며 산 놈이야 사지 않으리오?)

擇其善者, 而從之, 擇 其不善者, 而改之　(선(善)을 가
　　　　　　　　　述　　　　　　　　　려 따르고 불선을 가
　　　　　　　　　　　　　　　　　　　　려서 고친다).

ⓒ 目的語가 省略되는 例

人不知 我 , 而不慍 (남이 나를 알아 주지 않아도 성
　　　目　　　　　　내지 아니한다).

孟武伯問, '子路仁乎', 子曰 '不知 其仁 也'
　　　　　　　　　　　　　　　　　目
(맹무백이 묻기를 '자로는 어진 사람입니까?' 하니 공자
는 ' 그는 인(仁)을 알지 못한다' 하였다).

ⓔ 補語가 省略되는 例

子游問孝 於孔子 　(자유가 효도를 공자에게 물었다).
　　　　補

子張問善, 人之道 於夫子 　(자장이 착한 사람의 도리를
　　　　　　　　　補　　　공자에게 물었다).

③ 成分의 倒置

㉠ 主語・述語가 倒置되는 例
|賢哉| + |回也| (현명하구나! 안회는).
　述　　　主
|甚矣| + |其愚也| (심하구나! 그 어리석음이).
　述　　　　主
|善矣| + |金君之行| (착하구나! 김군의 행실은).
　述　　　　主

㉡ 述語・目的語・補語가 倒置되는 例
|以禮義| + |相先| (예절과 의리를 서로 먼저 한다).
　目　　　　述
|以小善| + |弗爲也| (작은 선행을 하지 않는다).
　目　　　　述
|非禮| + |勿聽| (예가 아닌 것을 듣지 말라).
　補　　　述
|於學校| + |工夫| (학교에서 공부하다).
　補　　　　述
|從橋下| + |出| (다리 밑에서 나오다).
　　○　　　　○

문장의 構成에는 그 成分에 따르는 修飾語가 있어서 그 뜻을 꾸며준다.

(3) 句의 排列法

漢文의 句는 짧은 것은 몇 字이고, 긴 것은 열 字나 스무 字에 이르는 것도 있는데, 그 중에서 가장 많이 쓰이는 것이 4字로 되는 句이고, 그 다음이 6字로 되는 句이다. 句의 排列法은 대략 對句法·重疊法·承遞法 등 세 가지가 있다.

① 對句法
對句法은 漢文構成의 한 特色으로, 類似한 關係에 있는 文字로 된 두 句를 對立시켜 나가는 形式인데, 對偶法·雙關法·排偶法 또는 對語法이라고도 한다. 이런 形式의 文章을 살펴보면, 첫째로 句의 內容으로 보아 같은 性質의 것과 相對的인 것이 있고, 둘째로 文字의 位置로 보아 가지런히 對立한 것과 그렇지 않은 것이 있고, 셋째로 排列로 보아 두 句로 對立한 것과 여러 句로 對立한 것이 있고, 넷째로 字數로 보아 같은 字數의 句를 排列한 것과 長句와 短句를 섞어서 對立한 것이 있다.

㉠ 內容으로 본 對句의 例

(가) 같은 性質의 것
有斐君子, 如切如磋, 如琢如磨(빛나는 군자는 자르고

갈고 쪼고 닦듯이 학식과 덕망을 연마한다).
　(나) 相對的인 것
　金樽美酒千人血, 玉盤佳肴萬姓膏(금 동이의 아름다운 술은 천 사람의 피요, 옥 소반의 맛좋은 안주는 만백성의 기름이다).

　ⓒ 文字의 位置로 본 對句의 例

　(가) 가지런히 對立한 것
　三綱, 君爲臣之綱, 父爲子之綱, 夫爲婦之綱(삼강이란, 임금은 신하의 벼리가 되고, 아버지는 아들의 벼리가 되고, 남편은 아내의 벼리가 되는 것이다).
　(나) 가지런하지가 않은 것
　誠者, 天之道也, 思誠者, 人之道也(참된 것은 하늘의 도리요, 참된 것을 생각하는 것은 사람의 도리이다).

　ⓒ 排列로 본 對句의 例

　(가) 두 句로 對立한 것
　疑人莫用, 用人勿疑(의심하는 사람은 쓰지 밀고, 쓴 사람은 의심하지 마라).
　(나) 여러 句로 對立한 것
　五倫, 父子有親, 君臣有義, 夫婦有別, 長幼有序, 朋友有信(오륜이란, 아버지와 아들은 친애가 있어야 하고, 임금과 신하는 의리가 있어야 하고, 남편과 아내는 분별이 있어야 하고, 어른과 어린이는 차례가 있어야 하고, 벗들 사이에는 신의가 있어야 한다).

ⓔ 字數로 본 對句의 例

(가) 같은 字數로 句를 排列한 것
勿以貴己而賤人, 勿以自大而蔑小, 勿以恃勇而輕敵(자기가 귀하다고 해서 남을 천하게 여기지 말고, 자기가 크다고 해서 작은 것을 업신 여기지 말고, 용맹을 믿고서 적을 가볍게 여기지 마라).

(나) 長短句로 섞어 排列한 것
親賢臣, 遠小人, 此先漢所以興隆也, 親小人, 遠賢臣, 此後漢所以傾頹也(어진 신하를 가까이 하고 소인을 멀리함은, 이는 전한을 흥륭시킨 까닭이요, 소인을 가까이 하고 어진 신하를 멀리함은, 이는 후한을 넘어가게 만든 까닭입니다).

人有智而物無智, 人能言而物不能言, 人力能制物而物不制人(사람은 지혜가 있으나 동물은 지혜가 없고, 사람은 말을 할 수 있으나 동물은 말을 할 수 없고, 사람의 힘은 동물을 제어할 수 있으나 동물은 사람을 제어할 수 없다).

范忠宣公戒子弟曰'人雖至愚, 責人則明, 雖有聰明, 恕己則昏, 爾曹但當以責人之心責己, 以恕己之心恕人, 不患不到聖賢地位也'(범충선공이 자제를 훈계하여 말하기를 '사람은 비록 지극히 어리석으나 남을 책망하는 데에는 밝고, 비록 총명하더라도 자기를 용서하는 데에는 어두우니, 너희들은 마땅히 남을 책망하는 마음가짐으로써 자기를 책망하고, 자기를 용서하는 마음가짐으로써 남을 용서하면, 성현의 지위에 이르지 못함을 근심하지 않을 것이다' 하였다).

② **重疊法**

重疊法은 세 개 이상의 類似한 對句를 重疊하는 형식인데, 이를 層累法·層語法이라고도 한다. 그 예를 들면,

吉也者, 目不觀非禮之色, 耳不聽非禮之聲, 口不道非禮之言, 足不踐非禮之地 (착하다는 사람은 눈으로 예 아닌 빛을 보지 아니하고, 귀로 예 아닌 소리를 듣지 아니하고, 입으로 예 아닌 말을 말하지 아니하고, 발로 예 아닌 곳을 밟지 아니한다).

孟子曰, 愛人不親, 反其仁, 治人不治, 反其智, 禮人不答, 反其敬, 行有不得者, 皆反求諸己, 其身正, 而天下歸之 (맹자가 말하기를 '남을 사랑해도 가까워지지 않으면 그 어짊을 반성하고, 남을 다스려도 다스려지지 않으며 그 지혜를 반성하고, 남을 예대해도 답례하지 않으면 그 공경을 반성하고, 행하는 일이 뜻대로 안 되는 것이 있으면 그 원인을 자기에게서 찾아 반성하라. 자신의 행동이 발라야 세상 사람들이 그에게 의지한다).

不登高山, 不知天之高也, 不臨深谿, 不知地之厚也, 不聞先王之遺言, 不知學問之大也(높은 산을 올라가 보지 않으면 하늘의 높음을 알지 못하고, 깊은 골에 다다라 보지 않으면 땅의 두꺼움을 알지 못하고, 선왕이 남긴 말을 들어 보지 않으면 학문의 위대함을 알지 못한다).

③ 承遞法

承遞法은 윗 句의 말을 이어 다음 句의 처음에 놓고 이어 나가는 글을 말하는데, 이를 漸層法·連鎖法이라고도 한다. 이러한 형식은 이른바 '꼬리따기 문장'이라고도 하여 얕은 데에서 깊게, 약한 데에서 강하게, 가벼운 데에서 무겁게 점차적으로 고조하여 나가는 법이다. 그 예를 들면,

是故, 養子必教, 教則必嚴, 嚴則必勤, 勤則必成(이런 까닭으로 자식을 기르면 반드시 가르쳐야 하고, 가르치면 반드시 엄격해야 하고, 엄격하면 반드시 부지런해야 하고, 부지런하면 반드시 성공한다).

知之必好之, 好之必求之, 求之必得之(알면 반드시 좋아하고, 좋아하면 반드시 탐구하고, 탐구하면 반드시 얻어진다).

古之欲明明德於天下者, 先治其國, 欲治其國者, 先齊其家, 欲齊其家者, 先修其身, 欲修其身者, 先正其心, 欲正其心者, 先誠其意, 欲誠其意者, 先致其知, 致知在格物 (옛날에, 밝은 덕을 세상에 밝히려 하는 사람은 먼저 그 나라를 다스리고, 그 나라를 다스리려 하는 사람은 먼저 그 가정을 정제하고, 그 가정을 정제하려 하는 사람은 먼저 그 자신을 수양하고, 그 자신을 수양하려 하는 사람은 먼저 그 마음을 바로잡고, 그 마음을 바로잡으려 하는 사람은 먼저 그 뜻을 참되게 하고, 그 뜻을 참되게 하려 하는 사람은 먼저 그 앎을 확실하게 하였다. 앎을 확실하게 하는 방법은 사물의 진리를 충실히 연구하는 데에 달려 있다).

3. 漢文의 文型

漢文은 그 表現形式에 있어서 특별한 慣用語句法을 가지고 있으며, 그 쓰이는 말에 따라 여러 가지 文型으로 나누어지는데, 그 法式을 명확히 把握하는 것은 漢文을 解得하는 데에 중요한 점이 되는 것이다.

漢文의 文型은 그 特性에 따라 대략 平叙文·疑問文·否定文·反語文·禁止文·受動文·使役文·比較文·假想文·詠歎文·譬喩文·限定文·抑揚文·引用文·倒置文 등이 있다.

(1) 平敍文

 平敍文은 文章 構成의 成分인 主語·述語·目的語·補語 등의 要素가 順序대로 排列되는 것인데, 대개 그 文章의 끝에 也·矣·焉 등의 語助辭가 붙는다. 그 예를 들면,

① 孝, 德之本也, 敎之所由生也. (孝經)
효도는 도덕의 근본이요, 가르칠 것이 여기로부터 생기는 것이다.

② 人者, 天地萬物之心也, 心者, 天地萬物之主也.(王陽明)
사람이란 천지 만물의 마음이요, 마음이란 천지 만물의 으뜸이다.

③ 夫敬其身, 以帥其婦, 婦敬其身, 以承其夫, 內外和順, 父母其安樂矣. (童蒙先習)
남편은 그 몸가짐을 삼가서 그 아내를 거느리고, 아내는 그 몸가짐을 삼가서 그 남편을 받들어 내외가 화순하여야만 부모도 안락하다.

④ 博學而篤志, 切問而近思, 仁在其中矣. (論語)
널리 배우면서 뜻을 돈독히 하고, 간절히 물으면서 생각을 가까이 (제 몸에 견주어) 하면 인(仁)이 그 가운데에

있다.

⑤ 上有天, 下有地, 天地之間, 有人焉, 有萬物焉. (啓蒙篇)

위에는 하늘이 있고, 아래에는 땅이 있으며, 하늘과 땅 사이에는 사람이 있고 만물이 있다.

(2) 疑問文

 疑問文은 마음속에 의심을 품는 뜻이나, 또는 물음의 뜻을 나타내는 글이다. 疑問文은 平叙文의 끝에 乎·哉·耶 등의 疑問形語助辭가 붙는 것도 있고, 글의 머리에 何·誰·孰·安 등의 疑問副詞가 붙는 것도 있고, 글의 머리나 가운데나 끝에 何爲·如何·何如·幾何·奈何 등의 疑問詞가 붙는 것도 있다.
 그런데 疑問副詞와 疑問形語助辭가 아울어 붙는 反語文과 같은 것은 疑問文과 잘 구별하여야 하므로, 文意 또는 文脈上으로 충분히 음미하여 判別하여야 할 것이다.

 ① 疑問形語助辭가 붙는 例

 ㉠ 蘇子曰 '客亦知夫水與月乎? 逝者如斯, 而未嘗往也, 盈虛者如彼, 而卒莫消長也'.(赤壁賦)
 소자가 말하기를 '객도(당신도) 역시 저 물과 달의 (뜻을) 알고 있는지? 가는 물은 이와 같으나 일찍이 다 흘러가지 않았고, 찼다가 이지러지는 달은 저와 같으나, 마침내 없어지거나 자라나는 일이 없었다' 하였다.

 ㉡ 安重根, 弱冠有大志, 慨然歎曰, '國家文弱甚, 而外憂日深, 此非尙武時哉?'(安重根)
 안중근은 20대 때에 큰 뜻을 품고 개연히 한탄하기를,

'(우리) 나라는 (안으로) 문약이 심하고 밖으로 외환이 날로 깊어 가니, 지금 무예를 숭상할 때가 아닌가?' 하였다.

ⓒ 言有窮, 而情不可終, 汝其知也耶, 其不知耶? (祭十二郎文)
말은 다함이 있으나 정은 끝이 없다. 너는 그 점을 아는가, 모르는가?

② 글머리에 疑問副詞가 붙는 例

㉠ 蘇子愀然正襟, 危坐而問客曰 '何爲其然也?' 客曰 '月明星稀, 烏鵲南飛, 此非曹孟德之詩乎?' (赤壁賦)
나는 수심에 잠긴 얼굴로 옷깃을 가다듬고 단정하게 앉아서 손님에게 묻기를 '어쩌면 그렇게도 잘 부는지?' 하였더니, 손님이 말하기를 '달빛이 밝아서 별이 드물고, 까막까치가 남쪽으로 날아가니, 이는 조맹덕(조조)의 시(단가행)가 아닌가?' 하였다.

㉡ 昔, 黃相國喜, 微時行野, 憩干路上, 見田夫駕二牛耕者, 問曰 '二牛 何者爲勝?' 田夫不對, 輟耕而至, 附耳細語, 曰 '此牛勝' 公怪之, 曰 '何以附耳相語?' 田夫曰 '雖畜物, 其心與之同也, 此勝則彼劣, 使牛聞之, 寧無不平之心乎?' 公大悟, 遂不復言人之長短云. (芝峰類說)
옛날 황희 정승이 미천할 때에 들을 걸어 길에서 쉬다가, 소 두 마리를 멍에하여 밭가는 농부를 보고 묻기를

'두 소 중에서 어느 놈이 낫소?' 하니, 농부는 곧 대답하지 않고 밭갈이를 마치고 와서 귀에 대고 조용히 말하기를 '이 소가 낫습니다' 하였다. 공은 괴이하게 여겨 말하기를 '왜 귀에 대고 말하오?' 하니, 농부는 '비록 짐승이라 하더라도 그 마음은 한가지라, 이놈이 낫다고 하면 저놈이 못한 것이 되니, 소가 이 말을 듣게 되면 어찌 불평하는 마음이 없겠습니까?' 하였다. 공은 크게 깨닫고 드디어 다시는 남의 장단점을 말하지 아니하였다.

ⓒ 翩翩黃鳥, 雌雄相依, 念我之獨, 誰其與歸? (三國史記)
펄펄 나는 꾀꼬리는 암수 서로 즐기는데, 외로워라 이 내 몸은 뉘와 함께 돌아갈까?

ⓔ 孟子曰, 事孰爲大? 事親爲大, 守孰爲大? 守身爲大. 不失其身, 而能事其親者, 吾聞之矣, 失其身, 而能事其親者, 吾未之聞矣, 孰不爲事? 事親事之本也, 孰不爲守? 守身守之本也. (孟子)
맹자가 말하기를 '누구를 섬김이 중대하리오? 어버이를 섬기는 일이 중대하다. 누구를 수호함이 중대하리오? 자신을 수호함이 중대하다. 자신의 분수를 잃지 않고서 그 어버이를 잘 섬겼다는 말을 나는 들었으나, 그 자신의 분수를 잃고서 그 어버이를 잘 섬겼다는 말을 나는 듣지 못하였다. 누구를 섬기지 않으리오마는 어버이를 섬기는 것이 섬김의 근본이요, 누구를 수호하지 않으리요마는 자신의 수호가 수호의 근본이다' 하였다.

③ 글 끝에 疑問詞가 붙는 例

㉠ 高祖置酒洛陽南宮, 語群臣曰 '徹侯諸將, 皆言, 吾所以得天下者何 項氏所以失天下者何?' 高起・王陵對曰, '陛下使人攻城略地, 因而與之, 與天下同其利, 項羽不然, 有功者害之, 賢者疑之, 戰勝而不予人功 得地而不與人利.'(十八史略)

한나라 고조(유방)가 천하를 통일한 다음, 주연을 낙양의 남궁에서 베풀고 군신들에게 말하기를 '제후와 제장들은 모두 말하여 보라. 내가 천하를 얻은 까닭은 무엇이며, 항우가 천하를 잃은 까닭은 무엇인가?' 하니, 고기・왕능이 대답하기를 '폐하께서는 사람으로 하여금 성을 치고 땅을 빼앗게 하고는, 곧 이것을 주어 세상 사람들과 그 이익을 함께하였지만, 항우는 그렇지 않아 공이 있는 사람도 죽이고, 어진 사람도 의심했으며, 싸워 이겨도 그 공을 남에게 주지 않고, 땅을 얻어도 남과 이익을 함께하지 않는 까닭입니다' 했다.

㉡ 高祖 嘗從容與信, 言諸將能不 各各有差. 上曰 '如我能將幾何?' 信曰 陛下 '不過能將十萬.' 上曰 '於君何如?' 曰 '臣多多益善耳.' 上笑曰 '多多益善, 何爲我禽?' 信曰 '陛下不能將兵而善將將, 此乃信之所以爲陛下禽也.'(史記)

한고조가 일찍이 조용히 한신과 함께 여러 장수들의 능하고 무능함을 이야기하였는데 각각 차이가 있었다. 임금이 말하기를 '나 같으면 얼마를 거느릴 것 같으냐?' 하니,

한신이 '폐하께서는 10만을 거느릴 수 있는 데 불과할 것입니다' 하였다. '그대는 어떠한가?' '신은 많으면 많을수록 좋을 따름입니다.' 임금이 웃으면서 '많으면 많을수록 더욱 좋다면서 어찌하여 나에게 사로잡히게 되었는가?' 하니, '폐하께서는 사졸은 잘 거느리지 못하시나 장수를 잘 거느리시니, 이는 곧 제가 폐하께 사로잡히게 된 까닭입니다' 하였다.

㉢ 一日 妻甚飢, 泣曰 '子平生不赴擧, 讀書何爲?' 許生答曰 '吾讀書未熟.' 妻曰 '不有工乎?' 生曰 工未素學奈何? 妻曰 '不有商乎?' 生曰 '商無本錢奈何?' 其妻恚且罵曰 '晝夜讀書, 只學奈何. 不工不商, 何不盜賊?' (許生傳)

어느 날 그 아내는 심히 배가 고파 울면서 말하기를 '당신은 평생 과거를 보러 가지 않으니 책은 읽어서 무엇하오?' 하니 허생이 대답하였다. '나는 독서가 미숙하오.' '기술업[工匠]이 있지 않소?' '기술 일은 본래 배우지 않았으니 어찌하오?' '상업이 있지 않소?' '장사할 밑천이 없으니 어찌하오?' 그 아내는 성을 내며 나무랐다. '밤낮 독서하여 다만 어찌하오만 배웠구려. 기술 일도 못 한다, 장사도 못 한다니 왜 도둑질은 아니 하오?'

(3) 否定文

否定文은 事物의 움직임이나 그 事實을 否定하는 뜻을 나타내는 글이다.

부정문의 用法은 '不·未·非·弗' 자를 써서 '아니다', '못하다' 등 單純否定의 뜻으로 쓰이는 것, '無·莫·毋' 자를 써서 '없다'의 뜻으로 쓰이는 것, '不~不, 非~不, 未~不' 등을 써서 '아닌 것이 아니다' 등이나 '莫~不, 無~不, 無非, 莫非' 등을 써서 '아닌 것이 없다' 등, 二重否定으로 강한 肯定의 뜻을 나타내는 것, 또 다른 副詞가 添加되어 그 全部를 否定하는 '必不~, 常不~, 甚不~, 皆不~, 敢不~' 등을 나타내는 것, 그 一部를 否定하는 '不必~, 不常~, 不甚~, 不皆~, 不敢~' 등이 있다.

① 否定副詞가 쓰이는 例

㉠ 玉不琢, 不成器; 人不學, 不知道. 是故, 古之王者, 建國爲民, 敎學爲先. (禮記)

구슬은 다듬지 않으면 그릇을 이루지 못하고, 사람은 배우지 않으면 도리를 알지 못한다. 이런 까닭으로 옛날의 임금은 나라를 세워 백성을 다스리게 되면 학문을 교육하는 일을 우선하였다.

ⓛ 不經一事, 不長一智. (明心寶鑑)

한 가지 일을 겪어 보지 않으면 한 가지 지혜를 자라게 하지 못한다.

ⓒ 天不生無祿之人, 地不長無名之草. (明心寶鑑)

하늘은 녹이 없는 사람을 나게 하지 않고, 땅은 이름 없는 풀을 자라게 하지 않는다.

ⓔ 日月雖明, 不照覆盆之下, 刀刃雖快, 不斬無罪之人, 非災橫禍 不入愼家之門. (姜太公)

해와 달이 비록 밝다고 하더라도 엎어진 동이의 밑은 비치지 못하고, 칼날이 비록 잘 든다고 하더라도 죄 없는 사람은 베지 못하고, 몹쓸 재앙이나 뜻밖의 화는 삼가는 가정의 문에는 들어가지 못한다.

ⓜ 誠者天之道也, 思誠者人之道也. 至誠而不動者, 未之有也, 不誠, 未有能動者也. (孟子)

참된 것은 하늘의 도리요, 참된 것을 생각하는 것은 사람의 도리이다. 정성을 다하고서 남을 감동시키지 못할 것은 없으며, 참되지 않으면 남을 감동시킬 수 없는 것이다.

ⓗ 吉也者, 目不觀非禮之色, 耳不聽非禮之聲, 口不道非禮之言, 足不踐非禮之地, 人非善不交, 物非善不取, 親賢如就芝蘭, 避惡如畏蛇蠍, 或曰不謂之吉人, 則吾不信也. (小學)

착하다는 것은 눈으로는 예가 아닌 꼴을 보지 않고, 귀로는 예가 아닌 소리를 듣지 않고, 입으로는 예가 아닌 말을 하지 않고, 발로는 예가 아닌 곳을 밟지 않으며, 사람이 착하지 않으면 사귀지 않고, 물건이 옳지 않으면 갖지 않고, 어진 사람을 가까이하기를 지초나 난초 곁으로 나아가는 것같이 하고, 악한 사람을 피하기를 뱀이나 전갈을 두려워하듯 하니, 어떤 사람이 이를 착한 사람이 아니라고 말하더라도 나는 믿지 않을 것이다.

㉧ 楚有祠者, 賜其舍人巵酒, 舍人相謂曰 '數人飮之不足, 一人飮之有餘, 請畫地爲蛇, 先成者飮酒.' 一人蛇先成, 引酒且飮之, 乃左手持巵, 右手畫蛇曰 '吾能爲之足.' 未成, 一人之蛇成, 奪其巵, 曰 '蛇固無足, 子安能爲之足?' 遂飮其酒, 爲蛇足者, 終亡其酒. (戰國策)

초나라에 봄제사를 지낸 사람이 있어 일하는 사람들에게 잔술을 내주었더니, 그들이 서로 논하기를 '여러 사람이 마시면 모자라겠고, 한 사람이 마시면 넉넉하겠으니, 땅에다 뱀을 그리기로 하여 먼저 그린 사람이 술을 마시기로 하자'고 하였는데, 한 사람이 뱀을 먼저 그려 놓고 술잔을 잡아당겨 마시려다가, 왼손으로 술잔을 잡고 오른손으로 뱀을 그리며 말하기를 '내가 능히 뱀발을 만들겠다' 하고, 아직 다 그리지 못하였을 때에 한 사람이 뱀을 다 그리고, 그 술잔을 빼앗으면서 말하기를 '뱀은 본래 발이 없거늘, 자네가 어찌 그 발을 만들 수 있겠는가?' 하며, 드디어 그 술을 마시니, 뱀발을 만들던 사람은 마침내 그 술을 놓치고 말았다.

◎ 夫天地之間, 物各有主, 苟非吾之所有, 雖一毫而莫取, 惟江上之淸風, 與山間之明月, 耳得之而有聲, 目遇之而成色, 取之無禁, 用之不竭, 是造物者之無盡藏也, 而吾與子之所共適. (赤壁賦)

대저 하늘과 땅 사이에 만물은 각기 임자가 있는지라, 실로 나의 소유물이 아니면 비록 조그만 것이라도 가질 수가 없거니와, 오직 강 위에 부는 맑은 바람과 산골짝을 비치는 밝은 달만은, 귀로 그 바람 소리를 감상할 수 있고 눈으로 그 달빛을 완상하며, 가져도 막을 사람이 없고 써도 다하지 않으니, 이는 조물주가 만든 무진장한 창고라, 나와 그대가 함께 뜻대로 즐길 수 있는 것이다.

㊅ 父子 天性之親, 生而育之, 愛而敎之, 奉而承之, 孝而養之, 是故, 敎之以義方, 弗納於邪, 柔聲以諫, 不使得罪於鄕黨州閭. (童蒙先習)

부자간은 천성적으로 가까운지라, 아버지는 낳아서 기르고 사랑하면서 가르치며, 아들은 받들면서 뒤를 잇고, 효도하면서 봉양한다. 이런 까닭으로 아버지는 옳은 방법으로 잘 가르쳐서 옳지 않은 데로 빠져들어가지 못하게 하며, 아들은 부드러운 목소리로 간곡히 간하여 허물을 고장이나 마을에 짓지 않게 하여야 한다.

㊆ 善不積, 不足以成名, 惡不積, 不足以滅身. 小人以小

善爲無益而弗爲也, 以小惡爲無傷而弗去也. 故, 惡積而不可掩, 罪大而不可解. (周易)

착한 일을 많이 하지 않으면 족히 공을 이루지 못하고, 악한 일을 많이 하지 않으면 족히 몸을 망치지는 않을 것이다. 소인은 작은 선행으로는 이익이 없다고 해서 하지 아니하고, 작은 악행으로는 해로움이 없다고 해서 버리지 아니한다. 그러므로 악한 행실이 쌓이면 가히 엄폐하지 못하고, 죄가 크면 가히 해결하지 못할 것이다.

㉢ 劉會曰 '言不中理, 不如不言, 一言不中 千語無用.' (明心寶鑑)

유회가 말하기를 '말이 이치에 맞지 않으면 말하지 않는 것만 같지 못하고, 한 마디 말이 맞지 않으면 천 마디 말도 쓸 데가 없다'고 하였다.

㉣ 諸國各制文字, 以記其國之方言, 獨我國無之, 遂親制正音二十八字. (世宗大王)

여러 나라가 각각 글자를 만들어서 그 나라의 말을 기록하는데, 유독 우리 나라만 없다 하시고, 드디어는 친히 한글 스물여덟 글자를 지으셨다.

㉤ 良藥苦於口, 而利於病, 忠言逆於耳, 而利於行, 君無爭臣, 父無爭子, 兄無爭弟, 士無爭友, 無其過者, 未之有也. (孔子家語)

좋은 약은 입에는 쓰나 병에는 이롭고, 충고하는 말은

귀에 거슬리나 행실에는 이롭다. 임금에게 간하는 신하가 없고, 아버지에게 간하는 아들이 없고, 형에게 간하는 아우가 없고, 선비에게 간하는 벗이 없으면 잘못이 없는 사람은 있지 않다.

ⓗ 事雖小, 不作不成, 子雖賢, 不教不明. (莊子)
일이 비록 작더라도 하지 않으면 안 되고, 아들이 비록 똑똑하더라도 가르치지 않으면 깨이지 않는다.

② **否定副詞가 二重으로 쓰이는 例**

㉠ 范忠宣公戒子弟曰 '人雖至愚, 責人則明, 雖有聰明, 恕己則昏, 爾曹但當以責人之心, 責已, 以恕已之心, 恕人, 不患不到聖賢地位也. (小學)
범충선공이 자제를 훈계하여 말하기를 '사람이 비록 지극히 어리석더라도 남을 책망하는 데에는 밝고, 비록 총명하더라도 자기를 용서하는 데에는 어두우니, 너희들은 다만 마땅히 남을 책망하는 마음으로써 자기를 책망하고, 자기를 용서하는 마음으로써 남을 용서하면, 성현의 지위에 이르지 않는 것을 근심하지 않을 것이다' 하였다.

㉡ 喜怒在心, 言出於口, 不可不愼. (蔡邕)
기쁨이나 노여움은 마음가짐에 있고, 말은 입에서 나오니 삼가지 않으면 안 된다.

ⓒ 德者, 事業之基, 未有基不固, 而棟宇堅久者. (菜根譚)

덕이란 일의 기초다. 기초가 굳건하지 않으면 집이 오래 견디지 못한다.

ⓔ 北方之勇者, 問於沒人, 而求其所以沒, 以其言試之河, 未有不溺者也. 故, 不學而務求道, 北方之學沒者也. (蘇軾)

북방의 용감한 사람이 잠수부에게 물어서 그 잠수 방법을 알아 가지고, 그의 말대로 이를 황하에서 시험한다면, 빠지지 않는 사람이 있지 않을 것이다. 그러므로 충분히 배우지 않고서 힘써 이치를 구하는 것은 잠수를 배우는 북방 사람 꼴이다.

ⓜ 人非學問, 固難知其何者爲孝, 何者爲忠 何者爲弟, 何者爲信. 故, 必須讀書窮理, 求觀於古人, 體驗於吾心, 得其一善, 勉行之, 則孝弟忠信之節, 自無不合於天序之則矣. (啓蒙篇)

사람이 공부를 하지 않으면 실로 그 무엇이 효도가 되고, 무엇이 충성이 되고, 무엇이 공경이 되고, 무엇이 신의가 되는 것인지를 알기 어렵다. 그러므로 반드시 책을 읽고 진리를 궁구하여 옛 사람의 행적을 찾아보고, 내 마음에 체험하여 거기에서 한 가지 착한 점을 터득하여 이를 힘써 행하면, 효도·공경·충성·신의의 절도가 저절로 하늘이 마련한 법도에 맞지 않음이 없을 것이다.

(ㅂ) 春則萬物始生, 夏則萬物長養, 秋則萬物成熟, 冬則萬物閉藏, 然則萬物之所以生長收藏, 無非四時之功也. (啓蒙篇)

봄이면 만물이 생겨나고, 여름이면 만물이 자라나고, 가을이면 만물이 익고, 겨울이면 만물이 간직되니, 그렇다면 만물의 나고 자라고 거두고 간직되는 까닭이 사철의 공이 아닌 것이 없다.

③ 否定副詞에 다른 副詞가 첨가되는 例

㉠ 全部否定(絶對否定)
(가) 必不要 반드시 요긴하지 않다.
(나) 必不有 반드시 있지 않다.
(다) 常不有 항상 있지 않다.
(라) 甚不美 심히 아름답지 않다.
(마) 皆不來 다 오지 않았다.
(바) 敢不傷 감히 상하지 않는다.

㉡ 一部否定(條件否定)
(가) 不必要 반드시 요긴하지는 않다.
(나) 不常有 항상 있는 것은 아니다.
(다) 世有伯樂, 然後, 有千里馬. 千里馬常有, 而伯樂不常有. 故, 雖有名馬, 只辱於奴隸人之手, 騈死於槽櫪之間, 不以千里稱也. (韓愈)

세상에 백락이 있은 연후에야 천리마가 있는 것이다.

천리마는 항상 있지만 백락은 항상 있는 것은 아니다. 그러므로 비록 유명한 말이라도 다만 노예의 손에서 더럽혀지고, 나란히 마구간에서 죽어 버리니, 천리마로 드러나지 못한다.

(라) 不甚美 아주 아름답지는 않다.

(마) 不皆來 다 오지는 않았다.

(바) 夫未孝德之本也, 敎之所由生也. 身體髮膚, 受之父母, 不敢毁傷, 孝之始也, 立身行道, 揚名於後世, 以顯父母, 孝之終也. (孝經)

대저 효도는 도덕의 근본이요, 가르침이 여기로부터 생겨나는 것이다. 몸·털·살은 부모에게 받은 것이니, 감히 상하게 하지 않는 것이 효도의 시작이요, 출세하여 올바른 도리를 행하여 부모의 이름을 드러나게 하는 것이 효도의 끝맺음이다.

(4) 反語文

　反語文은 마음속에 明確하게 결정한 事實을 強調하기 위하여, 그 반대의 사례를 疑問形으로 나타내는 글이다.
　反語文의 用法으로는 疑問形副詞인 何・豈・孰・誰・曷・胡・惡・安・寧・況・焉・如何・奈何 등과, 疑問形語助辭인 乎・哉・耶・歟 등을 아울러 쓰는 것도 있고, 疑問形副詞나 疑問形語助辭만으로 쓰이는 것도 있고, 敢不~, 不亦~乎 등 副詞・否定副詞・疑問形語助辭를 아울러 쓰는 것도 있다.

① 副詞에 疑問形語助辭가 붙는 例

㉠ 將成家而致汝, 嗚呼, 孰謂汝遽去吾而歿乎? (祭十二郞文)
　장차 가정을 이룩하여 너에게 맡기려 하였는데, 아! 누가 네가 갑자기 나를 버리고 죽으리라고 생각하였겠느냐?

㉡ 去年, 孟東野往, 吾書與汝, 曰'吾年未四十, 而視茫茫而髮蒼蒼, 而齒牙動搖, 念諸父與諸兄, 皆康強而早世, 如吾之衰者, 豈能久存乎?'(祭十二郞文)
　지난해 맹동야가 갔을 때에 나는 편지를 너에게 주어 말하기를 '내 나이 아직 마흔 살도 못 되었는데, 보이는

것이 침침하고, 머리가 희끗희끗하고 이가 흔들린다. 아버지의 형제들과 여러 형님들을 생각하면 다 건강하면서도 일찍이 세상을 떠났으니, 나와 같이 쇠약한 사람이 어찌 오래 살 수 있겠는가?' 하였다.

ⓒ 已矣乎寓形宇內復幾時? 曷不委心任留去? 胡爲乎遑遑欲何之? (歸去來辭)

끝났구나. 내 육체를 세상에 붙여 둠이 또 얼마나 되겠는가? 어찌 마음대로 머물고 가는 것을 자연에 맡겨 두지 않으리오? 어찌하여 허둥지둥 어디로 가려 하는가?

㉣ 子曰 '富與貴, 是人之所欲也, 不以其道得之, 不處也, 貧與賤, 是人之所惡也, 不以其道得之, 不去也. 君子去仁, 惡乎成名? 君子無終食之間違仁, 造次必於是, 顚沛必於是.' (論語)

공자가 말하기를 '부유한 것과 귀한 것은, 사람의 소원이지만 그것을 정당하지 않은 방법으로써 얻었으면 머물러 두지 않아야 하고, 가난한 것과 천한 것은, 사람들이 싫어하는 것이지만 정당한 방법으로써 그것을 얻었으면 버리지 않을 것이다. 군자가 인(仁)을 버리면 어찌 그 명예를 이루리오? 군자는 식사를 끝내는 짧은 동안이라도 인을 어기는 일이 없어야 하는 것이니, 황급할 때에도 반드시 이에 뜻하여야 하고, 곤궁할 때에도 반드시 이에 뜻하여야 할 것이다.

㉤ 人性本善, 無古今賢愚之殊, 聖人何故獨爲聖人, 我則何故獨爲衆人邪? 良由志不立, 知不明, 行不篤耳, 志之立, 知之明, 行之篤 皆在我耳, 豈可他求哉?(栗谷全書)

사람의 성품은 본래 착한 것이라서, 옛날이나 지금이나 현명함과 어리석음의 다름이 없건만, 성인은 무슨 까닭으로 유독 성인이 되고, 나는 무슨 까닭으로 유독 보통 사람이 되겠는가? 이는 실로 뜻을 세우지 않고, 아는 것이 분명하지 않고 행하는 것이 착실하지 않는 데에 말미암을 뿐이다. 뜻의 세움과 앎의 분명함과 행실의 착실함은 다 나에게 달려 있을 뿐이니, 어찌 다른 데에서 찾으리오?

㉥ 於是, 項王乃欲東渡烏江, 烏江亭長, 艤船待, 謂項王曰 '江東雖小 地方千里, 衆數十萬, 亦足王也, 願大王急渡. 今獨臣有船, 漢軍至, 無以渡.' 項王笑曰 '天之亡我, 我何渡爲? 且籍與江東子弟八千人, 渡江而西, 今無一還, 縱江東父兄, 憐而王我, 我何面目見之? 縱彼不言, 籍獨不愧於心乎?'(史記)

이때 항왕(楚覇王 項羽)이 동으로 오강을 건너려 하였는데, 오강정장이 배를 언덕에 대어 놓고 기다리다가 항왕에게 말하기를 '강동이 비록 작다고 하더라도 지방이 천리이고 백성이 수십만이니, 역시 왕노릇 하기에 족합니다. 원컨대 대왕은 급히 건너소서. 지금은 다만 신에게만 배가 있으니, 한나라 군사가 오더라도 건널 수 없습니다.' 하니 항왕은 웃으면서 말하기를 '하늘이 나를 망하게 하였는데 내 어찌 건너가리오? 또 내가 강동 자제 8천 명과 강을 건너 서쪽으로 갔다가 지금 한 사람도 돌아오지 못하니, 비록 강동 부형들이 가엾게 여겨 나를 왕으로 삼는다 한들, 내 무슨 면목으로 저들을 만나보며, 비록 그들이 말하지 않는다 한들 내 어찌 유독 마음에 부끄럽지 않으리오?' 하였다.

※'獨不愧於心乎'의 '獨~乎'는 '豈獨~乎'의 뜻으로 '豈'가 생략된 글이다.

㋁ 吳季札, 吳王壽夢子也, 初使北過徐君, 徐君好季札劍, 只弗敢言, 季札心知之, 爲使上國未獻, 還至徐, 徐君已死, 乃解其寶劍, 懸徐君家樹而去, 從者曰 '徐君已死, 尙誰予乎?' 季子曰 '不然, 始吾心已許, 豈以死倍吾心哉?'(蒙求)

오나라 계찰은 오왕 수몽의 아들이다. 처음에 북으로 사신 가면서 서나라 임금을 거치게 되었는데, 서나라 임금이 계찰의 칼을 탐냈으나 감히 말을 꺼내지는 못하였다. 계찰은 마음속으로 그의 뜻을 알았으나 상국으로 사신가는 길이라 드리지 못하였다가, 돌아올 때에 서나라에 이르니 서나라 임금은 이미 죽었다. 그는 그 보검을 풀어 서나라 임금 무덤가의 나무에 걸어 주고 떠나니, 시종이 말하기를 '서나라 임금은 이미 죽었는데 누구에게 주렵니까?' 하니 '그렇지 않다. 애초에 내 마음은 이미 주기로 허락하였는데 어찌 죽었다고 해서 내 마음을 어기리오?' 하였다.

◎ 屈原曰 '吾聞之, 新沐者必彈冠, 新浴者必振衣, 安能以身之察察, 受物之汶汶者乎? 寧赴湘流, 葬江魚之腹中,

又安能以皓皓之白, 而蒙世俗之塵埃乎?'(漁父辭)

굴원이 말하였다. '내 들으니, 새로 머리를 감은 사람은 반드시 관을 털어 쓰고, 새로 몸을 씻은 사람은 반드시 옷을 털어 입는다고 하는데, 어찌 깨끗하고 조촐한 몸에 사물의 더러운 것을 받아들인단 말인가? 차라리 상강(湘江)으로 나아가서 물고기의 뱃속에 장사지낼망정, 어찌 이 깨끗한 몸에 어지러운 세상의 먼지를 뒤집어쓰리오?'

㈅ 向主一片丹心, 寧有改理也歟? (鄭夢周)
임에게 향한 일편단심이야 어찌 고칠 리가 있으랴?

㈆ 使牛聞之, 寧無不平之心乎? (芝峰類說)
소가 듣게 되면 어찌 불평하는 마음이 없으리오?

(5) 禁止文

禁止文은 事物의 어떤 동작을 금지하는 뜻을 나타내는 글이다. 금지문에는 勿・莫・無 등 禁止形否定副詞를 쓰기도 하고, 부정하는 글자를 쓰기도 한다. 예를 들면,

① **禁止形否定副詞가 쓰이는 例**

㉠ 勿謂今日不學而有來日, 勿謂今年不學而有來年. 日月逝矣, 歲不我延, 嗚呼老矣, 是誰之愆? (朱熹)
오늘 배우지 않고 내일이 있다고 말하지 말고, 금년에 배우지 않고 내년이 있다고 말하지 말라. 날과 달은 간다. 세월은 나를 위하여 늦춰 주지 않는다. 아! 늙으면 이것이 누구의 잘못이겠는가?

㉡ 施恩勿求報, 與人勿追悔. (素書)
남에게 은혜를 베풀었거든 갚기를 바라지 말고, 남에게 주었거든 나중에 후회하지 말라.

㉢ 疑人莫用, 用人勿疑. (明心寶鑑)
의심스러운 사람이면 쓰지 말고, 쓴 사람이면 의심하지 말라.

㉣ 性理書云 '接物之要, 己所不欲, 勿施於人, 行有不得, 反求諸己.' (明心寶鑑)
성리서에 말하였다. '사물을 접할 때의 요긴한 점은 자기가 하고 싶지 않은 것은 남에게 베풀지 말고, 행하는 일이 뜻대로 안 되는 것이 있거든 그 원인을 자기에게서 찾아 반성하라.'

㉤ 勿以貴己而賤人, 勿以自大而蔑小, 勿以恃勇而輕賊. (姜太公)
자기가 귀하다고 해서 남을 천하게 여기지 말며, 자기가 크다고 해서 남을 천하게 여기지 말며, 용맹을 믿고서 적을 가볍게 여기지 말라.

㉥ 漢昭烈將終, 勅後主曰 '勿以善小而不爲, 勿以惡小而爲之.' (明心寶鑑)
한나라 소열제가 죽으려 할 때에 후주를 훈계하였다. '착한 일은 작다고 하더라도 하지 않아서는 안 된다.'
※ 금지문은 일종의 명령문이다.

② **禁止詞가 쓰이는 例**

㉠ 無用者, 出入禁止.
용무가 없는 사람은 출입을 금지한다.
㉡ 少年學生, 觀覽嚴禁.
나이 어린 사람이나 학생은 관람을 엄격히 금지한다.

(6) 受動文

受動文은 남으로부터 움직임을 받는 뜻을 나타내는 글이다. 受動文의 用法은 被·遭·見·爲~所 등 被動詞가 쓰인다.

① 被動詞가 쓰이는 例

㉠ 臨死臣崔益鉉, 被幽日本對馬島警備隊, 百拜上言于皇帝陛下. 臣無狀竟遭俘虜, 必死自期, 生還無望, 決意却食, 以待自靖. 但四千年祖國, 二千萬生靈, 將爲丘墟, 未免魚肉, 願陛下振起頹靡之志, 抛棄因循之習, 永斷依賴之心, 益堅薪膽之志, 克盡自修, 撫養軍民, 國民皆固有愛國之心者, 豈不爲陛下出死力乎? (崔益鉉)

죽음에 다다른 신 최익현은 일본 대마도 경비대에 갇히어 백 번 절하며 황제폐하께 말씀을 올립니다. 신은 볼품없이 마침내 사로잡혀서 꼭 죽기를 기약하고 살아 돌아가기를 바라지 않으며, 뜻을 결단하여 식음을 물리치고 스스로 도모할 때를 기다립니다. 다만 4천 년 조국과 2천만 민족이 장차 폐허에 묻히게 되고, 처참한 죽음을 면치 못할 터이니 폐하께서는 쓰러져 가는 뜻을 떨쳐 일으키고, 폐습을 내던져 버리고, 영원히 남에게 의지하는 마음을 끊어 버리고, 더욱더 와신상담하는 뜻을 굳게 하시고, 스스로 수련함을 다하여 군민(軍民)을 잘 어루만져 주신다면 국민으로서 다 나라를 사랑하는 마음을 굳게 가진 사람이,

어찌 폐하를 위하여 죽을 힘을 내지 않으리이까?

㉡ 古之所謂豪傑之士者, 必有過人之節, 人情有所不能忍者. 匹夫見辱, 拔劍而起, 挺身而鬪此不足爲勇也. 天下有大勇者, 卒然臨之, 而不驚, 無故加之, 而不怒, 此其所挾持者甚大, 而其志甚遠也. (蘇軾)

옛날에 이른바 호걸스런 사람이란 반드시 남보다 뛰어난 절개가 있고, 인정상 참아 낼 수 없는 점이 있다. 평범한 사람은 욕을 당하면 칼을 빼들고 일어나 앞장서서 싸우는데, 이는 용맹됨이 모자란다 할 것이다. 세상에 아주 용맹스러운 사람은 갑자기 덤벼들더라도 놀라지 아니하고, 까닭없이 폭행을 가하더라도 노여워하지 않으니, 이는 그 가진 바 도량이 매우 크고 그 뜻이 아주 원대하다 할 것이다.

㉢ 寧爲刑罰所加, 不爲陳君所短. (蒙求)

차라리 형벌을 받게 될지언정, 진군으로부터 비난을 당하게 되지는 않을 것이다.

㉣ 景行錄云 '大丈夫當容人, 無爲人所容.' (明心寶鑑)

경행록에 말하였다. '대장부는 마땅히 남의 잘못을 용서할지언정 남에게 용서받는 바 되지는 말 것이다.'

(7) 使役文

使役文은 남을 부리거나 시키어 움직이게 하는 뜻을 나타내는 글이다. 使役文의 用法으로는 使・令・敎・遣・俾 등의 使役動詞를 쓰는 것도 있고 命・說 등 使役의 뜻을 暗示하는 것도 있다.

① 使役動詞가 쓰이는 例

㉠ 國之語音, 異乎中國, 與文字不相流通. 故, 愚民有所欲言, 而終不得伸其情者, 多矣. 予爲此憫然, 新制二十八字, 欲使人人易習, 便於日用耳. (訓民正音序)
 (우리)나라의 말이 중국과 달라서 그 글자와 서로 유통하지 않는다. 그러므로 어리석은 백성이 말하고 싶은 것이 있어도 마침내 그 뜻을 펴지 못하는 사람이 많다. 내 이를 민망하게 여겨서 새로 스물여덟 글자를 만들어 사람들로 하여금 쉽게 익혀 날마다 쓰는 데에 편리하게 하고자 할 따름이다.

㉡ 富貴如將智力求, 仲尼年少合封侯. 世人不解靑天意, 空使身心半夜愁. (擊壤詩)
 부귀를 만약 지혜와 힘을 가지고 구할 것 같으면, 중니(공자)는 젊었을 때 제후에 책봉되었으리라. 세상 사람들

은 하늘의 뜻을 알지도 못하고, 공연히 몸과 마음으로 하여금 밤 늦도록 수심에 겹게 하는구나.

ⓒ 太公曰 '婦人之禮, 語必細, 賢婦令夫貴, 惡婦令夫賤.' (明心寶鑑)

강태공이 말하였다. '부인의 예절은 말소리가 반드시 작아야 한다. 어진 부인은 그의 남편을 귀하게 만들고, 악한 부인은 그의 남편을 천하게 만든다.'

ⓔ 久住令人賤, 頻來親也疎. 但看三五日, 相見不如初. (明心寶鑑)

오래 머물러 있으면 남이 천하게 여기게 되고, 자주 오면 친하던 의리도 멀어지게 되는 것이다. 다만 사흘이나 닷새 만에 보아도 서로 보는 태도가 처음과 같지 않을 것이다.

ⓜ 魏文帝嘗令東阿王七步中作詩, 不成行法, 卽應聲爲詩, 曰 '煮豆持作羹, 漉豉以爲汁. 其在釜底然, 豆在釜中泣. 本是同根生, 相煎何太急?' 帝深有慙色. (世說新語)

위나라 문제(曹丕)는 일찍이, 아우 동아왕(植)으로 하여금 일곱 걸음을 걷는 동안에 시를 짓게 하여 짓지 못하면 형(刑)을 시행하리라 하였는데, 곧 그 말에 응답하여 시를 지어 말하기를, '콩을 삶아서 국을 만들고, 메주를 걸러서 간장을 만든다. 콩대는 솥 밑에서 타고 있고 콩은 가마 속에서 울고 있다. 본래 이것들은 같은 뿌리에서 났건만, 서로 달임이 어찌 이리도 다급한가?'하니 문제는 심히 부끄러워하는 빛이 있었다.

ⓑ 無俾民憂
백성들로 하여금 근심이 없게 하였다.

ⓐ 太守遣人隨往.
태수는 사람으로 하여금 수행(隨行)하게 하였다.

ⓞ 命虞美人起舞.
우미인으로 하여금 일어나서 춤추게 하였다.

ⓩ 初入柵之後, 道數遇雨阻水, 通遠堡坐費五六日, 正使日夜憂念, 每夜聞雨聲, 則輒明燭達曉. 時余對炕而宿, 隔幔相語, 曰'天下事有不可知, 萬一有如命使臣, 前赴熱河, 則日計不足矣, 將奈何? 設無熱河之役, 當趁萬壽節入皇城, 若又阻水於瀋遼之間, 是俗談所謂'曉夜行不及門.'(熱河日記)

처음 국경을 들어선 뒤에 길에서 자주 비를 만나 물에 막혀서, 통원보에서는 주저앉아 5, 6일 동안을 허비하였는데, 정사(正使)는 밤낮으로 근심하여 밤마다 빗소리만 들리면 문득 촛불을 밝히고 밤을 새웠다. 이때에 나는 온돌을 맞대고 자다가 휘장을 사이에 두고 서로 이야기하기를 '세상일이란 알 수 없는 것이 있는데, 만일 사신으로 하여금 먼저 열하로 가게 하는 것과 같은 일이 있으면, 날

짜가 모자랄 것이니 장차 어떻게 하지요? 설사 열하의 행사(잔치)가 없다고 하더라도 마땅히 만수절(萬壽節)을 대어 황성(皇城:중국 서울)으로 들어가야겠는데, 만약 또 심양과 요수 사이에서 물에 막힌다면, 이는 속담에 이른바 "밤새도록 갔는데 집에 이르지 못했다"는 격입니다.' 하였다.

(8) 比較文

比較文은 文意를 통하여 事物의 優劣을 나타내는 것이 있고, 두 가지를 비교하여 하나를 선택하는 것도 있다.

비교문의 용법으로는 關係詞인 '於'를 써서 '무엇은 무엇보다 어떻다' 하는 말로 비교하는 것과, 副詞 '如·若' 등처럼 '같다'는 말을 쓰는 것, '不如·莫如·不若·未若' 등 否定副詞를 並用하는 것, '寧(차라리)'자처럼 選擇形副詞를 쓰는 것도 있다.

① 關係詞 '於'가 쓰이는 例

㉠ 金貴於銀, 玉美於石.
금은 은보다 귀하고, 옥은 돌보다 아름답다.

㉡ 霜葉紅於二月花.
서리맞은 단풍잎이 2월에 피는 꽃보다 붉다.

㉢ 父母之恩, 高於山, 深於海.
부모의 은혜는 산보다 높고, 바다보다 깊다.

㉣ 學不可以已. 靑出於藍, 而靑於藍, 氷水爲之, 而寒於水. 木直中繩, 輮以爲輪, 其曲中規, 雖有槁暴, 不復挺者,

輮使之然也. 故, 木受繩則直, 金就礪則利, 君子博學, 而日參省乎己, 則智明, 而行無過矣. 故, 不登高山, 不知天之高也, 不臨深谿, 不知地之厚也, 不聞先王之遺言, 不知學問之大也. (荀子)

학문은 그만두어서는 안 된다. 푸른 빛은 쪽에서 나왔으나 쪽보다 푸르고, 얼음은 물로 되었으나 물보다 차갑다. 나무가 곧아도 먹줄을 놓아 휘어잡아 바퀴를 만들면 그 굽은 것이 규격에 맞아서, 비록 햇볕에 말리더라도 다시 펴지지 않는 것은 휘어 놓은 것이 이를 그렇게 되어 버리게 한 것이다. 그러므로 나무는 먹줄을 받으면 곧아지고, 쇠는 숫돌에 갈면 날카로워지는 것이다. 군자가 널리 배우고 날마다 세 번 자기를 반성하면, 지혜가 밝아지고 행하는 일의 잘못이 없어진다. 그러므로 높은 산에 올라보지 않으면 하늘의 높음을 알지 못하고, 깊은 골짝에 다다라 보지 않으면 땅의 두꺼움을 알지 못하고, 성현들이 남긴 말을 들어 보지 않으면 학문의 위대함을 알지 못한다.

㉤ 孔子過泰山側, 有婦人哭於墓者而哀, 夫子式聽之, 使子路問之, 曰 '子之哭也, 當似重有憂者.' 而曰 '然, 昔者, 吾舅死於虎, 吾夫又死焉, 今吾子又死焉.' 夫子曰 '何爲不去也?' 曰 '無苛政.' 夫子曰, '小子識之, 苛政猛於虎.' (禮記)

공자가 태산(산동성에 있는 명산) 곁을 지나는데, 한 부인이 무덤에서 통곡하며 슬퍼하고 있었다. 공자는 수레에 기대어 이 소리를 듣고 자로를 시켜 그 까닭을 물어 보게 하였다. '그대의 곡 소리에는 꼭 중한 근심이 있는 듯

하오.' 하니, 그는 대답하기를 '그렇습니다. 옛날 나의 시아버님이 호랑이에게 물려가서 죽고, 내 남편도 그렇게 죽었으며, 지금 내 아들이 또 그렇게 죽었습니다.' 하였다. 공자가 말하기를 '어찌하여 떠나가지 않소?' 하니, 그는 말하기를 '여기에는 가혹한 정치가 없습니다.' 하였다. 공자가 말하기를 '제자들아, 이 점을 명심하여 알아 둬라. 가혹한 정치는 호랑이보다도 사납다.' 하였다.

※ 哭於墓者의 '於'는 '에서', 死於虎의 '於'는 '에게'라는 뜻으로 활용되니 이는 단순한 關係詞이고, 苛政猛於虎의 '於'는 '보다'로 활용되는 비교문이다.

② 副詞 '如', '若'이 쓰이는 例

㉠ 成家之兒, 惜糞如金, 敗家之兒, 用金如糞. (明心寶鑑)
집안을 일으킬 아이는 똥을 아끼기를 돈과 같이 하고, 집안을 망하게 할 아이는 돈 쓰기를 똥과 같이 한다.

㉡ 古之君子, 過則改之, 今之君子, 過則順之. 古之君子, 其過也, 如日月之食, 民皆見之, 及其更也, 民皆仰之, 今之君子, 豈從順之? 又從而爲之辭. (孟子)
옛날의 군자는 잘못하면 고쳤으나 지금의 군자는 잘못하면 이에 따른다. 옛날의 군자는 그 잘못을 일식, 월식같이 백성들이 다 보았고, 그것을 고치는 데에 이르러서는 백성들이 다 우러러보았으나, 지금의 군자는 어찌 이에 따

를 뿐이리오? 또 따르면서 이를 변명하기까지 하는 것이다.

ⓒ 離騷經云 '䛧言如蜜, 惡語如刀.' 人不以多言爲善, 犬不以善吠爲良. 刀瘡易好, 惡語難消, 利人之言, 暖如綿絮, 傷人之語 利如荊刺. 一言半句 重値千金, 一言傷人, 痛如刀割. 口是傷人斧, 言是割舌刀, 閉口深藏舌. (明心寶鑑)

《이소경》에 이르기를 '달콤한 말은 꿀과 같고, 악한 말은 칼과 같다'고 하였다. 사람이 말을 많이 한다고 해서 훌륭한 것이 아니고, 개가 잘 짖는다고 해서 우량한 것은 아니다. 칼의 상처는 낫기 쉬우나 악한 말은 가셔지기 어렵다. 남을 이롭게 하는 말은 따뜻하기가 햇솜과도 같고, 남을 해롭게 하는 말은 날카롭기가 가시와 같다. 한 마디의 말이나 반 토막의 어구라도 중하기가 천금에 해당한데, 한 마디 말로 남을 해치면 아프기가 칼로 베는 것과 같다. 입은 곧 남을 상하게 하는 도끼요 말은 곧 혀를 베는 칼이니, 입을 다물고 혀를 깊이 간직하라.

ⓓ 孟軻幼少出游, 旣學而歸, 其母方織, 問孟軻曰 '汝學所至如何?' 孟軻曰, '自若' 母以刀斷期織, 孟軻懼而問其故, 母曰 '子之廢學, 若吾斷斯織也, 今而廢學, 是何以異于斷織哉?' 孟軻感奮, 旦夕勤學不息, 遂成名于天下. (劉向)

맹가(맹자)가 어렸을 때 외지에 나가 공부를 하다가 돌아왔는데, 그 어머니는 마침 베를 짜다가 그에게 묻기를 '너의 학문이 어느 정도에 이르렀느냐?' 하니, 맹가가 대답하기를 '별다름이 없습니다.' 하였다. 그 말을 듣고 어머니는 칼로 짜던 베를 끊어 버렸다. 맹가는 두려워하면서 그 까닭을 물으니, 어머니는 말하기를 '네가 공부를 그만두는 것은 내가 베를 끊어 버리는 것과 같다. 지금 학문을 그만두는 것은 짜던 베를 끊어 버리는 것과 어찌 다르랴?' 하였다. 맹가는 분발하여야 할 것을 느껴 밤낮으로 쉬지 않고 부지런히 공부하여 드디어 이름을 세상에 떨치게 되었다.

㈂ 聖希天, 賢希聖, 士希賢, 伊尹・顏淵大賢也. 伊尹恥其君不爲堯舜, 一夫不得其所, 若撻于市, 顏淵不遷怒, 不貳過 三月不違仁, 志伊尹之所志, 學顏子之所學, 過則聖, 及則賢, 不及則亦不失於令名. (周濂溪)

성인은 하늘을 바라고 현인은 성인을 바라고, 선비는 현인을 바란다. 이윤과 안연은 대현이다. 이윤은 그의 임금이 요순처럼 되지 않은 것을 부끄러워하여, 한 사나이가 그 일할 데를 얻지 못하면 거리에서 종아리를 맞는 것과 같다 하였고, 안연은 노여움을 남에게 옮기지 않고, 잘못을 거듭하지 않고 석 달 동안 어진 행실을 어기지 않았으니, 이윤의 뜻한 것을 뜻으로 삼고, 안연의 배운 것을 배우면, 그 정도를 넘으면 성인이고, 거기에 이르면 현인이고, 그 정도에 이르지 못하더라도 역시 훌륭한 명성을 잃지 않을 것이다.

③ 否定副詞를 아울러 쓰는 例

㉠ 黃金滿籯, 不如敎子一經, 賜子千金, 不如敎子一藝. (漢書)

황금을 상자에 가득 넣어 두는 것이 아들에게 한 가지 경서를 가르치는 것만 같지 못하고, 아들에게 천금을 주는 것이 한 가지 학문이나 기술을 가르치는 것만 같지 못하다.

㉡ 朝廷莫如爵, 鄕黨莫如齒, 輔世長民, 莫如德. (曾子)

조정에서는 벼슬만 같지 못하고, 시골 마을에서는 나이만 같지 못하고, 나라를 돕고 백성을 잘살게 하는 데에는 도덕만 같지 못하다.

㉢ 積金以遺子孫, 未必子孫能盡守, 積書以遺子孫, 未必子孫能盡讀, 不如積陰德於冥冥之中, 以爲子孫之計也. (司馬光)

돈을 모아서 자손에게 물려준다 해도 반드시 자손이 능히 다 지키지 못할 것이고, 책을 모아서 자손에게 물려준다 해도 반드시 자손이 능히 다 읽지는 못할 것이니, 음덕을 남모르는 동안에 쌓아서 자손을 위한 계획으로 삼는 것만 같지 못할 것이다.

㉣ 高祖曰 '公知其一, 未知其二, 夫運籌策帷帳之中, 決勝於千里之外, 吾不如子房, 鎭國家, 撫百姓, 給餽饟 不絶

糧道, 吾不如蕭何, 連百萬之兵, 戰必勝, 攻必取, 吾不如韓信. 此三者, 皆人傑也, 吾能用之, 此吾所以取天下也. 項羽有一范增, 而不能用, 此其所以爲我禽也.'(史記)

한나라 고조가 말하기를 '공은 그 하나만 알고 둘은 알지 못하는구나. 대저 작전 계획을 장막 안에서 마련하여 승리를 천리 밖에서 결정하게 하는 일은 내가 자방이만 같지 못하고, 국가를 안정시키고 백성을 어루만지며, 군량을 공급하여 양도가 끊어지지 않게 하는 일은 내가 소하만 같지 못하고, 백만 군사를 거느리고 싸우면 반드시 이기고, 치면 반드시 빼앗는 일은 내가 한신만 같지 못하다. 이 세 사람은 다 뛰어난 인물이나, 내가 이들을 잘 썼으니 이것이 내가 천하를 가지게 된 까닭이다. 저 항우는 한 사람 범증이 있었으나 잘 쓰지 못하였으니, 이것이 그가 나에게 사로잡히게 된 까닭이다.' 하였다.

㉰ 今有無名之指, 屈而不信, 非疾痛害事也, 如有能信之者, 則不遠秦楚之路, 爲指之不若人也. 指不若人, 則知惡之, 心不若人, 則不知惡, 此之謂不知類也. (孟子)

지금 무명지가 굽어 펴지지 않는다 해도 아프거나 일에 방해되지는 않지만, 만약 펼 수 있는 사람이 있다면 진나라, 초나라 가는 길도 멀다 하지 않으니, 이는 손가락이 남과 같지 않기 때문이다. 손가락이 남과 같지 않으면 이를 싫어할 줄 알고, 마음이 남과 같지 않으면 이를 싫어할 줄 모르니, 이를 알지 못하는 무리라고 이를 것이다.

ⓑ 蓋文章經國之大業, 不朽之盛事, 年壽有時而盡, 榮樂止乎其身, 二者必至之常期, 未若文章之無窮. (曹丕)

대개 문장은 나라를 다스리는 위대한 사업이며 썩지 않는 훌륭한 일이다. 사람의 수명은 때가 되면 다하고, 영화와 향락은 그 자신에게 그치는 것이라, 두 가지는 반드시 일정한 시기에 이르니, 문장의 다함이 없는 것만 같지 못하다.

④ 選擇形副詞가 쓰여 比較되는 例

㉠ 與其殺不辜, 寧失不經. (左傳)

그 무고한 사람을 죽이기보다는 차라리 국법을 어긴 사람을 놓아 주리라.

㉡ 鄙諺曰 '寧有鷄口, 無爲牛後.' 今西面交臂, 而臣事秦何異於牛後乎? (史記)

비언에 말하기를 '차라리 닭의 주둥이는 될지언정, 소의 꼬리는 되지 말라' 하였는데, 지금 (6국이) 서쪽을 향하여 손을 잡고 신하로서 진나라를 섬긴다면, 어찌 소의 꼬리가 되는 것과 다르랴?

(9) 假想文

 假想文은 어떤 結論의 假設的인 前提를 말한 글이다. 그 용법은 若·如 등 '만약'의 뜻을 가진 副詞가 많이 쓰이고, '萬一', '假令' 등을 써서 假想의 뜻을 나타내는 것도 있다.

① 假定形副詞가 쓰이는 例

㉠ 若人作不善, 得顯名者, 人雖不害, 天必誅之. (莊子)
만약, 사람이 착하지 않은 일을 하고서 이름을 세상에 드러낸 자는, 남이 비록 해치지 않더라도 하늘이 반드시 그를 죽이리라.

㉡ 家若貧, 不可因貧而廢學, 家若富, 不可恃富而怠學, 貧若勤學, 可以立身, 富若勤學, 名乃光榮. (朱熹)
집안이 만약 가난하더라도 가난으로 인해 학업을 그만두어서는 안 되고, 집안이 만약 부유하더라도 부유함을 믿고 학업을 게을리해서는 안 된다. 가난하더라도 만약 부지런히 공부한다면 가히 출세할 수 있을 것이요, 부유하더라도 만약 부지런히 공부한다면 이름이 곧 빛나고 영화로워질 것이다.

㉢ 神宗皇帝御製曰 '遠非道之財, 戒過度之酒, 居必擇隣, 交必擇友, 嫉妬勿起於心, 讒言勿宣於口, 骨肉貧者莫疎, 他人富者莫厚, 克己以勤儉爲先, 愛衆以謙和爲首, 常思已往之非, 每念未來之咎, 若依朕之斯言, 治國家而可久.' (明心寶鑑)

신종 황제가 지은 글에 말하기를 '도리에 어긋나는 재물을 멀리하고, 정도에 넘는 술을 경계하며, 사는 데에는 반드시 이웃을 가리고, 사귀는 데에는 반드시 벗을 가려야 하며, 질투하는 생각을 마음에 일으키지 말고, 참소하는 말을 입밖에 내지 말며, 친척 중에 가난한 사람을 소원하게 대하지 말고, 남들 중에 부유한 사람을 후하게 대하지 말며, 자기 욕망의 억제에 부지런하고 검소함을 우선으로 하고, 백성을 사랑하는 데에는 겸손하고 화목함을 으뜸으로 하며, 항상 과거의 잘못을 생각하고, 매양 미래의 허물을 생각하라. 만약 짐의 이 말을 따르면 국가를 다스림이 가히 오랠 수 있으리라.' 하였다.

㉣ 一生之計, 在於勤, 一年之計, 在於春, 一日之計, 在於寅, 幼而不學, 老無所知, 春若不耕, 秋無所望, 寅若不起, 日無所辦. (孔子三計圖)

일생의 계획은 부지런함에 있고, 일년의 계획은 봄에 있으며, 하루의 계획은 새벽에 있다. 어려서 배우지 않으면 늙어도 아는 것이 없고, 봄에 만약 밭갈이 하지 않으면 가을에 바랄 것이 없고, 새벽에 만약 일어나지 않으면 그 날에 처리할 것이 없을 것이다.

② 假想의 뜻을 가진 말이 쓰이는 例

㉠ 萬一有如命使臣, 前赴熱河, (熱河日記)
만일 사신으로 하여금 먼저 열하로 가게 하는 것과 같은 일이 있으면,

㉡ 秦彊楚弱, 臣奉王之節使楚, 楚何敢加誅? 假令誅臣, 而爲秦得黔中之地, 臣之上願也. (史記)
진나라는 강하고 초나라는 약합니다. 신이 임금의 사명을 받들고 초나라에 사신으로 가는데, 초나라에서 어찌 감히 죽으리오? 가령 신을 죽이더라도 진나라를 위하여 검중의 땅을 얻는다면 신은 더없는 소원이겠습니다.

(10) 詠歎文

詠歎文은 사물에 대하여 어떤 느낌을 나타내는 글이다. 영탄문의 용법으로는 '嗚呼·噫·嗟乎·於戱' 등 感歎詞가 쓰이는 것도 있고, '哉' 등의 感歎形語助辭가 쓰이는 것도 있는데, 다른 文型에 비하면 간단하다.

① 感歎詞가 쓰이는 例

㉠ 嗚呼! 老矣, 是誰之愆? (朱熹)
아! 늙으면 이것이 누구의 허물인가?

㉡ 嗚呼! 言有窮, 而情不可終. 汝其知也耶? 其不知也耶? 嗚呼! 哀哉. (祭十二郎文)
아! 말은 다함이 있으나 정은 끝날 수 없구나. 너는 그것을 아느냐, 그것을 알지 못하느냐? 아! 슬프다.

㉢ 嗚呼! 哀哉. 嗚呼! 哀哉. 汝去年書云'比得軟脚病, 往往而劇.' 吾曰'是疾也, 江南之人常有之, 未始以爲憂也.' 嗚呼! 其竟以此而殞生乎? 抑別有疾而至斯乎? (韓愈)
아! 슬프다. 아! 슬프구나. 네가 지난해 보낸 편지에 이르기를 '요즘 대단찮은 각기병에 걸렸는데, 날이 갈수록 심하여집니다.' 하였으므로, 나는 말하기를 '이 병은 강남

의 사람들에게 흔히 있는 것이니 그리 근심할 것은 아니다.' 하였는데, 아! 마침내 이로 해서 목숨을 잃었느냐? 그렇잖으면 다른 병이 있어서 이 지경에 이르렀느냐?

② 感歎形語助辭가 쓰이는 例

㉠ 自暴者不可與有言也, 自棄者不可與有爲也. 言非禮義, 謂之自暴也, 吾身不能居仁由義, 謂之自棄也. 仁人之安宅也, 義人之正路也, 曠安宅而不居, 舍正路而不由, 哀哉! (孟子)

스스로를 학대하는 사람은 함께 말할 수 없고, 스스로를 버리는 사람은 함께 일할 수 없다. 말이 예의에 어긋나는 것을 스스로를 학대한다 이르고, 내 자신이 인에 입각하여 살고 의를 따라 행동하지 않는 것을 스스로를 버린다고 이른다. 인은 사람의 마음이 깃들일 편안한 집이요, 의는 사람이 행할 바른 길인데, 편안한 집을 비워 두고 살지 않으며, 바른 길을 버리고 따르지 않으니 슬프구나!

㉡ 列子曰 '伯牙善鼓琴, 鍾子期善聽. 伯牙鼓琴, 志在高山, 子期曰 "善哉! 峩峩乎若秦山." 志在流水, 子期曰, "善哉! 洋洋乎若江河." 伯牙所念, 子期必得之.' 呂氏春秋曰 '種子期死, 伯牙破琴絶絃, 終身不復鼓琴, 以爲無足爲鼓者.'(蒙求)

≪열자≫에 이르기를 '백아는 거문고를 잘 타고, 종자기는 잘 들었다. 백아가 거문고를 탈 때에 뜻을 높은 산에

두면, 종자기는 말하기를 "좋구나! 높고 높기가 태산과 같구나." 하고, 뜻을 흐르는 물에 두면 종자기는 말하기를 "좋구나! 넓과 넓기가 양자강이나 황하 같구나" 하여, 백아가 생각하는 것을 종자기는 반드시 터득하였다.' 하였고, ≪여씨춘추≫에는 '종자기가 죽으니, 백아는 거문고를 부숴 줄을 끊어 버리고, 죽을 때까지 다시는 거문고를 타지 않았다. 이는 탄다고 해도 족히 이해할 사람이 없다고 생각한 까닭이다.' 하였다.

(11) 譬喩文

譬喩文은 어떤 사물에 대하여 상대적으로 비유하는 글이다. 譬喩文의 용법은 如·似·猶 등 '같다'는 뜻으로 明喩하는 것도 있고, 또는 특수한 말을 써서 내용면으로 隱喩하는 것도 있다.

① 明喩하는 文의 例

㉠ 子曰 '飯疏食飮水, 曲肱而枕之, 樂亦在其中矣. 不義而富且貴, 於我如浮雲.'(論語)

공자가 말하기를 '나물밥을 먹고 물을 마시고 팔을 구부려 베고 잠을 자더라도 즐거움이 또한 그 속에 있다. 의롭지 않은 부귀는 내게 있어서는 뜬구름과 같다.' 하였다.

㉡ 惡人罵善人, 善人摠不對. 不對心淸安, 罵者口熱沸. 正如人唾天, 還從己身墜. 我若被人罵, 佯聾不分說, 譬如火燒空, 不救自然滅. 我心等虛空, 摠爾翻脣舌. (明心寶鑑)

악한 사람이 착한 사람을 욕하거든 착한 사람은 아예 대답하지 말라. 대답하지 않으면 마음이 조용하고 편안하지만, 욕하는 사람은 입이 뜨겁게 끓어올라, 바로 사람이 하늘에 침뱉는 것처럼 도로 그것이 제 몸에 떨어질 것이다. 내가 만약 남에게 욕을 먹더라도 거짓 귀먹은 듯 말을 나누지 않으면, 비유하건대 불이 아무것도 없는 데서 타는 것과 같아서 끄지 않아도 저절로 사그라질 것이다. 내 마음을 허공처럼 하고 아예 입술과 혀를 잡아매는 것같이 하라.

㉢ 憶君無日不霑衣, 政似春山蜀子規. 爲是爲非人莫問, 只應殘月曉星知. (高麗史)

그대를 그리워하여 날마다 눈물로 옷깃을 적시지 않음이 없으니, 마치 봄 동산에서 슬피 우는 소쩍새와도 같습니다. 옳으니 그르니 하는 말을 남에게 묻지 마소서, 다만 지새는 달과 샛별만이 알고 있을 것입니다.

㉣ 經亂之民愁苦, 愁苦則易化, 譬猶飢者易爲食, 渴者易爲飮也. (十八史略)

난리를 겪은 백성은 근심과 괴로움에 시달리고 있습니다. 근심과 괴로움에 시달리면 교하기가 쉬우니, 비유하건대, 굶주린 사람은 아무것이나 쉽게 먹게 되고 목마른 사람은 아무 물이나 쉽게 마시게 되는 것과 같습니다.

② 隱喩文의 例

㉠ 季康子問政於孔子曰 '如殺無道, 以就有道, 何如?' 孔子對曰 '子爲政, 焉用殺? 子欲善, 而民善矣, 君子之德風, 小人之德草, 草上之風, 必偃'. (論語)

계강자가 정사를 공자에게 묻기를 '만약 도의가 없는 사람을 죽여 도의가 있는 사람, 곧 도덕적인 방향으로 나아가게 한다면 어떻겠습니까?' 하니, 공자가 대답하기를 '그대 정치를 하는 데에 어찌하여 사람을 죽이리오? 그대가 선정을 베풀려고 한다면 백성들은 자연 착하게 될 것이다. 군자의 덕은 바람과 같고 소인의 덕은 풀과 같은지라, 풀 위에 바람이 불면 풀은 반드시 쓰러질 것이다.' 하였다.

(12) 限定文

限定文은 사물의 정도를 한정하는 글이다. 限定文의 용법으로는 唯·惟·但·只 등의 限定副詞를 쓰는 것도 있고 耳·已·而已·而已矣 등 限定形語助辭를 쓰는 것도 있다.

① 限定副詞가 쓰이는 例

㉠ 童蒙訓曰 '當官之法, 唯有三事, 曰淸·曰愼·曰勤, 知此三者, 知所以持身矣. (明心寶鑑)

동몽훈에 말하기를 '관리로서 지켜야 할 법도가 오직 세 가지 있으니, 곧 청렴·신중·근면이다. 이 세 가지 일을 깨달은 사람은 몸가질 바를 안다고 할 것이다.' 하였다.

㉡ 諷諫云 '水底魚天邊鴈, 高射兮低可釣, 惟有人心咫尺間, 咫尺人心不可料. (明心寶鑑)

풍간에 이르기를 '물 속의 고기나 하늘가의 기러기는 높이 뜬 놈은 쏘고, 얕게 헤엄치는 놈은 낚을 수가 있거니와, 오직 사람의 마음은 지척에 있건만 지척에 있는 사람의 마음은 헤아릴 수 없다' 하였다.

㉢ 象犀珠玉怪珍之物, 有悅於人之耳目, 而不適於用, 金

石草木絲麻五穀六材, 有適於用, 而用之則弊, 取之則竭. 悅於人之耳目, 而適於用, 用之而不弊, 取之而不竭, 賢不肖之所得, 各因其材, 仁智之所見, 各隨其分, 才分不同, 而求無不獲者, 惟書乎! (蘇軾)

　상아·서각·주옥 등 진기한 물건은 사람의 이목을 기쁘게 하지만 사용하는 데에는 적합하지 아니하고·금석·초목이나 사마·오곡·육재는 사용에 적합하나 쓰면 망가지고 가지면 없어진다. 사람의 이목을 기쁘게 하면서 사용에도 적합하고, 써도 망가지지 아니하고, 가져도 없어지지 않으며, 현명한 사람이나 어리석은 사람의 소득이 각각 그의 재주에 달렸고, 어질고 지혜로운 사람의 견해가 각각 그의 분수에 달려 있어서, 재주와 분수가 같지는 않으나 구하여서 얻어지지 않음이 없는 것은 오직 책뿐이다.

　㉣ 人之容貌, 不可變醜爲姸, 膂力不可變弱爲强, 身體不可變短爲長, 此則已定之分, 不可改也, 惟有心志, 則可以變愚爲智, 變不肖爲賢, 此則心之虛靈, 不拘於稟受故也. (擊蒙要訣)

　사람의 용모는 미운 것을 고쳐 곱게 만들지 못하고, 체력은 약한 것을 고쳐 강하게 만들지 못하며, 신체는 작은 것을 고쳐 크게 만들지 못하는데, 이는 이미 정하여진 분수라 고칠 수가 없거니와, 오직 마음만은 가히 어리석음을 고쳐 지혜롭게 만들고, 불초한 것을 고쳐 현명하게 만들 수 있으니, 이는 마음이란 형체가 없는 것이어서 타고난 분수에 매이지 않기 때문이다.

㉤ 景行錄云 '寶貨, 用之有盡, 忠孝, 亨之無窮. 家和貧也好, 不義富如何? 但存一子孝, 何用子孫多?' (明心寶鑑)

≪경행록≫에 이르기를 '보화는 쓰면 다함이 있지만, 충효는 누려도 다함이 없는 것이다. 가정이 화목하면 가난하여도 좋으나, 의롭지 않으면 부유한들 무엇하리오? 다만 외아들이라도 효자가 있어야지. (불효)자손이 많은들 무슨 쓸모가 있겠는가?' 하였다.

② 限定形語助辭가 쓰이는 例

㉠ 志不立, 天下無可成之事, 雖百工技藝, 未有不本於志者. 今學者, 曠廢隳惰 翫歲愒愒時, 而無所成, 皆繇志之未立耳. 故, 立志而聖, 則聖矣, 立志而賢, 則賢矣, 志不立, 如無舵之舟, 無銜之馬, 漂蕩奔逸, 終亦何所底乎? (王守仁)

뜻을 세우지 않으면 세상에 이룰 만한 일이 없으니, 비록 온갖 공예 기술이라 하더라도 그 뜻에 근본되지 않는 것이 없는 것이다. 지금 공부하는 사람으로서 아무 일도 아니 하고 게으르며, 세월을 헛되이 보내어 아무것도 이룸이 없는 것은 다 뜻이 세워지지 못하는 데 연유될 따름이다. 그러므로 뜻을 세움이 거룩하면 거룩하여지고, 뜻을 세움이 현명하면 현명하여지는 것이다. 뜻을 세우지 않으면 키가 없는 배나 재갈이 없는 말과 같아서 멋대로 달릴 것이니, 마침내 또한 어디에 이르겠는가?

ⓛ 衆美亭役, 一役卒貧甚不能自給, 役徒共分飯食之, 一日其妻具食來, 曰'宜召所親共之.'卒曰'家貧, 何以備辦? 將私於人, 而得之乎? 豈竊人所有乎?'妻曰'貌醜誰與私, 性拙安能盜? 但斷髮買米耳.'因示其首, 卒不能食, 聞者悲之. (高麗史)

중미정을 짓는 역사에 어떤 인부가 몹시 가난하여 스스로 끼니를 마련할 수 없어서, 일꾼들이 함께 밥을 나누어 먹었다. 하루는 그의 아내가 음식을 갖추어 가지고 와서 말하기를 '마땅히 친한 사람들을 불러 함께 드셔야 옳겠습니다.' 하니, 그는 '집이 가난한데 어떻게 이를 마련하였는가? 다른 남자에게 사통하여 이를 마련하였는가? 남의 물건을 훔쳤는가?' 하자, 아내는 말하기를 '얼굴이 미운데 누구와 사통하고, 성질이 옹졸한데 어찌 남의 것을 훔치리오? 다만 머리털을 잘라서 쌀을 샀을 뿐입니다.' 하고 곧바로 머리를 보이니, 인부는 밥을 먹지 못하고, 이 말을 듣는 사람들은 슬퍼하였다.

ⓒ 夫有人民而後, 有夫婦, 有夫婦而後, 有父子, 有父子而後, 有兄弟, 一家之親, 此三者而已矣. 自是以往至于九族, 皆本於三親焉, 故, 於人倫爲重也, 不可不篤. (顔氏家訓)

대저 백성이 있은 뒤에야 부부가 있고, 부부가 있은 뒤에야 부자가 있고, 부자가 있은 뒤에야 형제가 있으니, 한 가정의 친족은 이 세 가지뿐이다. 이로부터 나아가 구족에 이르기까지 다 부부, 부자, 형제에 근본하는 것이다. 그러므로 인륜에 있어서 중한 것이 되니 돈독하지 않아서는 안 된다.

  ㈃ 孟子曰 '仁人心也. 義人路也, 舍其路而弗由, 放其心而不知求, 哀哉! 人有鷄犬放 則知求之, 有放心而不知求. 學問之道, 無他, 求其放心而已矣.' (孟子)

  맹자가 말하기를 '인은 사람의 마음이요 의는 사람의 길인데, 그 길을 버리고 따르지 않고, 그 마음을 풀어 놓고는 찾을 줄 모르니, 슬프다! 사람이 닭, 개 따위는 내어 놓으면 찾을 줄 알면서도 마음을 풀어 놓고는 찾을 줄 알지 못한다. 학문하는 길이란 다름이 아니라 그 풀어 놓은 마음을 찾아야 하는 것뿐이다.

(13) 抑揚文

抑揚文은 文章을 한 편으로 누르고 한 편으로 들어 올리기 위하여 抑揚形副詞인 '況'자와 疑問形語助辭인 '乎'・'哉'자 등을 쓰는 글이다. 그 예를 들면,

㉠ 富貴則親戚畏懼之, 貧賤則輕易之, 況衆人乎?
부귀를 누리고 살면 친척들도 그를 두려워하고 가난하고 천하게 살면 그를 깔보게 되는데, 하물며 일반 사람임에랴?

㉡ 由此觀之, 君不行仁政而富之, 皆棄於孔子者也, 況於爲之强戰乎?
이로 말미암아 본다면, 임금이 어진 정사를 베풀지 않고서 부강해진 것이라, 다 공자에게 버림받을진대, 하물며 이를 위하여 굳이 싸우는 데에 있어서랴?

㉢ 燕君昭王問郭隗曰 '得賢士以雪先王之恥, 孤之願也, 先生視可者, 得自事之.' 隗曰 '古之君, 有以千金, 使涓人求千里馬者, 買死馬骨五百金而返, 君怒, 涓人曰 "死馬且買之, 況生者乎? 馬今至矣." 不期年, 千里馬至者三, 今王必欲致士, 先從隗始. 況賢於隗者, 豈遠千里哉?' (十八史略)
연나라 임금 소왕이 곽외에게 묻기를 '어진 선비를 얻어

서, 선왕의 치욕을 씻는 것이 나의 소원이오. 선생이 훌륭한 인재를 보아 추천한다면 스스로 그에게 사사하리다' 하니 곽외가 말하기를 '옛날에 어떤 임금이 천금으로 환관을 시켜 천리마를 구하게 한 사실이 있습니다. 그가 죽은 천리마의 뼈를 오백금을 주고 사가지고 돌아오자, 임금이 노하니, 환관은 말하기를 "죽은 말도 사려는데, 하물며 산 것임에리오? 말이 곧 올 것입니다." 하더니 1년이 채 못되어 천리마 세 마리가 왔답니다. 지금 대왕께서 꼭 어진 선비를 부르고자 하시면 저 외(곽외)로부터 시작하소서. 하물며 외보다 훌륭한 사람이 어찌 천리를 멀다 하리이까?' 하였다.

(14) 引用文

인용문은 한 문장안에 다른 문장의 내용을 인용하여 쓰는 글이다.

① 引用文이 쓰인 例

㉠ 禹出見罪人, 下車問而泣之, 左右曰 '夫罪人不順道, 故, 使然焉, 君王何爲痛之, 至於此也?' 禹曰 '堯舜之人, 皆以堯舜之心爲心, 今寡人爲君也, 百姓各自以其心爲心, 是以痛之也, 書曰, "百姓有罪 在予一人."' (說苑)

하나라 우임금이 거둥하여 죄인을 보면 수레에서 내려 그 사유를 묻고 흐느껴 울자, 측근 신하들이 말하기를 '대저 죄인은 바른 도리를 따르지 않았으므로 그렇게 되었는데, 군왕께서는 어찌하여 이렇게까지 슬퍼하십니까?' 하니, 우임금이 말하였다. '요임금·순임금 때의 사람들은 모두 요·순의 마음을 제 마음으로 삼았다는데, 오늘날 과인이 임금이 되어서는 백성들이 저마다 그 제 마음을 마음으로 삼는다. 이로써 슬퍼하는 것이다. ≪서경≫에 이르기를 "백성이 죄를 짓는 것은 나 한 사람의 잘못에 달려 있다"고 하였다.'고 했다.

㉡ 唐子西詩云 '山靜似太古 日長如小年.' 吾家深山之中,

每春夏之交, 蒼蘚盈階, 落花滿徑, 門無剝啄, 松影參差, 禽聲上下. (鷄林玉露)

당자서의 시에 이르기를 '산 속의 고요한 정경은 아득한 옛날과 같고 해가 길기로는 한 해쯤 되는 것 같구나' 하였는데 우리 집은 깊은 산골에 있는지라 봄과 여름이 바뀔 때마다 푸른 이끼는 섬돌을 덮고 지는 꽃은 지름길에 가득하며, 문간에는 찾아오는 손이 없고, 소나무 그림자는 이리저리 얽히었고, 우짖는 새소리는 높으락낮으락하다.

※ '山靜似太古 日長如小年'은 唐子西의 詩를 인용한 것이다.

(15) 倒置文

倒置文은 語勢를 强調하여 읽는 사람으로 하여금 그 주의를 불러일으키기 위한 것으로, 곧 文章의 成分을 뒤집어 놓는 형식의 글이다. 이러한 글은 漢文에서 즐겨 쓰는 것으로서 目的語·補語를 글귀의 머리에 提起하는 것과 목적어를 主語 앞에 제기하는 것, 述語가 주어에 先行하는 것 등이 있다.

① 目的語가 述語의 앞에 놓인 例

㉠ 凡讀書者, 必端拱危坐, 敬對方冊, 專心致志, 精思涵泳, 深解義趣, 而每句必求踐履之方. 若口讀而心不體, 身不行, 則書自書, 我自我, 何益之有? (擊蒙要訣)

무릇 책을 읽는 사람은 반드시 단정한 자세로 바르게 앉아서 경건하게 책을 대하고, 마음과 뜻을 다하여 세밀히 생각하며 충분히 읽고, 그 뜻을 깊이 이해하며 글귀마다 반드시 실천할 방법을 찾을 것이다. 만약 입으로만 읽고 마음속에 체득하지 않거나 몸소 실행하지 않으면, 책은 책대로 나는 나대로일 것이니, 무슨 이로움이 여기에 있으리오?

※ '何益之有'는 '何益有之'라 해야 평서문이 되는데, 여기에서 대명사 '之'가 倒置된 점을 留意한다.

② 目的語가 앞에 提起되는 例

㉠ 大孝終身慕父母, 五十而慕者, 予於大舜見之. (孟子)
크게 효도하는 사람은 종신토록 부모를 사모하는데, 쉰 살이면서 사모하는 사람을 나는 순임금에게서 그 점을 보았다.

※ '予於大舜見之'의 '之'는 '五十而慕者'를 가리킨다. 그러므로 이 글은 '予見五十而慕者於大舜'으로 그 문장의 성분이 구성되는 것이다.

③ 述語가 主語에 先行되는 例

賢哉! 回也, 一簞食, 一瓢飮, 在陋巷. (論語)
어질구나! 안회여. 한 도시락의 밥과 한 표주박의 물로 누추한 집에 살았었다.

4 漢文解釋法의 基礎

(1) 句讀法

구두법은 글의 성질을 밝혀, 읽고 새기기를 편하게 하기 위하여 적당한 부호, 곧 점을 찍거나, 표를 하는 법이다. 이 구두법을 씀으로써 문의의 혼란을 피하고, 文脈의 相互關係를 분명하게 하고, 그 뜻을 정확히 이해할 수 있게 한다. 그 중요한 몇 가지 예를 들면 다음과 같다.

① 句點(마침표 .)
句點은 문장의 끝남을 보일 때에 글의 끝에 찍는 부호이다. 漢文을 내리쓸 때에는 중간에 찍어도 좋다.

東方初無君長, 有神人降于檀木下, 國人立爲君, 是檀君, 國號朝鮮. 是唐堯戊辰歲也. 初都平壤, 後徙都白岳, 至商武丁八年乙未, 入阿斯達山爲神. (東國通鑑)

우리나라에는 애초에 임금이 없었는데, 한 신인이 배달나무 밑으로 내려와서, 나라 사람들이 세워 임금으로 삼으니 이분이 곧 단군이요, 나라 이름은 조선이다. 이때는 요임금 무진년이다. 처음에 평양에 도읍하였다가, 뒤에 도읍을 백악으로 옮기고, 은나라 무정 8년 을미년에 이르러 아사달산에 들어가서 산신이 되었다.

② 讀點(쉼표 ,)
讀點은 語句의 사이나 의미가 조금 중단되어 잠깐 쉬어야 할 자리에 찍는 부호이다.

㉠ 自知者, 不怨人, 知命者, 不怨天. (荀子)
자기 자신을 아는 사람은 남을 원망하지 않고, 타고난 운명을 아는 사람은 하늘을 원망하지 않는다.

㉡ 知足者, 貧賤亦樂, 不知足者, 富貴亦憂. (景行錄)
만족할 줄 아는 사람은 빈천하여도 즐겁게 살고, 만족할 줄 알지 못하는 사람은 부유하고 귀하여도 근심스럽게 산다.

㉢ 道吾善者, 是吾賊, 道吾惡者, 是吾師. (邵雍)
나를 착하다고 말해 주는 사람은 곧 내 적이요, 나를 악하다고 말해 주는 사람은 곧 내 스승이다.

③ 中止符(그침표 ;)
中止符는 문장이 대체로 끝나면서 다음 문장과 연락됨을 보일 때 찍는 부호이다.

㉠ 指不若人, 則知惡之; 心不若人, 則不知惡; 此之謂不知類也. (孟子)
손가락이 보통 사람과 같지 않으면 부끄러워할 줄 알고, 마음이 보통 사람과 같지 않으면 부끄러워할 줄을 알지

못하니, 이는 알지 못하는 무리라고 말할 것이다.

㉡ 蓋文章, 經國之大業, 不朽之盛事. 年壽, 有時而盡; 榮樂, 止乎其身; 二者必至之常期, 未若文章之無窮. (曹丕)
 대개 문장은 나라를 경영하는 큰 사업이며 길이 전하여 없어지지 않는 훌륭한 일이다. 수명은 때가 되면 다하고, 영화는 그 자신에게 그치는 것이니, 이 두 가지는 반드시 일정한 기간에 다하므로 문장의 무궁함만 같지 못하다.

㉢ 公家貧; 兒時, 父母使採蔬田間, 每日遲至. 父母怪 而問其故, 對曰 '採蔬時, 有鳥飛, 今日去地一寸; 明日又去地二寸, 又明日去地三寸, 向上而飛; 觀此鳥, 竊思其理, 而不能得; 是以每致遲至.' (海東續小學)
 공(徐花潭)은 집이 가난하였다. 어릴 때에 부모가 밭에 나가서 나물을 뜯어 오게 하였더니 날마다 늦게 왔다. 부모가 괴이하게 여겨 그 까닭을 물으니 대답하기를 '나물을 뜯을 때에 새가 날고 있었는데, 오늘은 땅에서 한 치쯤 날아가고, 다음날은 또 땅에서 두 치쯤 날아가고, 또 그 다음날에는 땅에서 세 치쯤 날아가곤 했습니다. 이 새를 보고 가만히 그 이치를 생각하였으나 잘 터득할 수가 없었습니다. 이 때문에 늦게 왔습니다.' 하였다.

④ 疑問符(물음표 ?)
 疑問符는 의심나는 점이나 물음의 뜻을 나타낼 때에 쓰는 부호이다.

㉠ 學而時習之, 不亦說乎? 有朋自遠方來, 不亦樂乎? 人不知而不慍, 不亦君子乎? (論語)

배우고 때때로 이것을 익히면 역시 기쁘지 않겠는가? 친구가 먼 데서 찾아온다면 또한 즐겁지 않겠는가? 남이 알아 주지 않아도 노여워하지 않으면 또한 군자답지 않겠는가?

㉡ 君不見石將軍, 日擁紅粧醉金谷, 不若首山, 餓夫淸名千古獨? (李相國集)

그대는 석장군이 날마다 예쁜 계집을 껴안고 금곡원에서 술 취하여 놀다가 죽은 것이, 수양산에서 굶어죽어 깨끗한 이름을 천고에 오로지한 것만 같지 못하다는 사실을 보지 못하였는가?

⑤ **感歎符(느낌표!)**

感歎符는 느낌이나 어떤 부르짖음의 뜻을 나타낼 때에 찍는 부호이다.

㉠ 嗚呼哀哉! 嗚呼哀哉! 汝去年書云 '比得軟脚病, 往往而劇.' 吾曰 '是疾也, 江南之人, 常常有之, 未始以爲憂也.' 嗚呼! 其竟以此而殞其生乎? (祭十二郎文)

아! 슬프다. 아! 슬프다. 네 지난 해의 글에 이르기를 '요즘 각기병에 걸렸는데 갈수록 심합니다.' 하여 내가 말하기를 '이 병은 강남 사람들 중 보통 있는 것이니 그다지 근심할 것이 아니다.' 했는데. 아 ! 마침내 이 병으로 해서 목숨을 잃었단 말이냐?

ⓒ 仁 人之安宅也, 義 人之正路也, 曠安宅而不居, 舍正路而不由, 哀哉! (論語)
　인은 사람의 (마음을 깃들일) 편안한 집이요, 의는 사람이 (행할) 바른 길인데, 편안한 집을 비워 두고 살지 않으며, 바른 길을 버리고 따르지 않으니, 슬프구나!

⑥ 竝列點 (사잇점 ·)
　竝列點은 사물명·지명 등을 아울러 벌여 놓을 때에 그 가운데다 찍는 부호이다.

㉠ 上有天, 下有地, 天地之間, 有人焉, 有萬物焉. 日月·星辰者, 天之所係也, 江海·山岳者, 地之所載也, 父子·君臣·夫婦·長幼·朋友者, 人之大倫也. (啓蒙篇)
　위에는 하늘이 있고 아래에는 땅이 있고, 하늘과 땅 사이에는 사람이 있고 만물이 있다. 해·달과 별들은 하늘에 매인 것이고, 강과 바다와 산악은 땅에 실린 것이고, 아버지와 아들·임금과 신하·남편과 아내·어른과 어린이·벗과 벗의 관계는 사람의 큰 윤리이다.

ⓒ 武王問太公曰 '倫將之道, 如何?' 太公曰 '將有五材'. 武王曰 '敢聞其目.' 太公曰 '所謂五材者, 勇·智·仁·信·忠也. 勇則不可犯, 智則不可亂, 仁則愛人, 信則不欺, 忠則無二心.' (六韜三略)

무왕이 태공에게 묻기를 '장수를 논하는 방법은 어떠하오?' 태공이 말하기를 '장수에는 다섯 가지 자품이 있습니다.' 무왕이 말하기를 '감히 그 조목을 듣고 싶소.' 태공이 말하기를 '이른바 다섯 가지 자품이란, 용맹·지혜·인자·신의·충성입니다. 용맹스러우면 가히 범하지 않고, 지혜로우면 가히 어지럽지 않고, 인자하면 남을 사랑하고, 신의가 있으면 속이지 않고, 충성스러우면 두 마음이 없습니다.' 하였다.

⑦ 引用符 (따옴표 ' ' " ")
引用符는 다른 말을 따다가 쓸 때에 그 앞뒤에 표하는 부호이다. 그러나 縱書에는 引用符 표시가 달라진다.

㉠ 金大問花郞世紀曰 '賢佐忠臣, 從此而秀, 良將勇卒, 由是而生.' (三國史記)
김대문의 ≪화랑세기≫에 말하기를 '어진 재상과 충성스러운 신하가 이로부터 배출되고, 훌륭한 장수와 용맹스러운 군사가 이로부터 생겨났다.' 하였다.

㉡ 孟子曰 '君子有三樂, 而王天下, 不與存焉. 父母俱存, 兄弟無故,   樂也. 仰不愧於天, 俯不怍於人, 二樂也. 得不下英才, 而敎育之, 三樂也.' (孟子)
맹자가 말하기를 '군자에게는 세 가지 즐거움이 있다. 그러나 천하에 왕노릇 하는 것은 거기에 있지 아니하다. 부모가 함께 생존하고, 형제가 무고한 것이 첫째의 즐거움

이요, 우러러보아 하늘에 부끄럽지 아니하고 굽어보아 남에게 부끄럽지 않는 것이 둘째의 즐거움이요, 천하의 뛰어난 인재를 얻어서 이를 교육하는 것이 셋째의 즐거움이다.' 하였다.

⑧ 特示符(드러냄 표 ──)

特示符는 고유명사나 문장의 중요한 부분을 특별히 드러내 보일 때에, 그 밑에 표시한다.(縱書일 때에는 그 옆에 표시한다.)

㉠ 新羅, 儒理王 九年, 王旣定六部. (三國史記)
신라 유리왕 9년에 왕은 여섯 마을을 정하였다.

㉡ 元興元年, 奏上之, 帝善其能. 自是, 莫不從用焉. 故, 天下咸稱蔡倫紙.(後漢書)
원흥 원년에 이를 임금에게 아뢰니, 제(황제)는 그 재능을 칭찬하였다. 이로부터 따라 쓰지 않음이 없게 되었다. 그러므로 세상에서는 다 채륜지라고 칭하였다.

⑨ 省略符(줄임표 ……)

省略符는 남는 말을 줄여 버림을 보일 때에 그 줄이는 자리의 중간에 표시한다.

㉠ 新羅眞興王三十七年春, 始奉源花. …… 其後, 更取美貌男子, 名花郎以奉之, 徒衆雲集, 或相磨以道義, 或相悅以

歌樂. …… 因此知其人邪正, 擇其善者, 薦之於朝.(三國史記)

　신라 진흥왕 37년 봄에 비로소 원화를 받들었다. …… 그 뒤에 다시 잘생긴 남자를 뽑아서 화랑이라 이름하고 이를 받들게 하니, 낭도들이 구름처럼 몰려들어 혹은 도의를 연마하고 혹은 가악을 즐겼다. …… 이로 인하여 그 사람의 바르지 않고 바른 점을 알아서 그 착한 사람을 가려 조정에 추천하였다.

(2) 口訣法(吐)

　口訣은 漢字의 한 부분을 따서 만든 略字로서, 곧 漢文 사이에 쓰고 있는 이른바 吐를 말한다. 이 口訣字는 언제 누가 만든 약자인지는 알 수가 없으나, 대개 한문은 문장의 구조, 곧 語順이 우리말과 다르므로 이를 우리말의 형식에 다소 가깝도록 읽어서 그 뜻을 이해하는 데에 도움이 되도록 하기 위하여 만들어진 것이라 하겠다.
　口訣字의 내용을 살펴보면 대략 우리 國語의 虛辭形으로 쓰여진 것이다.
　그 몇 가지 예를 들면 다음과 같다.
〈冂(은)〉'隱'자에서 '冂'을 땄다.
〈乙(을)〉'乙'자의 음을 그대로 땄다.
〈㇏(이)〉'是'자에서 '㇏'를 땄다.
〈厂(에)〉'厓'자에서 '厂'를 땄다. 원래 '애'로 쓰였으나 지금은 '에'로 발음되고 또 그렇게 쓰인다.
〈㇏冂(는)〉'飛'자에서 '㇏(ㄴ)'자와 '冂'(ㄷ)을 합한 것이다.
〈ソロ(하고)〉'爲'자에서 'ソ(하)'를 따고, '古'자에서 'ロ(고)'을 따서 합한 것이다.
〈ソヒ(하니)〉'ソ(하)'와 '尼'자에서 'ヒ(니)'를 따서 합한 것이다.
〈ソ亦(하며)〉'ソ(하)'와 '旀'자에서 '亦(며)'를 따서 합한 것이다.

〈ソᄉ(하라)〉 'ソ(하)'와 '羅'자의 약자인 '罒ᄉ'에서 'ᄉ(라)'를 따서 합한 것이다.

〈ソヒᄉ(하니라)〉 'ソ(하)'와 'ヒ(니)'와 'ᄉ(라)'를 따서 합한 것이다.

〈ソ丆(하면)〉 'ソ(하)'와 '面'자에서 '丆(면)'을 따서 합한 것이다.

〈ソ寸ヒ(하시니)〉 'ソ(하)'와 '時'자에서 '寸(시)'와 'ヒ(니)'를 합하여 만든 것이다.

〈ソヽヒ(하나니)〉 'ソ(하)'와 'ヽ(나)'와 'ヒ(니)를 합하여 만든 것이다.

〈ソㄱ(하야)〉 'ソ(하)'와 '也'자에서 'ㄱ(야)'를 따서 합한 것이다.

〈ソ加ᄉ(하더라)〉 'ソ(하)'와 '加(더할 가)'자에서 '더'라는 훈을 따고 'ᄉ'(라) 를 합하여 만든 것이다.

〈言丁(언정)〉 '言(언)'자와 '丁(정)' 자의 음을 그대로 따서 합한 것이다.

〈ソ夕(하다)〉 'ソ(하)'와 '多'자에서 '夕(다)'를 따서 합한 것이다.

〈ソ夕可(하다가)〉 'ソ(하)'와 '夕(다)'와 '可(가)'를 합한 것이다.

口訣字는 이처럼 우리 국어의 助詞나 活用語의 구실을 하였는데, 지금은 이같은 口訣字는 쓰지 않고, 토를 달 때에는 바로 우리말로 '은(는), 을(를), 에, 하고, 하니, 하며, 하나니, 하야, 하더라, 언정, 라도, 하다, 하다가, 이라, 이다' 등으로 쓰고 읽는다.

漢文의 吐는 그 文意에 따라 다는 것이므로, 토를 달아 읽자면 무엇보다도 文理를 충분히 解得하여야 한다. 그런데 漢文은 그 글자의 위치에 따라 文意가 달라지듯이 그 吐도 일정하지 않다. 그러나 어떤 글자나 말에는 固定的으로 달리는 吐가 있다. 그 예를 몇 가지 들어 보기로 한다.

〈로〉故로, 是故로, 何故로, 自古로, 自是로, 是以로 등으로 吐가 달린다.

〈으로〉使~으로, 與~으로 등과 같이 '使'자나 '與'자의 밑에 人名 또는 名詞가 놓일 때에는 '으로'의 吐가 달린다. 곧 使李舜臣으로, 與犧牲.

〈라도, 이라도〉雖~라도, 雖~이라도 등. 雖자가 들어가서 어떤 말이 전개될 때에는 이런 吐가 달린다.

〈는〉是는, 此는, 者는 등. 代名詞 밑에는 대체로 '는' 吐가 달린다.

〈은〉人生은, 文章은, 憲法은 등. 名詞 밑에는 대개 '은' 또는 '는' 吐가 달린다.

〈에〉月日時에, 於是에, 然後에, 今에 등과 책 이름 밑에는 대개 '에' 吐가 달린다.

〈이나〉然이나, 雖然이나 등. 接續詞와 接續副詞 밑에는 대개 '이나' 吐가 달린다.

〈이〉 許生이, 仲兄이, 顏色이 등. 固有名詞인 人名이나 普通名詞 밑에 달리는 예가 많다.

〈이면(면)〉 每夜聞雨聲이면 則~, 前無熱河면 則~등. 接續詞 '則'의 위에는 대개 '이면', '면' 등의 吐가 달린다.

〈아〉 敢不走乎아? 寧有改理也歟아? 孩提者又可冀成立耶아? 등. 疑問形語助辭 밑에 '아' 吐가 달리는 예가 많다.

〈라〉 痛哉라! 哀哉라! 嗚呼라! 噫라! 於戲라! 등. 感歎形語助辭나 感歎詞 밑에 대개 '라' 吐가 달린다.

〈니라〉 此歌樂之始也니라. 其利心則一也니라. 可以爲師矣니라. 便於日用耳니라. 學不可以已니라. 此三者而已矣니라 등. 語助辭 '也・矣・耳・已・而已矣' 밑에는 대개 '니라' 吐가 많이 달린다.

〈이라〉 吾不關焉이라. 必察焉이라 등. 語助辭 '焉' 밑에는 '이라' 吐가 많이 달린다.

〈오?〉 何오? 如何오? 奈何오? 何如오? 등. 疑問副詞 밑에는 '오?' 吐가 많이 달린다.

〈리요?〉 乎리요? 哉리요? 也리요? 등. 疑問形語助辭 밑에는 '리요?' 吐가 많이 달린다.

(3) 解釋法

 漢文을 올바르게 해석하려면 漢字의 字義와 한문의 構造, 文章 構成의 成分, 漢文法 및 文型 등을 잘 익혀 그 기초실력을 쌓아야 하고, 특히 문법과 성분은 정확히 이해하며 풀이하여야 한다. 그런데 좀 어려운 語句가 있으면 그 글 속에 있는 虛辭를 찾아서, 그것이 實辭와 어떠한 관계를 맺는지, 그 내용을 解得하도록 하여야 한다. 가령 '李舜臣將軍大破倭賊於鳴梁海峽'이라는 글을 해석한다고 하면 다음과 같은 방법으로 풀어야 할 것이다.

 ㉠ 字義(難字) : 舜(무궁화 순), 倭(왜나라 왜), 峽(산골 협)
 ㉡ 語句構成 : 李舜臣將軍(이순신 장군), 大破(대파), 倭賊(왜적), 鳴梁海峽(명량해협)
 ㉢ 文法 : 李舜臣將軍(名詞), 大(副詞), 破(動詞), 倭賊(名詞), 於(關係詞), 鳴梁海峽(名詞)
 ㉣ 文章成分 : 李舜臣將軍(主語), 大破(述語), 倭賊(目的語), 於鳴梁海峽(補語)
 ※ 於 : 補語와 述語의 관계를 맺어 준다.
 ㉤ 句讀法 : 李舜臣將軍이 大破倭賊於鳴梁海峽하다.
 ㉥ 解釋法
  <u>李舜臣將軍</u>, <u>大破</u> <u>倭賊</u> <u>於</u> <u>鳴梁海峽</u>.
  　　①　　　⑤　②　④　　③

이순신 장군이 왜적을 명량해협에서 크게 파하였다.

  漢文의 基本構成法은 ① 主語+述語 ② 主語+述語+目的語 ③ 主語+述語+目的語+補語 등이므로 이를 우리글로 해석하면 그 基本解釋法은 ① 主語+述語 ② 主語+目的語+述語 ③ 主語+目的語+補語+述語 등이다. 그러므로 이 文章은 ③에 해당하는 解釋法으로 풀이하여야 한다. 곧 主語(李舜臣將軍 : 이 순신 장군이)+目的語(倭賊 : 왜적을)+補語(於鳴梁海峽 : 명량해협에서)+述語(大破 : 크게 파하였다.)로 따져 가며 풀이하면 해석법을 쉽게 깨칠 수 있다. 그러면 그 예를 들어 익혀 보기로 한다(중요한 것을 가나다順으로 例示하였다).

  ① 可(가히)·可以(가히 써)
  可能·決定·推量·許容·指定 등의 뜻을 나타내는 副詞로 쓰인다.

  ㉠ <u>君子</u> <u>食</u> <u>無</u> <u>求</u> <u>飽</u>, <u>居</u> <u>無</u> <u>求</u> <u>安</u>, <u>敏</u> <u>於</u> <u>事</u> <u>而</u> <u>愼</u> <u>於</u> <u>言</u>, <u>就</u>
     ①   ②⑤④③   ①④③②   ③②①④⑦⑥⑤ ②
<u>有道</u> <u>而</u> <u>正</u> <u>焉</u>, <u>可謂</u> <u>好</u> <u>學</u> <u>也已</u>.
 ① ③ ④ ⑤ ①④③② ⑤
군자가 먹는 데에 배부름을 구함이 없고, 사는 데에 편안함을 구함이 없고, 일에 있어서는 민첩하고, 말에 있어서는 삼가고, 덕망을 갖추고 있는 사람에게 나아가 자신의 시비를 바로잡으면, 가히 학문을 즐긴다고 이를 따름이다.

ⓒ <u>松栢</u>, <u>可以</u> <u>耐</u> <u>雪霜</u>, <u>明智</u> <u>可以</u> <u>涉</u> <u>危難</u>.
　①　　②④　③　　①　　　②④　③

소나무와 잣나무는 가히 써 눈서리를 견디어 내고, 밝은 지혜는 가히 써 위태롭고 어려운 일을 겪어 나간다.

ⓒ <u>觀</u> <u>朝夕</u> <u>之</u> <u>早晏</u>, <u>可以</u> <u>卜</u> <u>人家</u> <u>之</u> <u>興替</u>.
　④　①②　③　　⑤⑨　⑥　⑦　⑧

아침 저녁의 이르고 늦음을 보아서 가히 써 그 집의 흥망을 점친다.

ⓔ <u>定</u> <u>心</u> <u>應</u> <u>物</u>, <u>雖</u> <u>不</u> <u>讀</u> <u>書</u>, <u>可以</u> <u>有</u> <u>德</u> <u>君子</u>.
　②①④③　⑤⑧⑦⑥　⑨⑪⑩⑫

마음을 정하고 모든 일에 임하면 비록 책을 읽지 않았더라도 가히 써 덕망이 있는 군자가 될 것이다.

ⓜ <u>惟</u> <u>有</u> <u>心志</u>, <u>則</u> <u>可以</u> <u>變</u> <u>愚</u> <u>爲</u> <u>智</u>.
　①③　②　　④　⑤　⑦⑥⑨⑧

오직 마음과 뜻에 있어서는 가히 써 어리석음을 고쳐 지혜롭게 될 수 있다.

※ 副詞 '可以'의 '以'는 文法的으로 助動詞의 구실을 아울러 함을 留意할 것이다.

② 莫(말라, 못하다)

禁止·命令·否定 등의 뜻을 나타내는 否定副詞다.

㉠ <u>讐怨</u> <u>莫</u> <u>結</u>, <u>路</u> <u>逢</u> <u>狹處</u> <u>難</u> <u>回避</u>.
　①　③②　④⑥　⑤　⑧　⑦

원수와 원한을 맺지 말라. 길이 좁은 곳에서 만나면 회피하기가 어렵다.

ⓒ <u>無</u><u>益</u><u>之</u><u>言</u>, <u>莫</u><u>妄</u><u>設</u>.
　② ① ③ ④　⑦ ⑤ ⑥
이로움이 없는 말을 망녕되게 이야기하지 말라.

ⓒ <u>至</u><u>樂</u><u>莫</u><u>如</u><u>讀</u><u>書</u>, <u>至</u><u>要</u><u>莫</u><u>如</u><u>敎</u><u>子</u>.
　① ② ⑥ ⑤ ④ ③　① ② ⑥ ⑤ ④ ③
지극히 즐거운 일은 책을 읽는 것만 같지 못하고, 지극히 요긴한 일은 자식을 가르치는 것만 같지 못하다.

ⓔ <u>凡</u><u>事</u><u>莫</u><u>怨</u><u>天</u>, <u>天</u><u>意</u> <u>於</u><u>人</u><u>無</u><u>厚</u><u>薄</u>.
　①　④③② 　①　③②⑤　④
모든 일에 하늘을 원망하지 말라. 하늘은 (어떤) 사람에게나 후하고 박함이 없는 법이다.

ⓜ <u>骨肉貧者</u><u>莫</u><u>疎</u>. <u>他人富者</u><u>莫</u><u>厚</u>.
　①　　③②　①　　③①
가난한 일가 사람을 소홀히 하지 말고, 부유한 남을 후히 하지 말라.

③ 無(없다)
否定의 뜻을 나타내는 副詞다.

㉠ <u>無</u><u>用</u><u>之</u><u>辯</u>, <u>不</u><u>急</u><u>之</u><u>察</u>, <u>棄</u><u>而</u><u>勿</u><u>治</u>.
　② ① ③ ④　② ① ③ ④　① ② ④ ③

쓸데없는 말과 급하지 않는 구명(求明)은 버려 두고 다스리지 말라.

ⓛ 心不負人, 面無憊色.
　①④③②　⑤⑦　⑥

마음속으로 남을 저버리지 않으면 얼굴에 부끄러운 빛이 없다.

ⓒ 萬物之所以生長收藏, 無非四時之功也.
　①　②　④　　③　　　⑦⑥　⑤　　⑧

만물의 나고 자라고 거두고 간직되는 까닭이 네 철의 공이 아님이 없다.

ⓔ 求無不獲者, 惟書乎?
　①④③②⑤　⑥⑦⑧

구해서 얻어지지 않음이 없는 것은 오직 책뿐이다.

④ 勿(말라)

禁止·命令·否定 등의 뜻을 나타내는 否定副詞다.

㉠ 勿以善小而不爲, 勿以惡小而爲之.
　⑦③①②④⑥⑤　⑦③①②④⑥⑤

착한 점이 적다고 해도 하지 않지 말고, 악한 점이 적다고 해도 이를 하지 말라.

ⓒ 勿以貴己而賤人, 勿以自大而蔑小.
　⑦③②①④⑥⑤　⑦③①②④⑥⑤

자기가 귀하다고 해서 남을 천하게 여기지 말고, 자신이 크다고 해서 작은 것을 업신여기지 말라.

ⓒ 施人勿求報, 與人勿追悔.
　②①⑤④③　②①④　③

남을 도와 주었으면 보답을 요구하지 말고, 남에게 주었으면 뒤에 뉘우치지 말라.

⑤ 未(아니다, 않다, 못한다)
斷定・限定의 뜻을 나타내는 否定副詞다.

㉠ 黃金千兩未爲貴, 得人一語勝千金.
　①　②⑤④③　③①　②　⑤④

황금 천 냥을 귀하다 할 것이 아니요, 남의 좋은 말 한 마디를 얻는 것이 천금보다 낫다.

㉡ 一日行惡, 禍雖未至, 福自遠矣.
　①　③②　④⑤⑦⑥　⑧⑨⑩⑪

하루 악한 일을 행하면 앙화는 비록 이르지 않더라도 복은 저절로 멀어진다.

㉢ 積金以遺子孫, 未必子孫能盡守.
　②①⑤④　③　⑪⑥　⑦　⑧⑨⑩

돈을 모아서 자손에게 물려 준다고 해도 반드시 자손이 능히 다 지키지는 못한다.

㉣ <u>土</u> <u>志</u> <u>於</u> <u>道</u>, <u>而</u> <u>恥</u> <u>惡衣</u> <u>惡食</u> <u>者</u>, <u>未</u> <u>足</u> <u>與</u> <u>議</u> <u>也</u>.
① ④ ③ ②　⑤　⑧　⑥　⑦　⑨　⑬ ⑩ ⑪ ⑫ ⑭

선비가 도의에 뜻을 두면서 나쁜 옷이나 나쁜 음식 먹기를 부끄러워하는 사람은 족히 함께 일을 의논할 것이 못 된다.

⑥ 不(아니다, 못하다)
否定의 뜻을 나타내는 副詞다.

㉠ <u>一日</u> <u>不</u> <u>念</u> <u>善</u>, <u>諸</u> <u>惡</u> <u>皆</u> <u>自</u> <u>起</u>.
① ④ ③ ② ⑤ ⑥ ⑦ ⑧ ⑨

하루라도 착한 일을 생각하지 않으면 모든 악념이 다 저절로 일어난다.

㉡ <u>終身</u> <u>行</u> <u>善</u>, <u>善</u> <u>猶</u> <u>不</u> <u>足</u>, <u>日月</u> <u>行</u> <u>惡</u>, <u>惡</u> <u>自</u> <u>有</u> <u>餘</u>.
① ③② ④⑤ ⑥　① ②③ ④⑤⑦⑥

한평생 착한 일을 행하더라도 착한 일은 오히려 족하지 않을 것이요, 날마다 악한 일을 행하더라도 악한 일은 그대로 남음이 있을 것이다.

㉢ <u>耳</u> <u>不</u> <u>聞</u> <u>人</u> <u>之</u> <u>非</u>, <u>庶幾</u> <u>君子</u>.
① ⑥⑤ ② ③ ④　⑦　⑧

귀로 남의 그릇된 점을 듣지 않아야만 거의 군자답다 할 것이다.

㉣ <u>人</u> <u>不</u> <u>通</u> <u>古今</u>, <u>馬牛</u> <u>而</u> <u>襟裾</u>.
①④ ③　②　⑤　⑥　⑦

사람이 고금의 일에 통하지 않으면 마소에 옷입힌 격이다.

㈑ <u>世人</u> <u>不</u> <u>解</u> <u>青天</u> <u>意</u>, <u>空</u> <u>使</u> <u>身心</u> <u>半夜</u> <u>愁</u>.
　① ⑤④ ② ③　①③ ② ④ ⑤

세상 사람들은 푸른 하늘의 뜻을 알지 못하고, 공연히 몸과 마음으로 하여금 밤중에 근심하게 만든다.

㈒ <u>以</u> <u>恕</u> <u>己</u> <u>之</u> <u>心</u> <u>恕</u> <u>人</u>, <u>則</u> <u>不</u> <u>患</u> <u>不</u> <u>到</u> <u>聖賢</u> <u>地位</u> <u>也</u>.
　⑤② ① ③ ④ ⑦ ⑥　⑧ ⑭ ⑬ ⑫ ⑪ ⑨　⑩ ⑮

자기를 용서하는 마음으로써 남을 용서하면, 성현의 지위에 이르지 못할 것을 근심하지 않을 것이다.

㈓ <u>恩義</u> <u>廣</u> <u>施</u>, <u>人生</u> <u>何處</u> <u>不</u> <u>相逢</u>.
　① ②③　① ② ④ ③

은혜와 의리를 널리 베풀어라. 인생이 어느 곳에서 서로 만나지 않으리요?

㈔ <u>富</u> <u>不</u> <u>儉</u> <u>用</u>, <u>貧時</u> <u>悔</u>.
　①④② ③　⑤ ⑥

부유할 때에 아껴 쓰지 않으면 가난할 때에 후회하게 된다.

㈕ <u>爾</u> <u>謀</u> <u>不</u> <u>臧</u>, <u>悔</u> <u>之</u> <u>何</u> <u>及</u>?
　①②④③　⑥⑤⑦⑧

그대의 도모하는 일이 착하지 않으면 이를 후회한들 어찌 미치랴?

⑦ 不可(안 된다)
禁止・否定의 뜻을 나타내는 否定副詞다.

㉠ 家若貧, 不可因貧而廢學.
　①②③　⑨　⑤④⑥⑧⑦
집이 만약 가난하더라도 가난으로 인해서 학업을 그만두어서는 안 된다.

㉡ 忠告而善導之, 不可則止.
　①　②④　③　⑤　⑥⑦
충고하고 이를 선도해서도 안 되면 그만 둘 것이다.

㉢ 道也者, 不可須臾離也.
　①②　　⑤　③　④⑥
도라는 것은 잠깐 동안도 떠나서는 안 된다.

㉣ 少年易老學難成, 一寸光陰不可輕.
　①　②③④⑥⑤　①　②　④③
소년은 쉬 늙고 학문은 이루기가 어려우니, 짧은 시간이라도 가벼이 해서는 안 된다.

㉤ 學不可以已.
　①④　③②
공부는 그만두어서는 안 된다.

⑧ 所 (바, 것, 데)
용법에 매어 쓰이는 불완전명사다.

㉠ <u>大丈夫</u><u>當</u><u>容</u><u>人</u>, <u>無</u><u>爲</u><u>人</u><u>所</u><u>容</u>.
　①　②④③　⑨⑧⑤⑦⑥

대장부가 마땅히 남을 용납할지언정, 남에게 용납되는 바 되지 말라.

㉡ <u>獲</u><u>罪</u><u>於</u><u>天</u>, <u>無</u><u>所</u><u>禱</u><u>也</u>.
　④①③②　⑦⑥⑤⑧

죄를 하늘에서 받으면 빌 데가 없다.

㉢ <u>仁</u><u>智</u><u>之</u><u>所</u><u>見</u>, <u>各</u><u>隨</u><u>其</u><u>分</u>.
　①②③⑤④　⑥⑨⑦⑧

어질고 지혜로운 사람의 보는 것이 각각 그 분수에 따른다.

㉣ <u>行</u><u>善</u><u>之</u><u>人</u>, <u>如</u><u>春</u><u>園</u><u>之</u><u>草</u>, <u>不</u><u>見</u><u>其</u><u>長</u>, <u>日</u><u>有</u><u>所</u><u>增</u>.
　②①③④　⑧　⑤　⑥⑦　④③①②　⑤⑧⑦⑥

착한 일을 행하는 사람은 봄동산의 풀과 같아서 그 자라는 것은 보이지 않으나 날로 불어나는 것이 있다.

⑨ 所以(까닭)
敍述形으로 많이 쓰이는 名詞다.

㉠ <u>此</u><u>吾</u><u>所以</u><u>取</u><u>天下</u><u>也</u>.
　①②　⑤　④　③　⑥

이것이 내가 천하를 가지게 된 까닭이다.

㉡ 此乃信之所以爲陛下禽也.
　①②③④　⑧　⑦　⑤　⑥⑨
이것이 곧 한신이 폐하께 사로잡히게 된 까닭입니다.

㉢ 問於沒人, 而求其所以沒.
　③②　①　　④⑧⑤　⑦　⑥
잠수부에게 물어서 그 잠기는 까닭을 구하다(배우다).

⑩ 雖(비록)

假定·接續形으로 쓰이는 副詞다.

㉠ 一日行善, 福雖未至, 禍自遠矣.
　①　③②　①②④③　⑤⑥⑦⑧
하루 동안 착한 일을 행하면 복이 비록 이르지 않더라도 화가 저절로 멀어진다.

㉡ 人雖至愚, 責人則明, 雖有聰明, 恕己則昏.
　①②③④　⑥⑤⑦⑧　①③　②　⑤④⑥⑦
사람이 비록 지극히 어리석더라도 남을 책망하는 데에는 똑똑하고, 비록 총명이 있다고 하더라도 자기를 용서하는 데에는 어둡다.

㉢ 雖敎而不嚴, 是亦不愛其子也.
　①②③⑤④　①②⑥⑤③④⑦
비록 가르치더라도 엄격하지 않으면, 이는 역시 그 아들을 사랑하지 아니함이다.

㉣ 雖有名馬, 只辱於奴隷之手.
　①③　②　　④⑨⑧⑤　⑥⑦
비록 명마가 있더라도 다만 노예의 손에서 욕을 당한다.

㉤ 園日涉以成趣, 門雖設而常關.
　①②③⑥⑤④　①②③④⑤⑥
정원은 날이 갈수록 아취를 이루고, 문은 비록 달았으나 늘 닫힌 채 그대로다.

㉥ 苟非吾之所有, 雖一毫而莫取.
　①⑤②③　④　①　②　③⑤④
실로 나의 소유물이 아니면 비록 조그만 것이라도 가질 수가 없다.

⑪ 於(에게, 에서, 보다)
相對·比較·所在 등 관계를 나타내는 關係詞다.

㉠ 我旣於人, 無惡, 人能於我, 無惡哉?
　①②④③　⑥⑤　①②④③　⑥⑤⑦
내가 이미 남에게 악한 행동이 없었으면, 남이 능히 내게 악한 행동이 없을 것이다.

㉡ 憂生於多慾, 禍生於多貪.
　①④③　②　①④③　②
근심은 많은 욕심에서 생기고, 화는 많은 탐욕에서 생긴다.

ⓒ 嫉妬勿起於心, 讒言勿宣於口.
　①　⑤④③②　　①　⑤④③②
질투심을 마음에 일으키지 말고, 참언을 입에 담지 말라.

ⓓ 氷水爲之, 而寒於水.
　①②④③　⑤⑧⑦⑥
얼음은 물이 이를 만들었으나 물보다 차갑다.

⑫ 如(같다)
比較의 뜻을 나타내는 副詞다.

ⓐ 見善如不及, 見不善如探湯.
　②①⑤④③　③②①⑥⑤④
착한 일을 보면 미치지 못하는 것같이 하고, 착하지 않은 일을 보면 끓는 물에 손을 넣어 보는 것같이 하라.

ⓑ 聞人之過失, 如聞父母之名.
　④①②　③　⑤④　①　②③
남의 잘못을 들으면 부모의 이름을 듣는 것같이 하라.

ⓒ 決勝於千里之外, 吾不如子房.
　⑥①⑤　②　③④　①④③　②
승부를 천리의 밖에서 결정하는 데에는 나는 자방만 같지 못하다.

ⓓ 不如積陰德於冥冥之中, 以爲子孫之計也.
　⑫⑪⑥　①　⑤　②③④　⑩　⑦⑧⑨⑬

음덕을 은연한 중에서 쌓아 자손을 위한 계획을 삼는 것만 같지 못하다.

⑬ 欲(하고자 하다, 바라다)
實行의 뜻을 나타내는 動詞다.

㉠ 己_①所_④不_③欲_②, 勿_⑧施_⑦於_⑥人_⑤.
자기가 하고 싶지 않은 것을 남에게 시키지 말라.

㉡ 哀哀_①父母_②, 生_④我_③劬勞_⑤, 欲_③報_②深恩_①, 昊天_④罔極_⑤.
아! 부모님은 나를 낳아 기르시느라고 애쓰셨다. 그 깊은 은혜를 갚으려면 하늘인 양 끝이 없겠구나.

㉢ 愚民_①有_⑤所_④欲_③言_②, 而_⑥終_⑦不_⑪得_⑩伸_⑧其_⑨情_⑫者_⑬, 多矣_⑭.
어리석은 백성이 말하려 하는 것이 있어도 마침내 그 뜻을 잘 펴지 못하는 사람이 많다.

㉣ 欲_⑧使_④人人_①易_②習_③, 便_⑦於_⑥日用_⑤耳_⑨.
사람마다 쉬 익히게 하여 날로 쓰는 데에 편안하게 하고자 할 따름이다.

⑭ 爲(하다, 되다, 삼다, 만들다)
어떤 行爲를 나타내는 動詞다.

4. 漢文解釋文法의 基礎

㈀ <u>爲善者</u>, <u>天報之以福</u>, <u>爲不善者</u>, <u>天報之以禍</u>.
　②①③　④⑧⑤⑦⑥　③②①④　⑤⑨⑥⑧⑦

착한 일을 하는 사람은 하늘이 이를 복으로써 갚고, 착하지 않은 일을 하는 사람은 하늘이 이를 화로써 갚는다.

㈁ <u>君爲臣之綱</u>, <u>父爲子之綱</u>, <u>夫爲婦之綱</u>.
　①⑤②③④　①⑤②③④　①⑤②③④

임금은 신하의 벼리가 되고, 아버지는 아들의 벼리가 되고, 남편은 아내의 벼리가 된다.

㈂ <u>小人</u>, <u>有勇而無禮</u>, <u>爲盜</u>.
　①　③②④⑥⑤　⑧⑦

소인이 용맹만 있고 예의가 없으면 도둑이 된다.

㈃ <u>多多益善</u>, <u>何爲爲我禽</u>?
　①②③　④⑦⑤⑥

많으면 많을수록 더욱 좋다면서 어찌하여 나에게 사로잡히게 되었는가?

㈄ <u>人不以多言爲善</u>, <u>犬不以善吠爲良</u>.
　①⑦④②③⑥⑤　①⑦④②③⑥⑤

사람이 많이 말한다고 해서 훌륭하다 할 것은 아니요, 개가 잘 짖는다고 해서 우량하다고 할 것은 아니다.

㈅ <u>以李舜臣</u> <u>爲</u> <u>三道水軍統制使</u>.
　②　①　④　③

이순신을 삼도수군통제사로 삼았다.

㉠ 爲 蛇足 者, 終 亡 其 酒.
　② ① ③　 ④⑦⑤⑥

뱀 발을 만들던 사람은 마침내 그 술을 놓쳐 버렸다.

㉚ 不 成 行 法, 卽 應 聲 爲 詩.
　②①④③　①③②⑤④

이루지 못하면 형을 행하리라 하니, 곧 그 소리에 응답하여 시를 지었다.

⑮ 有(있다)

사물의 상태를 그리어 나타내는 形容詞다.

㉠ 是非 終日 有, 不聽 自然 無.
　① ② ③　②① ③ ④

옳으니 그르니 종일토록 말하고 있어도 듣지 않으면 저절로 없어진다.

㉡ 行惡之人, 如磨刀之石, 不見其損, 日有所虧.
　②①③④　⑨⑥⑤⑦⑧　④③①②　⑤⑧⑦⑥

악한 일을 행하는 사람은 칼을 가는 돌과 같아서 그것이 닳는 것은 보이지 않으나 날로 이지러지는 것이 있다.

㉢ 死生有命, 富貴在天.
　①②④③　①②④③

죽고 사는 것은 수명에 달려 있고, 부하고 귀한 것은 천명에 달려 있다.

㉣ <u>無</u> <u>故</u> <u>而</u> <u>得</u> <u>千金</u>, <u>不</u> <u>有</u> <u>大</u> <u>福</u>, <u>必</u> <u>有</u> <u>大</u> <u>禍</u>.
② ① ③ ⑤   ④   ④ ③ ① ②   ① ④ ② ③

까닭없이 많은 돈을 얻으면 큰 복이 있는 것이 아니라, 반드시 큰 화가 있을 것이다.

⑯ 而(고, 서도, 나, 며, 면서, 하고, 그러나, 고서야)
語句의 뜻을 이어 주는 接續詞이다.

㉠ <u>學</u> <u>而</u> <u>時</u> <u>習</u> <u>之</u>, <u>不</u> <u>亦</u> <u>說</u> <u>乎</u>?
① ② ③ ⑤ ④   ⑧ ⑥ ⑦ ⑨

배우고 때로 이를 익히면 역시 기쁘지 않겠는가?

㉡ <u>老</u> <u>而</u> <u>得</u> <u>子</u>, <u>愛</u> <u>之</u> <u>重</u> <u>之</u>, <u>如</u> <u>金枝玉葉</u>.
① ② ④ ③   ⑥ ⑤ ⑧ ⑦   ⑩   ⑨

늙어서 아들을 얻어 이를 사랑하고 이를 중히 함이 금지옥엽처럼 하다.

㉢ <u>人</u> <u>不</u> <u>知</u> <u>而</u> <u>不</u> <u>慍</u>, <u>不</u> <u>亦</u> <u>君子</u> <u>乎</u>?
① ③ ② ④ ⑥ ⑤   ⑨ ⑦ ⑧   ⑩

남이 알아 주지 않아도 성내지 않으면 역시 군자가 아니겠는가?

㉣ <u>殺</u> <u>而</u> <u>食</u> <u>之</u> <u>不</u> <u>忌</u>, <u>此</u> <u>豈</u> <u>天理</u>?
① ② ④ ③ ⑥ ⑤   ⑦ ⑧ ⑨

잡아서 먹기를 꺼리지 않으니 이 어찌 하늘의 도리리오?

㉤ <u>人</u>有<u>智</u>而<u>物</u>無<u>智</u>, <u>人</u>能<u>言</u>而<u>物</u>不能<u>言</u>.
　①③②④⑤⑦⑥　①②③④⑤⑧⑥⑦

사람은 지혜가 있으나 동물은 지혜가 없고, 사람은 능히 말을 하나 동물은 능히 말을 하지 못한다.

㉥ <u>博學而篤志</u>, <u>切問而近思</u>.
　①②③⑤④　①②③⑤④

널리 배우면서 뜻을 돈독히 하고, 간절히 물으면서 생각을 접근시킨다.

㉧ <u>賢者</u>, <u>不悲其身之死</u>, <u>而憂其國之衰</u>.
　①　⑦⑥②③④⑤　⑧⑬⑨⑩⑪⑫

현명한 사람은 그 자신의 죽음을 슬퍼하지 아니하고, 그 나라의 쇠망을 근심한다.

㉨ <u>良藥苦於口</u>, <u>而利於病</u>, <u>忠言逆於耳</u>, <u>而利於行</u>.
　①　④③②　⑤⑧⑦⑥　①　④③②　⑤⑧⑦⑥

좋은 약은 입에는 쓰나 병에는 이롭고, 충고하는 말은 귀에는 거슬리나 행실에는 이롭다.

㉩ <u>其身正</u>, <u>而天下歸之</u>.
　①②③　④　⑤　⑦⑥

그 몸가짐이 바르고서야 세상사람이 그에게 의지한다.

⑰ 以(으로써, 을, 를, 해도, 한다)
關係詞·助動詞로 쓰인다.

4. 漢文解釋法의 基礎 175

㉠ <u>功</u> <u>被</u> <u>天下</u>, <u>守</u> <u>之</u> <u>以</u> <u>讓</u>.
　①③　②　　④①③②

공이 온 세상을 덮었더라도 이를 겸양으로써 지켜야 한다.

㉡ <u>以</u> <u>責</u> <u>人</u> <u>之</u> <u>心</u> <u>責</u> <u>己</u>, <u>以</u> <u>恕</u> <u>己</u> <u>之</u> <u>心</u> <u>恕</u> <u>人</u>.
　⑤②①③④⑦⑥　⑤②①③④⑦⑥

남을 꾸짖는 마음가짐으로써 자기를 꾸짖고, 자기를 용서하는 마음가짐으로써 남을 용서하라.

㉢ <u>以</u> <u>愛</u> <u>妻子</u> <u>之</u> <u>心</u>, <u>事</u> <u>親</u>, <u>則</u> <u>曲盡</u> <u>其</u> <u>孝</u>.
　⑤②　①　③④　⑦⑥　⑧⑩　⑨

처자를 사랑하는 마음가짐으로써 어버이를 섬기면 그 효성이 곡진할 것이다.

㉣ <u>惑</u> <u>相</u> <u>磨</u> <u>以</u> <u>道義</u>, <u>惑</u> <u>相</u> <u>悅</u> <u>以</u> <u>歌樂</u>.
　①②⑤④　③　　①②⑤④　③

혹은 서로 도의를 연마하고, 혹은 서로 가악을 즐겼다.

㉤ <u>積</u> <u>書</u> <u>以</u> <u>遺</u> <u>子孫</u>, <u>未必</u> <u>子孫</u> <u>能</u> <u>盡</u> <u>讀</u>.
　②①⑤④　③　　⑪⑥　⑦　⑧⑨⑩

책을 많이 모아서 자손에게 물려 준다 해도 반드시 자손이 능히 다 읽지는 못한다.

㉥ <u>考</u> <u>其</u> <u>功</u> <u>之</u> <u>多少</u>, <u>負者</u> <u>置</u> <u>酒食</u>, <u>以</u> <u>謝</u> <u>勝者</u>.
　⑤①②③　④　　①　③　②　　⑥⑤　④

그 공의 많고 적은 것을 헤아려, 진 사람은 술과 음식을 베풀어 이긴 사람을 대접하였다.

㈇ <u>豈</u> <u>宜</u> <u>以</u> <u>一千年社稷</u>, <u>一旦</u> <u>輕</u> <u>以</u> <u>與</u> <u>人</u>?
　① ⑨ ③ 　　②　　　　④　⑤ ⑧ ⑦ ⑥

어찌하여 일천년 사직을 하루아침에 가벼이 남에게 주어 옳으리이까?

⑱ 以爲(생각하다, 여기다, 하다, 만들다)
思惟·成否·行爲 등의 뜻을 나타내는 動詞다.

㈀ <u>虎</u> <u>以爲</u> <u>然</u>, <u>故</u>, <u>遂</u> <u>與</u> <u>之</u> <u>行</u>, <u>獸</u> <u>見</u> <u>之</u> <u>皆</u> <u>走</u>.
　① 　③　 ②　 ④ 　⑤ ⑥ ⑦ ⑧ 　⑨ ⑩ ⑪ ⑫ ⑬

호랑이는 그렇겠다고 생각했으므로, 드디어 그와 더불어 가니, 짐승들이 그를 보고 모두 달아났다.

㈁ <u>虎</u> <u>不</u> <u>知</u> <u>獸</u> <u>畏</u> <u>己</u> <u>而</u> <u>走</u>, <u>以爲</u> <u>畏</u> <u>狐</u> <u>也</u>.
　① ⑧ ⑦ ② ④ ③ ⑤ ⑥ 　　⑪　 ⑩ ⑨ ⑫

호랑이는 짐승들이 저를 두려워하여 도망하는 줄 알지 못하고 여우를 무섭게 여겼다.

㈂ <u>以爲</u> <u>無</u> <u>益</u>, <u>而</u> <u>舍</u> <u>之</u> <u>者</u>, <u>不</u> <u>耘</u> <u>苗</u> <u>者</u> <u>也</u>.
　③ 　② ①　 ④ ⑥ ⑤ ⑦ 　⑩ ⑨ ⑧ ⑪ ⑫

이로움이 없겠다고 하여(여겨) 이를 버리는 것은 곡식을 가꾸지 않는 사람이다.

㈃ <u>煮</u> <u>豆</u> <u>持</u> <u>作</u> <u>羹</u>, <u>漉</u> <u>豉</u> <u>以爲</u> <u>汁</u>.
　② ① ③ ⑤ ④ 　⑦ ⑥ ⑨ ⑧

콩을 삶아 가지고 국을 만들고, 메주를 걸러서 간장을 만든다.

⑲ 自(부터)
前置形關係詞로 쓰인다.

㉠ <u>有朋自遠方來</u>, <u>不亦樂乎</u>?
　① ③ ② ④　⑦⑤⑥ ⑧

벗이 먼 지방으로부터 찾아오면 역시 즐겁지 않겠는가?

㉡ <u>自是以往至于九族</u>, <u>皆本於三親焉</u>.
　②①④③⑦⑥　⑤　①④③ ② ⑤

이로부터 나아가서 구족에 이르기까지 모두 삼친(부부, 부자·형제)에 근본한다.

⑳ 則(면)
因果 관계를 맺어 주는 接續詞다.

㉠ <u>有意近名</u>, <u>則是僞也</u>.
　④③②①　⑤⑥⑦⑧

명예를 가까이하는 데에 뜻을 두면 이는 거짓이다.

㉡ <u>勤則家起</u>, <u>懶則家傾</u>, <u>儉則家富</u>, <u>奢則家貧</u>.
　①②③④　①②③④　①②③④　①②③④

부지런하면 집안이 일어나고, 게으르면 집안이 기울어지며, 검소하면 집안이 부유해지고, 사치하면 집안이 가난하여진다.

㉢ <u>生不識水</u>, <u>則雖壯</u>, <u>見舟而畏之</u>.
　①④③②　⑤⑥⑦　⑨⑧⑩⑫⑪

나서부터 물을 알지 못하면 비록 커서라도 배를 보고도 이를 두려워한다.

㉑ 之(의, 하는, 이를, 가다)
關係詞·代名詞·動詞 등으로 쓰인다.

㉠ 人之容貌, 不可變醜爲姸.
　①② ③　⑨④⑥⑤⑧⑦
사람의 용모는 가히 미운 것을 고쳐 곱게 만들지 못한다.

㉡ 志伊尹之所志, 學顔子之所學.
　⑤ ① ②④③　⑤ ① ②④③
이윤의 뜻한 것을 뜻으로 삼고, 안자의 배운 것을 배운다.

㉢ 玉不琢, 不成器, 人不學, 不知道.
　①③②　⑥⑤④　①③②　⑥⑤④
옥이 다듬어지지 않으면 그릇이 되지 못하고, 사람이 배우지 않으면 도리를 알지 못한다.

㉣ 利人之言, 暖如綿絮, 傷人之語, 利如荊棘.
　②①③④　⑤⑦⑥　②①③④　⑤⑦⑥
남을 이롭게 하는 말은 따뜻하기가 햇솜과 같고, 남을 해롭게 하는 말은 날카롭기가 가시와 같다.

㉤ 龍伯高 敦厚周愼, 吾願 汝曹效之.
　①　　　②　　　③⑦ ④　⑥⑤
용백고는 돈독·후덕·주도·신중하니, 나는 너희들이

이를 본받기를 원한다.

㉥ 博學之, 審問之, 愼思之, 明辨之, 篤行之.
　①③②　①③②　①③②　①③②　①③②
널리 이를 배우고, 자세히 이를 묻고, 신중히 이를 생각하고, 밝게 이를 분별하고, 돈독히 이를 실행할 것이다.

㉦ 曷不委心任去留, 胡爲乎遑遑欲何之?
　①⑥⑤②④③　　①　②⑤③④
어찌 마음에 가고 머무름을 뜻대로 맡겨 두지 않으리오? 어찌하여 허둥지둥 어디로 가려 하는가?

㉒ 知(안다)
認知의 뜻을 나타내는 동사다.

㉠ 知足常足, 終身不辱.
　②①③④　⑤⑦⑥
만족함을 알고 항상 만족해하면 종신토록 욕되지 않는다.

㉡ 光取石破甕, 兒得出, 人知其智不凡.
　①③②⑤④　⑥⑧⑦　①⑥②③⑤④
사마광이 돌을 가져다 독을 쳐부숴 아이가 나오게 되니, 사람들이 그의 지혜가 범상하지 않은 점을 알았다.

㉢ 知足者, 貧賤亦樂, 不知足者, 富貴亦憂.
　②①③　④⑤⑥　③②①④　⑤⑥⑦
만족할 줄 아는 사람은 가난하고 천하더라도 또한 즐겁

게 살고, 만족할 줄 알지 못하는 사람은 부유하고 귀하더라도 또한 근심스럽게 산다.

ㄹ) 夙興夜寐, 所思忠孝者, 人不知, 天必知之.
　①②③④　⑦⑥　⑤　⑧　①②③　④⑤⑦⑥

아침 일찍 일어나서 밤늦게 잘 때까지 충성과 효도를 생각하는 사람은, 남들이 알아 주지 않아도 하늘이 반드시 이를 안다.

㉓ 致(극진히 하다)
至誠·招聘 등의 뜻을 나타내는 動詞다.

㉠ 孝子之事親也, 居則致其敬, 養則致其樂.
　①　②④③⑤　①②⑤③④　①②⑤③④

효자가 어버이를 섬기는 데에 있어서는, 거처함에는 그 공경함을 극진히 하고, 봉양함에는 그 즐거움을 극진히 한다.

㉡ 今王必欲致士, 先從隗始.
　①②③⑥⑤④　⑦⑨⑧⑩

지금 왕께서 꼭 어진 선비를 불러 오시려 하면 먼저 곽외로부터 시작하소서.

㉔ 必(반드시, 꼭)
必然의 뜻을 타나내는 副詞다.

㉠ <u>婦人之禮</u>, <u>語必細</u>.
　①②　③　　④⑤⑥
부녀자의 예절은 말소리가 반드시 곱고 가늘어야 한다.

㉡ <u>男子失教</u>, <u>長必頑愚</u>.
　①　③②　　④⑤　⑥
남자가 올바른 교육을 받지 않으면 자라서 반드시 완고하고 어리석어진다.

㉢ <u>欲去子者</u>, <u>衆矣</u>, <u>子必危矣</u>.
　③②①④　　⑤⑥　⑦⑧⑨⑩
그대를 없애 버리려는 사람이 많으면 그대는 반드시 위태로울 것이다.

㉕ 何(어찌)
疑問의 뜻을 나타내는 副詞다.

㉠ <u>不臨深泉</u>, <u>何以知沒溺之患</u>.
　③②　①　　④⑨⑧　⑤　⑥⑦
깊은 연못에 다다라 보지 않으면 어찌 물에 빠져 죽는 환난을 알 수 있겠는가?

㉡ <u>今而廢學</u>, <u>是何以異乎斷織哉</u>?
　①②④③　①②⑦⑥⑤④③⑧
지금 공부를 그만두면, 이는 어찌 짜던 베를 끊는 것과 다르다 하겠는가?

ⓒ 李郎, 何其行色之草草, 而其來也, 亦何遲遲也?
　　①　②③　④　⑤⑥　⑦　①②③④　⑤⑥　⑦　⑧

이도령, 어찌 그리 행색이 초라하고 그 오는 것 또한 어쩌면 그리도 늦었는지?

ⓔ 我一人也, 何能明?
　①　②　③　④⑤⑥

나 한 사람이니 어찌 능히 밝히리요?

5. 漢詩學習의 基礎

詩는 사람의 사상과 감정을 운율과 영상으로 결합시켜 일정한 형식에 따라 표현한 문학이다. 詩는 정신 생활면으로 볼 때에 사람의 정서를 그 뜻대로 나타내어 기쁘고 즐거운 마음을 흥겹게도 해주고 슬프고 답답한 마음을 달래주기도 하는 값진 문학이라고 하겠다. 그러므로 詩의 발전은 우리들의 문화 생활을 보다 더욱 윤택하게 만들고, 무미건조한 삶을 벗어나 보람있게 살도록 마련하는 데에 정신적 자양소가 되는 것이라고 하겠다.

漢詩는 처음 중국에서 일어나 오랜 역사를 통하여 발전한 정형시로서, 엄격한 율격을 바탕으로 그 형식도 격조가 높고 그 내용도 다기다양한데, 지금 이를 분류하여 古詩와 近體詩로 나눈다.

古詩는 四言・五言・七言詩와 樂府로 나누고, 近體詩는 五言・七言의 絶句・律詩・排律로 나누는데, 그 특징으로 古詩는 句數가 자유롭고, 韻字는 있으나 平仄法이 없었고, 近體詩에 있어서 絶句는 4句로 짓고, 韻字가 있고, 平仄法이 일정하며, 起承轉結의 구성법으로 마련되고, 律詩는 8句로 짓고, 韻字가 있고, 平仄法이 일정하며, 起頷頸尾 4聯의 구성법으로 마련되고, 排律은 12句로 짓는 게 보통인데, 10句 이상의 길이는 자유스럽고, 韻字가 있고 平仄法도 일정하다.

대략 그 발전과정을 살펴보면, 옛날에는 ≪詩經≫처럼 四言詩로 지어 오다가, 魏・晉 이후에는 五言・七言詩로 발전되고, 漢代에는 五言・七言詩의 체제가 정하여지고, 唐代에는 詩로써 과거 시험을 보는 데에까지 이르러 詩가 크게 성행하고, 이로부터 古詩와 近體詩의 이름을 붙이게 되어, 絶句와 律詩를 '近體詩'라 하고, 옛날부터 내려오는 五言·七言詩 등은 '古詩'라 부르게 되었다.

우리나라의 漢詩는 漢文學의 수입과 더불어 발전되었는데, 三國時代, 統一新羅時代, 高麗時代, 朝鮮時代를 거쳐 中國에 못지않은 名詩人들이 배출되었다. 그 중에서 유명한 사람만 들더라도 신라의 崔致遠, 고려의 崔沖·朴寅亮·金黃元·郭輿·鄭知常·李奎報·李齊賢 등과, 조선의 成三問·金時習·申叔舟·李荇·曺植·李滉·李珥·鄭澈·林悌·李晬光·許筠·鄭若鏞·申緯·黃玹·金炳淵 등 셀 수 없이 많고, 黃眞伊·許蘭雪軒 등과 같은 女流詩人도 많이 나왔다.

漢詩는 어떻게 학습하여야 할까? 한 편의 詩를 들면 우선 그 형식을 분류할 줄 알고, 韻字와 平仄法과 構成法을 살피고, 다음에 그 詩의 題材·主題와 內容을 분석하며 이를 鑑賞할 줄 알아야 하겠다. 그러면 여기에 몇 편의 詩를 들어, 공부하는 데에 근본되는 점을 알아보기로 한다.

(1) 詩形의 분류

漢詩의 형식은 먼저 一句가 몇 자로 구성되었는가를 보고, 다음에 한 편이 몇 구로 마련되었는가를 보면 알 수 있다. 1句가 4字로 되었으면 四言詩이고, 5字로 되었으면 五言詩이고, 7字로 되었으면 七言詩이며, 그 한 편의 詩가 4句이면 絶句이고 8句이면 律詩이고, 10句 이상이면 排律이다. 이밖에 長短句는 四·五·七言을 혼합하여 구성하고, 樂府 따위는 句數에 제한이 없다. 그러면 近體詩의 몇 가지 詩形을 예로 들어 본다.

① 五言詩

㉠ 絶句
〈春興〉

鄭夢周

春雨細不滴,　　봄비가 보슬보슬 소리 없이 내리더니,
夜中微有聲.　　밤 들어 주룩주룩 빗소리가 들리누나.
雪盡南溪漲,　　눈이 녹으면 남쪽 시냇물이 불어나고,
草芽多少生.　　풀 싹도 파릇파릇 제법 돋겠네.

ⓛ 律詩
〈花石亭〉

李 珥

林亭秋已晚,	숲 속의 화석정엔 가을빛이 저물었는데,
騷客意無窮.	풍류객의 생각은 이것저것 끝 없어라.
遠水連天碧,	멀리 흐르는 물은 하늘에 닿아 파아랗고,
霜楓向日紅.	서리 맞은 단풍은 햇빛을 받아 새빨갛네.
山吐孤輪月,	산은 외로이 둥근 달을 토해 놓고,
江含萬里風.	강물은 멀리서 불어 오는 바람을 삼키는구나.
塞鴻何處去?	변방의 기러기 떼는 어디로 날아가지?
聲斷暮雲中.	울음 소리 황혼녘 구름 속에 끊어지네.

② 七言詩

㉠ 絶句
〈送人〉

鄭知常

雨歇長堤草色多,	비 갠 긴 방죽에 풀빛이 파릇파릇,
送君南浦動悲歌.	그대를 남포로 보내며 슬픈 노래 부르누나.
大同江水何時盡?	대동강 물이야 어느 땐들 마르겠나?
別淚年年添綠波.	이별의 눈물을 해마다 푸른 물결에 더 보태리라.

ⓛ 律詩
〈松京懷古〉

丁若鏞

國破家亡成古今,	국가가 망하는 건 고금이 다름 없어,
靑山不語水無心.	푸른 산은 말이 없고 물마저 무심하다.
霞殘小洞樵歌發,	놀만 남은 산골짝엔 초동 노래 흘러 나오고,
月鎖荒臺野草深.	달빛어린 만월대엔 들풀만이 우거졌다.
天外夕陽孤鳥沒.	해 저문 하늘가엔 외로운 새들 깃을 찾고,
寺邊秋逕一僧尋.	절 골 가을 길엔 중이 하나 찾아간다.
凄凉五百年中事,	처량하다, 고려조의 오백년 사실들이,
留與行人入苦吟.	나그네를 머물러 쓸쓸한 시를 읊게 하네.

(2) 押韻法

韻은 字音을 구성하는 요소로, 소리의 어울리는 문자 중에서 한 글자를 지적하여 정한 것을 韻字라고 한다. 곧 東·冬·江·陽과 같이 'ㅇ'으로 어울리는 것 같은 것을 말한다.

詩를 지을 때에는 古詩·近體詩를 막론하고 韻字를 일정한 형식에 따라 넣어 짓는데 이를 '押韻'이라고 한다.

그런데 한 편의 詩에 두 가지 韻字를 넣어 짓는 일이 없다. 이렇게 한 가지 韻을 끝까지 쓰는 것을 '一韻到底'라고 한다.

押韻形式은 반드시 일정하지는 않으나, 古詩에는 四言·五言·七言·樂府를 가릴 것 없이 다 偶數句의 맨 끝자에 韻字를 넣는데, 혹 奇數句에 넣는 예도 있고, 韻字가 중간에 변하는 예도 있다.

近體詩에는 絶句나 律詩나 다 偶數句의 맨 끝자에 韻字를 넣는 것을 원칙으로 한다. 그래서 絶句는 2·4句의 끝에 韻字를 넣고 律詩는 2·4·6·8句의 끝에 韻字를 넣는다. 排律도 같다. 그러나 七言絶句에 1·2·4句의 끝에 韻字를 넣는 예도 있다. 그 몇 가지 예를 들어 본다.

① 五言詩

㉠ 絶句(韻:高・刀)
〈閑山島夜吟〉

李舜臣

水國秋光暮,　섬 속에 가을빛이 저물어 가니,
驚寒雁陣高.　추위에 놀란 기러기들 떼지어 높이 나네.
憂心輾轉夜,　시름에 겨워 엎치락뒤치락 하는 밤에,
殘月照弓刀.　희미한 달빛이 활과 칼에 비치누나.

㉡ 律詩(韻:長・床・房・裳)
〈擣衣詞〉

偰遜

皎皎天上月,　하늘에는 휘영청 밝은 달이,
照此秋夜長.　긴긴 가을 밤을 이렇게 비춰 주네.
悲風西北來,　쓸쓸한 바람은 서북쪽에서 불어오고,
蟋蟀鳴我床.　귀뚜라미 모여들어 내 머리맡에서 울어 댄다.
君子遠行役,　사랑하는 낭군을 먼 싸움터로 보내고서,
賤妾守空房.　나만 홀로 여기 남아 빈 방을 지키누나.
空房不足恨,　빈 방을 지키는 건 아무런 한이 없지마는,
感子寒無裳?　그이가 추위에 옷 없을까 염려되네.

② 七言詩

㉠ 絶句(韻:時·虧·吹)
〈落花岩〉

洪春卿

國破山河異昔時,　나라는 망하고 산천은 예와 달라졌으나,
獨留江月幾盈虧?　애오라지 백마강을 비춘 달이 몇 번이나 차고 기울었나?
落花岩畔猶花在,　낙화암 언덕에는 아직도 꽃(삼천궁녀의 넋)이 있네,
風雨當年不盡吹.　그때의 비바람(전쟁)에 다 불려 없어지지 않았구나.

㉡ 律詩(韻:情·名·爭·生)
〈乍晴乍雨〉

金時習

乍晴乍雨雨還晴,　개는 듯 비오고 비오는 듯 도로 개네,
天道猶然況世情.　하늘의 이치도 그렇거늘 하물며 세상 물정임에랴.

譽我便應足毀我,　나를 칭찬하다가는 문득 나를 헐뜯고,
逃名却自爲求名.　명예를 기피하는 척하다 도리어 명예를 구하누나.

花開花謝春何管,　꽃이야 피든 지든 봄이야 무엇이 걱정,
雲去雲來山不爭.　구름이야 가든 오든 산이야 시비하지 않으리.

寄語世上須記憶, 세인들에게 말하노니 꼭 좀 기억하소.
取歡何處得平生. 어디에다 낙을 붙이고 한평생을 지내려나.

(3) 平仄法

漢詩 作法에는 四聲을 맞춰서 짓는 平仄法이 있는데 이는 가장 까다로운 법칙으로서 五言絶句면 20字에, 七言絶句면 56字에 대하여 일정한 자리에 平聲·仄聲(上·去·入聲)을 넣어 짓는다.

平仄法은 平聲으로 시작하는 平起式과 仄聲으로 시작하는 仄起式이 있는데, 형식이 어떤 형식이든 각 句의 첫 자와 셋째 자는 평성이든 측성이든 무관하고, 그 나머지는 엄격하게 규제하고 있다. 그 예를 들면 대개 다음과 같다.

○은 平聲, ●은 仄聲 ◐은 평·仄聲

① 五言絶句

平起式

◐○○●●
◐●●○○
◐●○○●
◐○○●○

仄起式

◐●◐○○
◐○○●○
◐○○●●
◐●●○○

② 七言絶句

平起式

◐○◐●●○○
◐●◐○◐●○

仄起式

◐●◐○◐●○
◐○◐●●○○

그런데 七言絶句의 주의할 점은 둘째 글자와 여섯째 글자의 平・仄聲이 똑같아야 한다.

③ 律詩는 五言・七言絶句의 平仄法을 두 번 되풀이하여 지키면 된다.

한 편의 시를 짓는 데 近體詩는 이렇게 엄격한 법칙이 있으므로, 平仄法에 구애를 받지 않는 古詩의 體裁를 좋아하여 짓는 사람도 있었는데, 좀더 아름다운 시를 마음대로 지으려면 平仄法은 현실적으로 검토해 볼 문제가 아닌가 여겨진다.

(4) 構成法

近體時는 일정한 법칙이 있어서 絶句는 4句로, 律詩는 8句로 짓는다. 그 내용은 대략 들어 보면 다음과 같다.

① 絶句

絶句는 五言·七言詩를 막론하고 일으켜-이어-굴려-맺는, 곧 起承轉結의 4句로 구성한다.

起句(첫째 句)에서는 題材에 따라 어떤 詩想을 일으키고, 承句(둘째 句)에서는 앞서 일으킨 뜻을 이어서 좀더 심화·발전시키고, 轉句(셋째 句)에서는 起承句의 내용을 슬쩍 바꿔 시상을 변화시키며, 結句(끝 句)에서는 전체의 내용을 한데 묶어 그 詩의 主題를 뚜렷하게 표현하는 것이다.

㉠ 五言絶句
〈秋夜雨中〉

崔致遠

(起) 秋風惟苦吟,　가을 바람 쓸쓸한데 애써 시를 읊조리니,
(承) 世路少知音.　세상엔 뜻을 나눌 친한 벗이 적구나.
(轉) 窓外三更雨,　밤은 벌써 삼경인데 창 밖에는 궂은 빗소리,

(結) 燈前萬里心.　외로운 등불 앞에서 머나먼 고향 생각.

ⓒ 七言絶句
〈訪金居士野居〉

鄭道傳

(起) 秋雲漠漠四山空,　가을 구름 아득한데 산은 사방 텅 비었고,
(承) 落葉無聲滿地紅.　지는 잎은 소리 없이 땅에 가득 붉었구나.
(轉) 立馬溪邊問歸路,　시냇가에 말 세우고 돌아갈 길 물으니,
(結) 不知身在畵圖中.　모르겠군, 내 몸이 그림 속에 서 있는지.

② 律詩

律詩는 五言・七言詩를 막론하고 8句로 지어서 이를 2句씩 짝지어 4연으로 구성하는데, 그 명칭을 起聯・頷聯・頸聯・尾聯이라 한다. 또 그 내용은 絶句의 일으켜-이어-굴려-맺는, 곧 기승전결법과 별다른 점이 없다.

그런데 律詩를 지을 때 가장 중요한 것은 對句를 만들어 짓는 것이다. 對句는 2句의 내용을 맞대어 짓는 것으로서, 2句의 글자수나 놓인 자리가 對句가 되어야 하는데, 對句는 4聯에 모두 필요한 것이 아니라, 원칙적으로 3・4句인 頷聯과 5・6句의 頸聯에 한하여 마련하는 것이다.

〈浮碧樓〉

李 穡

(起聯) ┌ 昨過永明寺,　　어제 영명사를 지나다가,
　　　　└ 暫登浮碧樓.　　잠깐 부벽루에 올라갔다.
(頷聯) ┌ 城空月一片,　　성은 텅 비었는데 달만 외로이 떴고,
　　　　└ 石老雲千秋.　　주춧돌은 해묵었고 구름만 오락가락.
(頸聯) ┌ 麟馬去不返,　　임금님 타던 말은 가곤 아니 돌아오니,
　　　　└ 天孫何處遊.　　왕손들은 어디에서 노닐고 있는 건지?
(尾聯) ┌ 長嘯倚風磴,　　휘파람 길게 불며 돌층계에 의지하니,
　　　　└ 山青江自流.　　산은 푸르고 강은 절로 흘러가네.

(5) 漢詩學習에 留意할 점

漢詩를 공부하자면 첫째로 어떤 형식의 시인가를 분류하고, 둘째로 작자와 詩題를 알고, 셋째로 素材, 곧 어떤 소재를 가지고 지었는가를 알고, 넷째로 主題, 곧 무엇을 읊었는가를 알고, 다섯째로 押韻・平仄・構成法 등을 알아서, 이를 解釋해 보고, 작자의 뜻한 바를 자신의 뜻에 결부시켜 잘 鑑賞하여야 할 것이다. 여기에 한 편의 시를 공부해 보기로 한다.

〈落照〉　　　　　　　　　　　　　　　　　朴文秀
落照吐紅掛碧山,
寒鴉尺盡白雲間.
問津行客鞭應急,
尋寺歸僧杖不閑.
放牧園中牛帶影,
望夫臺上妾低鬟.
蒼煙枯木溪南里,
短髮樵童弄笛還.

① 이 詩의 형식은 七言律詩이다.
② 이 詩의 작자 朴文秀는 조선 肅宗 17년(1691)에 나서 영조 32년(1756)에 죽은 사람이다. 그는 영조 때의

공신으로 字는 成甫, 號는 耆隱, 諡號는 忠憲이다. 그는 李麟佐의 난을 평정한 공으로 靈城君에 봉해지고, 영조 때에는 영남절도사로 가서 善政을 베풀고 그 지방에서 먹고 남은 곡식 3천 석을 관북 지방으로 보내어 백성들을 구제하였으므로, 그 頌德碑(北民碑)가 咸興 萬歲橋에 세워졌다. 그는 특히 왕명으로 여러 번 암행어사로 나가 크게 활약하여 많은 일화를 남겼는데, 이 시는 그가 科擧에 급제한 시라고 전한다.

③ 이 시의 題材는 題目에 제시한 것처럼 落照를 읊은 작품이다.

④ 이 시의 主題는 해 질 무렵 자연과 인생의 모습을 예술적으로 읊은 것으로, 곧 낙조의 情景을 노래한 것이다.

⑤ 이 시의 押韻은 間·閑·鬟·還의 平聲韻字로 지어진 시로 그 構成은 律詩 구성의 기본이 되는 起·頷·頸·尾聯 곧 4聯으로 되었고, 頷聯과 頸聯은 완전한 對句法을 썼다.

⑥ 解釋

〈字義〉 掛(걸 괘), 鴉(갈가마귀 아), 鞭(채찍 편), 杖(지팡이 장), 園(동산 원), 鬟(쪽질 환), 樵(나무할 초), 弄(희롱할 롱), 笛(피리 적).

〈單語〉 落照(저녁 햇볕), 行路(나그네), 樵童(나무하는 아이)

〈解釋〉
석양은 붉은 빛을 토하며 푸른 산에 걸려 있고,
갈가마귀들 떼지어 흰 구름을 헤쳐 가네.

강나루 묻는 나그네는 채찍질이 다급하고,
절을 찾아 돌아가는 중은 지팡이 놀림이 바빠진다.
방목하는 동산에는 소 그림자가 길어지고,
망부대 위에는 아내의 쪽진 머리가 숙어지네.
저녁 연기 피어오르는 개울 남쪽 마을에는,
머리 짧은 초동들이 피리 불며 돌아온다.

⑦ 內容鑑賞

예술은 美의 창조라고 하지만, 이 시는 한 편의 글이라기보다 한 폭의 그림 같다.

낙조 곧 해질 무렵의 자연과 인생을 우아한 정서로 아름답게 표현하였다. 起聯에서는 석양녘 길을 찾는 새 떼들의 풍경을 그리는 것으로 붓을 일으켜, 頷聯에서는 길을 묻는 나그네와 절을 찾아가는 중의 바쁜 걸음으로 前聯의 뜻을 이었고, 頸聯에서는 동산에서 소 그림자가 낙조를 받아 길게 드리우는 것과 망부대에서는 남편을 기다리는 아내가 고개를 돌리고 있는 모습을 대조적으로 그렸고, 尾聯에서는 이러한 정경을 종합적으로 묶어 저녁 연기가 피어오르는 마을로 초동들이 피리를 불며 돌아오는 모습을 서정적으로 표현하며 끝을 맺었다.

실로 자연과 인생의 한 장면을 아름답게 표현한 시로서 흐뭇한 감동을 일으키게 한다.

6. 名文選

(1) 韓國名文選

① **史書類**
〈進三國史表〉
※ 三國史記 : 고려 인종 때에 金富軾 등이 지은 三國(신라·고구려·백제)시대의 正史. 모두 50권.

臣富軾言"古之列國, 亦各置史官, 以記時事, 故, 孟子曰 '晋之乘·楚之檮杌·魯之春秋一也.' 惟此海東三國, 歷年長久, 宜其事實, 著在方策, 乃命老臣俾之編集, 自顧缺爾, 不知所爲. 伏惟聖上陛下性唐堯之文思, 體夏禹之勤儉, 宵肝餘閑, 博覽前古, 以爲今之學士大夫, 其於五經諸子之書, 秦漢歷代之史, 或有淹通詳說之者, 至於吾邦之事, 却茫然不知其始末, 甚可嘆也. 況惟新羅氏·高句麗氏·百濟氏·開基鼎峙. 能以禮通於中國, 故, 范曄漢書·宋祈唐書, 皆有列傳, 而詳內略外, 不少具載. 又其古記, 文字蕪詘, 事迹闕亡. 是以君后之善惡, 臣子之忠邪, 邦業之安危, 人民之理亂, 皆不得發露以華勸戒, 宜得三長之才, 克成一家之史, 貽之萬世, 炳若日星. 如臣者, 本非長才, 又無奧識, 泊至遲暮, 日益昏蒙, 讀書雖勤, 掩卷卽忘, 操筆無力, 臨紙難下. 臣之學術, 蹇淺如此, 而前言往行, 幽昧如彼. 是故, 疲精竭力, 僅得成編, 訖無可觀, 祇自愧耳. 伏望聖上陛下, 諒狂簡之裁, 赦妄作之罪, 雖不足藏之名山, 庶無使漫之醬瓿, 區區妄意, 天日照臨."(三國史記)

"신 부식은 말씀드립니다. 옛날의 열국(중국 여러 나라)에서도 각각 사관을 두어 그 시대의 사실을 기록하였던 까닭으로, 맹자는 말하기를 '진(晉)나라의 사승(史乘)이나 초나라의 도올(檮杌)이나, 노나라의 춘추(春秋)가 모두 한가지다'라고 하였습니다. 생각하면 이 해동(우리나라) 삼국(신라·고구려·백제)도 그 지내온 햇수가 오래 되었으니, 마땅히 그 사실을 책으로 지을 방책이 있어야 되겠으므로, 이 노신에게 명하시어 이를 편집하게 하였습니다. 스스로 돌아보오니 모든 점이 모자랄 뿐이므로 어찌할 바를 알지 못하겠습니다.

엎드려 생각하오면, 성상폐하(고려 인종)께서는 당요(요임금)의 문사(학문과 교양이 있고 생각이 깊음)를 바탕으로 삼으시고, 하우(우임금)의 근검을 본받으시어 밤낮으로 틈 있는 대로 애쓰시며, 널리 전고(前古)의 사서(史書)를 열람하시고는 말씀하시기를, '지금 학사 대부들은 저 오경(시경·서경·역경·춘추·예기)이나, 제자(제자백가)의 책이나, 진(秦)나라·한나라의 역대 사서에는 간혹 널리 통하여 상세하게 말하는 사람이 있지만, 우리나라의 사실에 대하여는 도리어 아득하여 그 시말을 알지 못하니 심히 통탄할 일이다. 하물며, 신라·고구려·백제가 나라를 세우고, 서로 정립하여 예의로써 중국과 교통하였던 까닭으로, 범엽(范曄)의 ≪한서(후한서)≫, 송기(宋祈)의 ≪당서(당나라 역사)≫에는 다 열전이 있는데, 국내의 것은 상세히, 국외의 것은 간략하게 써서 조금도 자세하게 싣지 않았다. 또 그 고기(古記)는 문자가 거칠고 잘못되어 사적이 빠져 없어진 것이 많으므로, 임금의 선악이나 신하의 충사(忠邪)나, 국가의 안위나 백성의 이란(理亂: 잘 다스려지는 일과 어지러워지는 일) 등을 다 잘 드러내서 뒷사람에게 권하고 경계할 수 없게 되었으니, 마땅히 삼장(재주·학문·식견)의 인재를 얻어서 한 나라의 역사책을 만들어, 이를 만세에 물려주는 교훈으로 삼아 일월성신과 같이 밝히고 싶다'라고 하셨사오나, 신과 같은 사람은 본래 뛰어난 인재도 아니옵고, 또한 깊은 학식도 없사오며, 늘그막에는 날로 더욱 정신이 혼몽하여 독서는 비록 부지런히 하오나 책만 덮어 놓으면 곧 잊어버리게 되옵고, 붓을 들어도 힘이 없고 종이를 펴놓아도 잘 써내려가기가 어렵습니다. 신의 학술이 이처럼 천박하오니, 전대의 언어와 기왕의 행적은 유현(幽玄)하고 몽매하여 저 먼곳을 바라보는 듯 어두웠습니다. 이런 까닭으로 정신을 가다듬고 힘을 다하여 겨우 이 책의 편찬을 이루어 놓았사오나, 마침내 보잘것없이 되었으므로 스스로 부끄럽기 그지없습니다.

 엎드려 바라옵건대, 성상폐하께옵서는 큰 줄거리만 대충 잡은 것을 굽어 살펴 주시옵고 함부로 만든 죄를 용서하여 주시옵소서. 이 책이 비록 명산(史庫 있는 산)에 긴히 간직될 것은 되지 못하오나, 한갓 간장 항아리의 덮개 같은 것으로 사용되는 일이 없기를 바랍니다. 신의 구구하고 망령된 뜻은 저 하늘의 태양이 밝혀 줄 것입니다."

〈花郞〉

　三十七年春, 始奉源花. 初君臣病無以知人, 欲使類聚群遊, 以觀其行義, 然後, 擧而用之. 遂簡美女二人, 一曰南毛, 一曰俊貞. 聚徒三百餘人, 二女爭娟相妬, 俊貞引南毛私第, 强勸酒至醉, 曳而投河水以殺之, 俊貞伏誅, 徒人失和罷散. 其後, 更取美貌男子, 粧飾之, 名花郞以奉之, 徒衆雲集, 或相磨以道義, 或相悅以歌樂, 遊娛山水, 無遠不至. 因此知其人邪正, 擇其善者, 薦之於朝. 故, 金大問花郞世紀曰, '賢佐忠臣, 從此而秀, 良將勇卒, 由是而生.' 崔致遠鸞郞碑序文曰 '國有玄妙之道, 曰風流, 設敎之源, 備詳仙史, 實乃包含三敎. 接化群生, 且如入則孝於家, 出則忠於國, 魯司寇之旨也. 處曰 '擇貴人子弟之美者, 傳粉飾之, 名曰花郞, 國人皆尊事之也'. (三國史記)

　37년(신라 진흥왕 서기 576) 봄에 처음으로 원화를 받들었다. 이보다 먼저 군신들은 인재를 알지 못함을 근심하여서 많은 사람들을 무리지어 놀게 하고, 그들의 행실을 본 연후에 등용하려 하였다. 그래서 드디어는 아름다운 두 아가씨를 뽑았는데, 한 사람은 남모이고 한 사람은 준정이라 하였다. 그 무리들 300여 명이 모이니 두 아가씨는 그들의 미를 다투어 서로 질투하게 되고, 준정은 남모를 자기 집에 유인하여 억지로 술을 권해 취하게 한 다음, 그를 이끌고 나가 강물에 던져 죽여 버렸다. 준정이 사형에 처해지자 그 무리들은 화합하지 못하고 그만 흩어지고 말았다.

　그 뒤에 다시 잘생긴 남아를 뽑아서 이를 곱게 단장시

켜 화랑이라 이름하고 받들게 하니 그 무리들이 구름처럼 모여들었다. 그들은 혹은 서로 도의를 연마하고, 혹은 서로 가악을 즐기기도 하며, 명산 대천을 유람하여 멀리까지 가지 않은 곳이 없었다. 이로 인하여 그 사람의 바르고 그렇지 못한 점을 알아, 그 중에서 훌륭한 사람을 가려 조정에 추천하였다.

그러므로 김대문의 ≪화랑세기≫에 이르기를 '현명한 재상과 충성스런 신하가 여기에서 배출되었고, 뛰어난 장수와 용감한 군사가 여기에서 발탁되었다.'고 하였다. 최치원의 난랑(鸞郞:화랑의 한 사람)비의 서문에 이르기를 '우리나라에는 형묘한 도가 있는데 이를 풍류라고 한다. 이 교를 세운 근원은 선사(仙史)에 자세히 실려 있거니와, 실은 3교(유교·도교·불교)의 진리를 포함한 것으로, 모든 민중들과 접촉하여 교화되었다. 또한 그들은 집안에 들어와서는 부모님께 효도하고 나가서는 나라에 충성하였으니, 이는 노사구(魯司寇:孔子)의 뜻이고, 자연에 맡겨 일을 처리하고, 말하지 않고 일을 실행하는 것은 주주자(周株子:老子)의 가르침이고, 모든 일에 악한 짓을 하지 않고, 제반사에 착한 행실만 실천하는 것은 축건태자(竺乾太子:석가모니)의 교화다.' 하였다. 당 영호징이 지은 ≪신라국기≫에 이르기를 '귀인의 자제로 예쁜 사람을 가려 뽑아서 분을 바르고 곱게 꾸며 화랑이라 이름하고, 나라 사람들이 다 이를 존경하여 섬겼다.'고 하였다.

〈龜兎之說〉

或告麗王曰'新羅使者非庸人也, 今來殆欲觀我形勢也, 王其圖之, 俾無後患.'王欲橫問因其難對而辱之, 謂曰'麻木峴與竹嶺, 本我國地, 若不我還, 則不得歸.'春秋答曰, 國家土地, 非臣子所專, 臣不敢聞命. 王怒囚之, 欲戮未果. 春秋以靑布三百步, 密贈王之寵臣先道解, 道解以饌具來相飮, 酒酣戲曰'子亦嘗聞龜兎之說乎'昔東海龍女病心, 醫言得兎肝合藥, 則可療也. 然,海中無兎, 不奈之何? 有一龜白龍王言"吾能得之." 遂登陸見兎言"海中有一島, 淸泉白石, 茂林佳菓, 寒暑不能到, 鷹隼不能侵, 爾若得至, 可以安居無患". 因負兎背上, 遊行二三里許, 龜顧謂兎曰"今龍女被病, 須兎肝爲藥故, 不憚勞負爾來耳."兎曰"噫, 吾神明之後, 能出五藏, 洗而納之, 日者少覺心煩, 遂出肝心洗之, 暫置巖石之底, 聞爾甘言徑來. 肝尙在彼, 何不廻歸取肝, 則汝得所求, 吾雖無肝尙活, 豈不兩相宜哉?"龜信之而還, 纔上岸, 兎脫入草中, 謂龜曰"愚哉汝也, 豈有無肝而生者乎?"龜憫默而退.'春秋聞其言, 喩其意, 移書於王曰'二嶺本大國地分, 臣歸國, 請吾王還之, 謂予不信, 有如皦日'王迺悅焉.

어떤 사람이 고구려 왕(보장왕)에게 아뢰기를 '신라의 사자(使者)는 보통 사람이 아니옵고 지금 온 것은 틀림없이 우리나라 형세를 보러 온 것인 듯하오니, 전하께서는 그를 죽여 후환을 없게 하소서.'하니, 왕은 그 말에 따라 엉뚱한 질문으로 그 대답을 곤란하게 만들어 욕보이려고 말하기를, '마목현(麻木峴:죽령 서쪽의 鷄立嶺)과 죽령(경

상도와 충청도의 경계)은 본래 우리나라의 땅이다. 만약 이를 우리에게 돌려 주지 않으면 돌아갈 수 없을 것이다.' 하였다. 춘추(김춘추:후에 태종 무열왕)은 대답하여 말하기를 '나라의 땅 문제는 신하로서 혼자 처리할 일이 아니므로, 신은 감히 그 명을 듣지 못하겠습니다.' 하니, 왕은 노하여 그를 가둬 죽이려 하였으나 뜻을 이루지 못하였다. 춘추는 청포 300보(步:1步는 사방 6尺)를 몰래 왕의 충신인 선도해에게 보내 주었더니 도해는 음식을 차려 가지고 와서 함께 먹으며 술이 취하자 희롱하는 말처럼 말하기를 '그대도 역시 일찍이 거북과 토끼의 이야기를 들었는지요? 옛날 동해 용왕의 딸이 병들었는데, 의원의 말이 "토끼의 간을 구하여 약에 섞어 먹으면 나을 수 있습니다."고 하였지요. 그러나 바다 속에는 토끼가 없으므로 어찌할 수가 없었는데, 거북 한 마리가 용왕에게 아뢰기를 "제가 토끼를 구할 수 있습니다"하고, 드디어는 육지로 올라가 토끼를 만나 보고 말하기를 "바다 가운데에 섬 하나가 있는데 샘물이 맑고 돌도 깨끗하고 숲도 무성하고 좋은 과실도 많고, 추위와 더위도 오지 않고, 독수리도 침범할 수 없으니, 네가 만약 간다면 편안히 살 수 있고 아무런 근심도 없을 것이다" 하고 꾀어 드디어는 토끼를 등에 업고 바다 위를 헤엄쳐 한 2,3리쯤 갔을 때에, 거북은 토끼를 돌아보며 말하기를 "지금 용왕의 따님이 병이 들어 앓고 있는데, 꼭 토끼의 간으로 약을 만들어 먹어야 한다는 까닭으로, 수고로움을 꺼리지 않고 너를 업고 올 따름이다" 하니, 토끼는 말하기를 "아! 나는 신명의 후예이므로 오장을 꺼내어 씻어서 넣을 수 있다. 요사이 좀 마음이 답답해서 마침 간을 꺼내어 씻어서 잠시 바위 밑에 두었는데, 네가 좋다는 말을 듣고 빨리 오느라고 그대로 왔구나. 간은 아직 거기 있다. 돌아가서 간을 가지고 오지 않으면 네가 구하는 것을 어찌 얻겠느냐? 나는 비록 간이 없어도 오히려 살 수 있으니, 어찌 둘이 서로 좋은 일이 아니겠느냐?" 하였다. 거북은 그 말을 믿고서 육지로 돌아가니, 언덕에 오르자마자 토끼는 거북의 등에서 뛰어내려 풀숲으로 들어가면서 거북에게 말하기를 "어리석구나. 너는! 어찌 간이 없이 사는 놈이 있겠느냐?" 하니, 거북은 가엾게도 아무 말도 못 하고 물러갔다는 이야기입니다.' 하였다.

춘추는 그 말을 듣고 그 뜻의 비유를 깨닫고서, 글을 임금에게 보내어 말하기를 '두 영(마목현·죽령)은 본래 대국(고구려)의 땅이었습니다. 신이 귀국하면 우리 임금에게 청하여 돌려보내 드리겠습니다. 저의 말을 믿지 않으신다면 동녘에서 뜨는 밝은 태양을 두고 맹세하겠습니다.' 하니, 왕은 마침내 기뻐하였다(삼국사기에서).

〈花王戒〉

神文大王, 以仲夏之月, 處高明之室, 顧謂聰曰 "今日宿雨初歇, 薰風微凉, 雖有珍饌哀音, 不如高談善謔以舒伊鬱, 吾子必有異聞, 盍爲謂我陳之?" 聰曰 "唯. 臣聞昔花王之始來也, 植之以香園, 護之以翠幕, 當三春而發艶, 凌百花而獨出. 於是, 自邇及遐, 艶艶之靈, 夭夭之英, 無不奔走上謁, 唯恐不及, 忽有一佳人, 朱顏玉齒, 鮮粧靚服, 伶俜而來, 綽

約而前, 曰 '妾履雪白之沙汀, 對鏡淸之海, 而沐春雨以去垢,
快淸風而自適, 其名曰薔薇, 聞王之令德, 期薦枕於香帷, 王
其容我乎?' 又有一丈夫, 布衣韋帶, 戴白持杖, 龍鍾而步,
偏僂而來, 曰 '僕在京城之外, 居大道之旁, 下臨蒼茫之野景,
上倚嵯峨之山色, 其名曰白頭翁, 竊謂左右供給雖足, 膏粱以
充腸, 茶酒以淸神, 巾衍儲藏, 須有良藥以補氣, 惡石以觸
毒, 故, 曰雖有絲麻, 無棄菅蒯, 凡百君子, 無不代匱, 不識
王亦有意乎?' 或曰 '二者之來, 何取何捨?' 花王曰 '丈夫之
言, 亦有道理, 而佳人難得, 將如之何?' 丈夫進而言曰 '吾謂
王聰明識理義, 故, 來焉耳, 今則非也. 凡爲君者, 鮮不親近
邪佞, 疎遠正直. 是以孟軻不遇以終身, 馮唐郎潛而皓首, 自
古如此, 吾其奈何?' 花王曰 '吾過矣'." 於是, 王愀然作色曰
"子之寓言, 誠有深志, 請書之以謂王者之戒." 遂擢聰以高秩.
(三國史記)

　신문대왕(신라 31대 임금)이 5월 어느 날 높고 밝은 방
안에 있다가 설총을 돌아보면서 말하기를 "오늘은 장마가
개고 훈풍도 서늘하게 불어오니, 아무리 좋은 음식이나 음
악이 있다 하더라도 고상한 이야기와 멋진 익살 같은 것
으로 울적한 심사를 푸는 것이 좋겠군. 그대가 기이한 이
야기를 들은 것이 있으면 나를 위하여 이야기해 주지 않
겠는가?" 하였다.
　설총이 말하였다. "예, 그렇게 하겠습니다. 신이 듣사오
니, 옛날에 화왕(모란꽃)이 처음 오시므로, 이를 향기로운
정원에 심어 놓고 푸른 장막으로 잘 보호하여 줬는데, 삼

춘 가절이 되어 예쁜 꽃을 피우니, 온갖 꽃들보다 유달리 아름다웠습니다. 이에 가깝고 먼 곳에까지 아름다운 정기와 예쁜 향기를 지닌 꽃들이 분주히 찾아와서 화왕을 배알하지 않는 것이 없었고, 오직 제때에 미치지 못할까 염려하였다고 합니다.

이때 갑자기 한 아름다운 여인이 불그레한 얼굴과 옥 같은 이에, 깨끗한 옷으로 몸을 단장하고 아장아장 맵시 있는 걸음으로 화왕의 앞에 와서 말하기를 '저는 흰 눈 같은 모래밭을 밟고 거울 같은 맑은 바다를 대하며, 봄비에 목욕하여 더러운 때를 씻고, 상쾌하고 맑은 바람을 맞으며 뜻대로 살고 있사온데, 이름은 장미라고 합니다. 지금 화왕님의 높은 덕망을 듣고 향기로운 침실에서 모실까 하여 찾아왔사오니, 임금께서는 저의 뜻을 받아들여 주소서.' 하였습니다.

이때에 또 한 사람의 장부가 있어 베옷에 가죽 허리띠를 매고, 머리털은 백발이고 그 손에는 지팡이를 들고, 피로한 모습으로 허리를 구부리고 비틀거리며 찾아와서 말하기를 '저는 서울 밖의 큰 길가에 사옵는데, 아래로는 창망한 들 경치를 굽어보고, 위로는 우뚝 솟은 뻐죽뻐죽한 산악 경치를 의지하고 있사온데 이름은 백두옹(할미꽃)이라 합니다. 가만히 생각하오면, 임금님은 좌우에서 비록 온갖 물건을 충족하게 공급하며 고량진미로써 배부르게 하시고, 차와 술로써 정신을 맑게 하시고 상자에 간직한 좋은 약으로 원기를 도우시더라도 나쁜 돌의 독소가 침범하게 되므로 옛말에 〈신을 삼는 데에 명주실과 삼실이 있더라도 솔새와 기름사초의 섬유를 버려서는 안 된다〉고 하였습니다. 모든 군자들은 이렇게 모자라는 데에 대비하지 않음이 없었다고 합니다. 임금님께서는 역시 저를 받아들일 뜻이 계신지 모르겠습니다.'고 하였습니다.

이때 어떤 사람이 말하기를 '두 사람이 왔는데 어느 사람을 취하고 어느 사람을 버리겠습니까?' 하니, 화왕이 말하기를 '장부의 말도 이치가 있으나, 아름다운 여인은 얻기가 어려우니 어찌하였으면 좋을꼬?' 하자, 그 장부가 앞으로 나와서 말하기를 '저는 임금님께서 총명하시어 옳은 이치를 아실 것이라고 생각했으므로 찾아왔을 따름이온데, 지금 와보오니 그렇지 않습니다. 무릇 임금 된 분으로서 간사하고 아첨하는 사람을 가까이 하시고 바르고 곧은 사람을 멀리 하시지 않는 사람이 드뭅니다. 그러므로 맹가(맹자)는 불우하게 평생을 마쳤사오며, 풍당(馮唐)도 낭관(郞官)으로 파묻혀 늙었습니다. 옛날부터 이와 같았사온데, 전들 어떻게 하겠습니까?' 하니, 화왕은 말하기를 '내가 잘못했다. 내가 잘못했다.'고 하였다고 합니다." 하였다.

이러자, 신문대왕은 쓸쓸한 표정을 지으면서 말하기를 "그대의 우화는 참으로 깊은 뜻이 담겨 있구나. 이를 기록하여 임금 된 사람이 경계하는 말로 삼기 바란다."고 하고 마침내 설총을 높은 벼슬에 발탁하였다.

삼국유사
〈古朝鮮〉
※ 三國遺事:고려 충렬왕 때 중 일연(一然)이 지은 삼국 시대의 이면사. 5권.

魏書云 "乃往二千載, 有壇君王儉, 立都阿斯達(經云無葉山, 亦云白岳, 在白州地, 或云開城東, 今白岳宮是). 開國號朝鮮, 與高同時." 古記云 "昔桓固(謂帝釋也), 庶子桓雄, 數意天下, 貪求人世, 父知子意, 下視三危太伯, 可以弘益人間, 乃授天符印三箇, 遣往理之, 雄率徒三千, 降於太伯山頂(卽太伯今妙香山), 神壇樹下, 謂之神市, 是謂桓雄天王也. 將風伯·雨師·雲師·而主穀·主命·主病·主刑·主善惡, 凡人間三百六十餘事, 在世理化. 時有一熊一虎, 同穴而居, 常祈于神雄, 願化爲人, 時神遺靈艾一炷·蒜二十枚, 曰 '爾輩食之, 不見日光百日, 便得人形'. 熊虎得而食之, 忌三七日, 熊得女身, 虎不能忌, 而不得人身. 熊女者無與爲婚, 故, 每於壇樹下, 呪願有孕, 雄乃假化而婚之, 孕生者, 號曰壇君王儉, 以唐高卽位五十年庚寅(唐高卽位元年戊辰歲, 則五十年丁巳, 非庚寅也, 疑其未實). 都平壤城(今西京), 始稱朝鮮. 又移都於白岳山阿斯達." (三國遺事)

≪위서(魏書)≫에 이르기를 "지금으로부터 2천 년 전에 단군왕검이 도읍을 아사달(經에는 무엽산 또는 백악이라고 했는데 백주 땅에 있다. 혹은 개성의 동쪽에 있다고도 하는데 지금 백악궁이 곧 이것이다)에다 정하고, 나라를 세워 조선이라고 이름하였는데, 요임금과 같은 때다."고 하였다. ≪고기(古記)≫에 이르기를 "옛날에 환츰(속칭 환인: 帝釋을 이름)의 서자 환웅이 자주 세상에 뜻을 두고 인간 세상에 살기를 탐내었다. 아버지는 아들의 뜻을 알고 아래로 삼위(三危) 태백을 내려다보니 인간을 널리 이롭게 할

만 하므로, 곧 천부인(天符印) 세 개를 줘 가서 이를 다스리게 했다. 환웅은 무리 3천 명을 거느리고 태백산(太伯山:태백은 지금 妙香山) 꼭대기의 신단수 밑에 내려와 이를 신시(神市)라고 하니, 이분을 환웅천왕이라고 이른다. 그는 풍백(風伯)·우사(雨師)·운사(雲師)를 거느리고 식량·생명·질병·형벌·선악(도덕) 등 무릇 360여 가지 일을 맡아서 인간 세상을 잘 다스려 교화하였다.

　이때 곰 한 마리와 호랑이 한 마리가 같은 굴에서 살았는데, 늘 신웅(환웅)에게 빌어 사람이 되게 하여 달라고 원하므로, 신웅은 신령스러운 쑥 한 묶음과 마늘 스무 쪽을 주면서 말하기를 '너희들이 이것을 먹으면서 햇빛을 백일 동안 보지 아니하면 마침내 사람이 될 수 있을 것이다' 라고 하였다. 곰과 호랑이는 이것을 얻어 먹으면서 21일 동안을 삼가고 경계하였는데, 곰은 여자가 되었으나 호랑이는 잘 삼가 경계하지 않았으므로 사람이 되지 못하였다. 곰처녀는 함께 혼인할 짝이 없으므로 늘 신단수 밑에서 아기를 배게 하여 달라고 축원하므로, 환웅은 임시 사람이 되어 그와 혼인하고 아기를 배어 아들을 낳으니, 이름하여 단군왕검이라고 불렀는데, 이 시기는 요임금이 즉위를 한 지 50년이 되는 경인년이다(요임금이 즉위한 해가 무진년이라면 그 50년은 정사년이지, 경인년이 아니다. 그것이 사실이 아닌지 의심스럽다). 그는 평양(지금 서경)에 도읍하고 비로소 조선이라고 칭하였다. 또 도읍을 백악산 아사달(지금 서울)로 옮겼다.

〈朱蒙建國〉

金蛙有七子, 常與朱蒙遊戲, 技能莫及. 長子帶素言於王曰 '朱蒙非人所生, 若不早圖, 恐有後患.' 王不聽, 使之養馬, 朱蒙知其駿者, 減食令瘦, 駑者善養令肥, 王自乘肥, 瘦者給蒙. 王之諸子與諸臣, 將謀害之, 蒙母知之, 告曰 '國人將害汝, 以汝才略, 何往不可? 宜速圖之'. 於時, 蒙烏伊等三人爲友, 行至淹水(今未詳), 告水曰 '我是天帝子, 河伯孫, 今日逃遁, 追者垂及, 奈何?' 於是魚鼈成橋, 得渡而橋解, 追騎不得渡. 至卒本州(玄菟郡之界), 遂都焉, 未遑作宮室, 但結廬於沸流水上, 居之, 國號高句麗 因以高爲氏(本姓解也, 今自言是天帝子承日光而生, 故, 自以高爲氏). (三國遺事)

금와(金蛙:부여 금와왕)에게는 일곱 아들이 있었다. 그들은 늘 주몽(朱蒙:고구려의 시조 동명성왕)과 놀았으나 재주와 능력이 그를 따르지 못하였다. 이때 맏아들 대소(帶素)가 왕에게 간하기를 '주몽은 보통 사람처럼 태어난 것이 아니오니, 만약 일찍 도모하지(죽이지) 않으면 후환이 있을까 염려됩니다.' 하였으나, 왕은 그 말을 들어 주지 아니하고 그로 하여금 말을 기르게 하였는데, 주몽은 그 중에서 준마를 알아서, 먹이를 적게 주어 파리하게 만들고 노둔한 놈은 잘 먹여 살지게 만드니 왕은 살진 말을 골라 타고 파리한 놈은 주몽에게 주었다. 왕의 여러 아들들은 여러 신하들과 장차 그를 죽이려 도모하였는데, 주몽의 어머니(柳花)는 이 사실을 알고 알려 말하기를 '나라 사람들이 장차 너를 죽이려 한다. 너의 재능과 책략으로써 어디로 간들 안 되랴? 마땅히 빨리 이(피할 일)를 도모하여야 한다.' 하였다.

이때에 주몽은 오이(烏伊) 등 세 사람을 벗으로 삼고 길을 떠나 엄수(淹水: 지금 어딘지 미상)에 이르러 수신에게 아뢰기를 '나는 바로 천제의 아들이요, 화백의 외손입니다. 오늘 도망하는 길인데 쫓아오는 자가 뒤따르니 어찌하오리까?' 하였다. 이러자 물고기와 자라들이 다리를 놓아 주어 건넌 다음에 다리가 풀어지니, 뒤쫓던 군사들은 건널 수 없었다.

주몽은 졸본주(卒本州: 玄菟郡과의 경계)에 이르러 드디어 도읍을 정하였으나, 궁실을 지을 겨를이 없어 다만 집을 비류수(沸流水) 상류에 짓고 있으면서 나라 이름을 고구려라 하고, 인하여 높을 고(高)자를 성(姓)으로 삼았었다(본래 그의 성은 해(解)씨였는데 지금 자신이 천제의 아들로 햇빛을 받고 났다고 하여 스스로 고씨라고 하였다).

〈忠臣死不忘君〉
百濟末王義慈, 乃虎王之元子也. 雄猛有膽氣, 事親以孝, 友于兄弟, 時號海東曾子. 卽位, 耽婬酒色, 政荒國危, 佐平(百濟爵名) 成忠, 極諫不聽, 囚於獄中. 瘦困濱死, 書曰 '忠臣死不忘君, 願一言而死. 臣嘗觀時變, 必有兵革之事, 凡用兵, 審擇其地, 處上流而迎敵, 可以保全. 若異國兵來, 陸路不使過炭峴(一云沈峴, 百濟要害地), 水軍不使入伎伐浦(卽長嵓, 又孫梁, 一作只火浦, 又白江). 據其險隘以禦之, 然後 可也.' 王不省. (三國遺事)

백제의 마지막 임금 의자왕은 곧 호왕(虎王: 武王)의 맏

아들이다. 그는 뛰어난 용맹과 대담한 기운이 있고, 어버이를 섬김에 효도를 다하고 형제간에 우애가 있었으므로, 당시 사람들은 그를 '해동증자(海東曾子)'라고 이름하였다.

그는 왕위에 오른 뒤 주색에 빠져 정사가 거칠어지고 나라 형편이 위태롭게 되었다. 좌평(佐平:백제의 벼슬 곧 大臣) 성충(成忠)은 극진히 간하였으나, 왕은 들어주지 않고 그를 옥에 가두었다. 성충은 몸이 파리하여 거의 죽게 되었을 때, 글을 올려 말하기를 '충신은 죽더라도 임금을 잊지 않는다고 하오니, 원컨대 한 말씀 드리고 죽으려 하옵니다. 신이 일찍이 시국의 변천하는 형편을 살펴보오니 반드시 전쟁을 하는 일이 있을 것 같습니다. 무릇 군사를 쓸 때에는 그 지리를 잘 살피고 가려서, 매양 상류에 처하여 적을 맞아 싸워야 안전함을 보전할 수 있겠습니다. 만약 다른 나라 군사들이 쳐들어오거든 육로로는 탄현(炭峴:혹은 침현이라고도 하는데 백제의 군사적 요새지임)을 넘지 못하게 하시고, 수군은 기벌포(伎伐浦:곧 장암 또는 손량, 혹은 지화포 또는 백강)를 넘어 들어오게 하지 마시고, 그 험하고 좁은 곳에 의거하여 막아야만 될 것입니다.' 하였으나, 왕은 그 말을 깨닫지 못하였다.

〈獻花歌〉

聖德王代, 純貞公赴江陵太守(今溟州), 行次海汀晝饍, 傍有石嶂, 如屛臨海, 高千丈, 上有躑躅花盛開公之夫人水路見之, 謂左右曰 '折花獻者其誰?' 從者曰 '非人跡所到.' 皆辭不能. 傍有老翁牽牸牛而過者, 聞夫人言, 折其花, 亦作歌詞獻之, 其翁不知何許人. 老人獻花歌曰 '紫布岩乎邊希, 執音乎手母牛放教遣, 吾肹不喩慚肹伊賜等, 花肹折叱可獻乎理音如.(三國遺事)

 성덕왕(신라) 때 순정공(純貞公)이 강릉(지금 명주) 태수로 부임하러 가다가 바닷가에서 점심을 먹었다. 그 곁에 절벽이 병풍처럼 둘러 바닷가에 임하여 있는데, 그 높이가 천 길이나 되고 그 위에는 철쭉꽃이 만발하여 있었다. 공의 부인 수로(水路)가 이를 보고 좌우(측근)에게 말하기를 '저 꽃을 꺾어 바칠 사람이 그 누구일까?' 하니, 시자(侍者)가 말하기를 '사람의 발자취가 이를 만한 데가 아닙니다.' 하니, 모두들 불가능하다고 말하였다.
 이때에 한 늙은이가 암소를 끌고 그 곁을 지나다가 수로부인의 말을 듣고, 그 꽃을 꺾어 가지고 와서 또 노래를 지어 이와 함께 바쳤는데, 그 늙은이는 어떤 사람인지 알지 못한다. 노인의 〈헌화가〉는 이러하다.

 짙붉은 바위가에
 잡은 암소를 놓게 하시고
 나를 아니 부끄러워하신다면,
 꽃을 꺾어 바치오리다.

〈進高麗史箋〉
 ※ 高麗史 : 세종·문종 때에 김종서·정인지 등이 엮은 고려 시대의 正史. 139권으로 됨.

(前略). 竊聞新柯視舊柯以爲則, 後車鑑前車而是懲, 盖已往之興亡, 實將來勸戒, 玆紬編簡, 敢瀆冕旒. 惟王氏之肇興, 自泰封以堀起, 降羅滅濟, 合三韓而爲一家, 舍遼事唐, 尊中國而保東土, 爰革煩苛之政, 式恢宏遠之規. 光廟臨軒策士, 而儒風稍興, 成宗建祧立社, 而治具悉備. 宣讓失御, 運祚幾傾, 顯濟中興之功, 宗祐再定, 文闥太平之治, 民物咸熙, 迨後嗣之昏迷, 有權臣之顓恣, 擁兵而窺神器, 一啓於仁廟之時, 犯順而倒大阿. 馴致於毅宗之日. 由是巨姦迭煽, 而置君如碁奕, 强敵交侵, 而刈民若草菅, 順孝定大亂於危疑, 僅保祖宗之業, 忠烈昵群嬖於遊宴, 卒構父子之嫌, 且自忠肅以來, 至于恭愍之世, 變故屢作, 衰微益深, 根本更蹙於僞朝, 歷數竟歸於眞主(下略). (高麗史)

(전략) 듣자오니, '새 도끼 자루를 마련하려면 낡은 도끼 자루를 살펴 본으로 삼으며, 뒷수레는 앞수레를 거울삼으면서 경계하여야 한다'고 하오니, 대개 지난날의 흥망은 실로 닥쳐올 일을 타이르고 경계하는 바가 되는 것이라고 하겠습니다. 이에 사료(史料)를 추려서 감히 면류관을 욕되게 하옵니다.

생각하오면 왕씨(고려)의 건국은 태봉으로부터 일어나서, 신라를 항복받고 후백제를 멸망시켜 삼국을 통합하여 한 나라로 만들고, 요(遼)나라와 인연을 끊고 당나라와 친선을 도모한 규범을 마련하였습니다. 광종은 과거 제도로써 선비를 뽑아 유교의 기풍이 차츰 일어났고 성종은 종묘 사직을 세워 나라를 다스리는 기초를 완전히 갖추었습니다. 그러하오나 목종의 실정(失政)으로 국운이 기울어졌사온데, 현종은 중흥의 공력으로 종묘·사직을 다시 안정시켰고, 문종은 태평한 치적으로 백성들과 만물이 다 잘 살게 되었습니다.

그 후 뒤를 이은 임금의 혼미로 권신이 정권을 마음대로 하여, 군사를 끼고 왕위까지 엿보는 일이 인종 때에 시작되고, 반역하여 칼자루를 거꾸로 돌리는 일은 의종(毅宗) 때에 이루어졌습니다. 이로 인하여 간악한 무리들이 선동하여 임금 바꾸기를 바둑 두는 것같이 하고, 강한 적도들이 차례로 침입하여 백성들을 풀 베듯 해쳤사오나 고종·원종 때의 어진 신하와 훌륭한 장사들은 큰 난을 위경(危境)에서 평정하여, 겨우 조종(祖宗)의 위업을 보전하게 되었습니다. 그러하오나 충렬왕은 여러 여인들을 거느리고 잔치 놀이에 빠져 마침내 부자간의 혐오를 조성하였습니다.

또 충숙왕 이래로 공민왕 때에 이르기까지, 변고가 자주 일어나서 나라 형세의 쇠약함은 더욱 심하여졌고, 그 근원은 다시 우왕(禑王) 때에 더 찌그러져서, 나라의 운수는 마침내 진정한 임금(이성계)에게 돌아갔습니다. (하략)

〈訓要十條〉

二十六年夏四月, 御內殿, 召大匡朴述希, 親授訓要曰"朕聞大舜耕歷山, 終受堯禪, 高帝起沛澤, 遂興漢業. 朕亦起自單平, 謬膺推戴, 夏不畏熱, 冬不避寒, 焦身勞思, 十有九載, 統一三韓, 叨居大寶二十五年, 身已老矣. 第恐後嗣縱情肆欲, 敗亂綱紀, 大可憂也. 爰述訓要, 以傳諸後, 庶幾朝披夕覽, 永爲龜鑑. 其一曰我國家大業, 必資諸佛護衛之力. 故, 創禪教寺院, 差遣住持焚修使, 各治其業, 後世姦臣執政, 徇僧請謁, 各業寺社爭相換奪, 切宜禁之. 其二曰諸寺院, 皆道詵推占山水順逆而開創. 道詵云'吾所占定外, 妄加創造, 則損薄地德, 祚業不永.' 朕念後世國王公侯后妃朝臣, 各稱願堂, 或增創造, 則大可憂也. 新羅之末, 競造浮屠, 衰損地德, 以底於亡, 可不戒哉? 其三曰傳國以嫡, 雖曰常禮, 然, 丹朱不肖, 堯禪於舜, 實爲公心, 若元子不肖, 與其次子, 又不肖, 與其兄弟之衆, 所推戴者, 俾承大統. 其四曰惟我東方, 舊慕唐風, 文物禮樂, 悉遵其制, 殊方異土, 人性各異, 不必苟同, 契丹是禽獸之國, 風俗不同, 言語亦異, 衣冠制度, 愼勿效焉. 其五曰朕賴三韓山川陰佑, 以成大業, 西京水德調順, 爲我國地脈之根本, 大業萬代之地, 宜當四仲巡駐, 留過百日, 以致安寧. 其六曰朕所至願, 在於燃燈八關, 燃燈所以事佛, 八關所以事天, 靈及五嶽名山大川龍神也. 後世姦臣, 建白加減者, 切宜禁止. 吾亦當初誓心, 會日不犯國忌, 君臣同樂, 宜當敬依行之. 其七曰人君得臣民之心, 爲甚難欲得其心, 要在從諫, 遠讒而已, 從諫則聖, 讒言如蜜, 不信則讒自止. 又使民以時, 輕徭薄賦, 知稼穡之艱難, 則自得民心, 國富民安. 古人云'芳餌之下, 必有懸魚, 重賞之下, 必有良將, 張弓之外, 必有避鳥, 垂仁之下, 必有良民.'賞罰中則陰陽順矣. 其八曰車峴以南公州江外, 山形地勢, 竝趨背逆, 人民亦然. 彼下州郡人, 叅與朝廷, 與王侯國戚婚姻, 得秉國政, 則或變亂國家, 或啣統合之怨, 犯蹕生亂, 且其曾屬, 官寺奴婢津驛雜尺, 或投勢移免, 或附王侯宮院, 姦巧言語, 弄權亂政, 以致災變者, 必有之矣, 雖其良民, 不宜使在位用事. 其九曰. 百辟群僚之祿, 視國大小以爲定制, 不可增減. 且古典云 '以庸制祿, 官不以私,' 若以無功人及親戚私昵, 虛受天祿, 則不止下民怨謗, 其人亦不得長享福祿, 切宜戒之. 又以强惡之國爲隣, 安不可忘, 兵卒宜加護恤, 量除徭役. 每年秋, 閱勇銳出衆者, 隨宜加授. 其十曰有國有家, 儆戒無虞, 博觀經史, 鑑古戒今. 周公大聖無逸一篇, 進戒成王, 宜當圖揭, 出入觀省. 十訓之終, 皆結 '中心藏之' 四字, 嗣王相傳爲寶. (高麗史)

(태조) 26년(943) 4월에 왕은 내전에 나와서 대광(大匡) 박술희(朴述希)를 불러 친히 훈요를 주며 말하기를 "짐이 들으니 순임금은 역산(歷山)에서 농사를 짓다가 마침내 요임금한테서 왕위를 물려받았고, 한고조는 패택(沛澤)에서 입신하여 드디어는 한나라 왕업을 일으켰다고 한다. 짐도 또한 평민으로부터 출발하여 그릇 백성들의 추대를 받았는데, 여름에는 더위를 두려워하지 않고, 겨울에는 추위를 피하지 않으며, 심신으로 애쓴 지 19년 만에야 삼국을 통일하였고, 왕위에 있은 지 25년에 몸은 이미 늙었다. 다만 후사(後嗣)들이 감정과 욕망을 함부로 부려서 나라의 기강이 잘못되고 어지러워질까 큰 걱정이다. 이에 〈훈요〉를 지어 모든 후사들에게 전하니, 바라건대 이를 아침 저녁으로 펴보면서 영원히 귀감으로 삼게 하여라.

① 우리나라의 왕업은 반드시 여러 부처님들이 호위하는 힘을 입었다. 그러므로 선교(禪敎) 사찰을 창건하고,

주지와 분수사(焚修使)를 파견하여 각각 그 맡은 일을 다스리게 하였다. 후세에 간신이 정권을 잡아 중들이 청탁을 따르게 될 때에는 각 사원에서 서로 다투어 바꾸고 빼앗기를 일삼을 것이니, 마땅히 이를 금할 것이다.

② 모든 사찰은 다 도선(道詵)이 산천의 순역(順逆)을 추정하여 창건한 것이다. 도선이 이르기를 '내가 결정한 것 이외에 함부로 창건하면 지덕을 손상하고 박하게 하여 왕 없이 오래지 못할 것이다.'고 하였다. 짐은 후세에 국왕·공후·후비·조신 들이 각각 원당(願堂)이라고 칭하며 혹은 창건을 더한다면 큰 걱정거리가 되리라 생각한다. 신라 말엽에 앞다투어 절을 지어 지덕을 손상하여 나라가 망하게까지 되었으니 가히 경계할 일이 아니겠는가?

③ 왕위를 전하는 것은 적자(嫡子)로써 함이 상도(常道)이겠으나, 단주(丹朱)가 불초하여 요임금은 순임금에게 제위(帝位)를 물려주었는데, 이는 실로 공정한 마음이다. 만약 원자(元子)가 불초하면 그 다음 아들에게 물려주고, 그도 불초하면 그 형제들 중에서 여러 사람들의 추대를 받는 사람에게 왕위를 계승하게 하라.

④ 우리나라는 옛날 당나라의 풍속을 사모하여 문물과 예악이 다 그 제도를 지켜왔으나, 그 지역적 환경이 다르고 사람의 성품도 각각 다르니, 반드시 구차스럽게 같이 하려 하지 말라. 거란은 곧 금수와 같은 나라로 그 풍속이 우리와 같지 않고 언어도 다르니 의관제도를 삼가 본받지 말라.

⑤ 짐은 삼한 산천의 도움을 힘입어 위대한 왕업을 이

룩하였다. 서경(西京:평양)은 수덕(水德)이 순조롭고 우리나라 지맥의 근본이 되며 왕업을 만대로 이을 만한 곳이니, 마땅히 4중월(2·5·8·11월)을 맞으면 순주(巡駐)하여, 백일이 넘도록 머무르며 안녕을 이루도록 하라.

⑥ 짐의 지극한 소원은 연등회와 팔관회인데, 연등은 부처를 섬기는 까닭이고, 팔관은 하느님과 5악·명산·대천·용왕신을 섬기기 때문이다. 후세에 간신들 중 가감할 것을 건의하는 자가 있어도 일체 금지해야 한다. 내 또한 처음부터 마음에 맹세하기를, 연등·팔관회날에는 국기(國忌)를 범하지 않고 군신(君臣)이 함께 즐기기로 하였으니, 마땅히 삼가 이를 행하도록 하라.

⑦ 임금으로서 백성들의 인심을 얻기란 매우 어려운 것이다. 그들의 인심을 얻으려면 반드시 간하는 말을 잘 따르고 참소하는 말을 멀리하여야 한다. 간하는 말을 잘 따르면 성군이 되고, 참소하는 말은 꿀 같으나 믿지 않으면 이는 저절로 없어진다. 또 백성들을 부리되 철을 따라 하고, 부역을 가볍게 하고 세금을 적게 하여 농사짓는 어려움을 알면, 민심을 얻어 나라는 부강하고 백성은 편안하여질 것이다. 옛사람이 말하기를 '좋은 미끼를 던지면 반드시 물고기가 걸리고, 중한 상을 내리면 반드시 훌륭한 장수가 있으며, 활을 쏘는 부근에는 반드시 새들이 피하고, 인자한 정사를 베푸는 세상에는 반드시 어진 백성들이 있다.'고 하였으니, 상 줄 것은 상 주고 벌 줄 것은 벌 주면 음양이 순조로울 것이다.

⑧ 차현(車峴:차령고개) 이남과 공주강(公州江) 밖의

산과 지세는 아울러 배반과 반역형으로 뻗쳤고 인심도 그러하다. 그 아래 주군(州郡) 사람이 조정에 참여하여 왕후(王侯)·국척(國戚)과 혼인하여 국정을 잡게 되면 혹은 나라를 어지럽게 만들거나, 혹은 병합의 원한을 품고 행차를 범하여 난을 일으킬 것이고, 또 과거 관청의 노비나 진역(津驛)의 잡부에 속하였던 사람으로서, 혹은 권세가에 의지하여 신분을 바꾸고 부역을 면하며, 혹은 왕후 궁원에 붙어서 간사하고 교묘한 말로 국권을 농락하며, 정사를 문란하게 하여 재앙과 변란을 만드는 사람이 반드시 있을 것이니, 비록 양민이라 하더라도 관직에서 일을 보게 하여서는 안 된다.

⑨ 제후와 관료들의 녹봉은 국사(國事)의 대소 정도를 보아서 제도를 정하였으니 가감해서는 안 된다. 또 고전에 이르기를 '공적으로서 녹봉을 정하고 벼슬을 사심(私心)으로 하지 않아야 한다.' 하였다. 만약 공적이 없는 사람이나 친척 및 사사로이 친한 사람들이 헛되이 녹봉을 받으면 백성들의 원망과 비방이 그치지 않고, 그 사람도 오래 복록(福祿)을 누리지 못할 것이니 마땅히 이를 경계하라. 또 강포한 나라(거란)가 이웃하고 있으니, 편안할 때라도 위태로움을 잊지 말고, 군사들은 마땅히 보호와 구휼을 더하고 부역을 덜어 주며, 가을마다 용기와 날램이 뛰어난 사람을 사열하여 적당한 벼슬을 주어라.

⑩ 국가를 다스림에는 근심이 없을 때를 삼가 경계하고, 경전과 역사를 두루 살펴보고 고사를 거울삼아 현실을 경계할 것이다. 주공(周公) 같은 성인도 〈무일(無逸)〉 1편

을 올려 성왕을 경계하였으니, 마땅히 도표를 만들어 걸어 놓고 출입할 때에 살펴보도록 하라." 하였다.

〈십훈〉의 끝마다 다 중심장지(中心藏之:마음속에 이를 간직하라)라는 네 글자로 맺었는데, 뒤를 잇는 임금들은 이 〈훈요〉를 서로 전하여 보배로 삼았다.

〈金允侯〉

金允侯高宗時人, 嘗爲僧住白峴院, 蒙古兵至, 允侯避亂于處仁城. 蒙古元帥撒禮塔來攻城, 允侯射殺之. 王嘉其功, 授上將軍, 允侯讓功于人, 曰'當戰時, 吾無弓箭, 豈敢虛受重賞?' 固辭不受, 乃改稱攝郞將. 後爲忠州山城防護別監, 蒙古兵來圍州城, 凡七十餘日, 糧儲幾盡. 允侯諭厲士卒, 曰'若能効力, 無貴賤悉除官爵, 爾無不信.' 遂取官奴簿籍焚之, 又分與所獲牛馬, 人皆効死赴敵, 蒙古兵稍挫, 遂不復南. 以功拜監門衛上將軍, 其餘有軍功者, 至官奴白丁, 亦賜爵有差. (高麗史)

김윤후는 고종 때 사람이다. 그는 일찍이 중이 되어 백현원(白峴院)에 살고 있었는데, 몽고병들이 쳐들어오므로 처인성(處仁城)으로 피난하였다. 몽고 원수 살예탑(撒禮塔)이 와서 처인성을 공격하자, 윤후는 그를 쏘아 죽였다. 왕은 그의 공을 가상히 여겨 상장군의 벼슬을 주었으나, 윤후는 그 공을 남에게 사양하여 말하기를 '싸움할 때에 저는 활과 화살이 없었는데 어찌 감히 헛되이 중한 상을 받겠습니까?' 하고 굳이 사양하여 받지 않으니, 조정에서 섭랑장(攝郞將)으로 고쳐 임명하였다가 뒤에 충주산성방

호별감으로 삼았다.

  몽고병이 와서 충주성을 포위한 지 70여 일에 식량을 모아 놓은 것이 거의 다 떨어졌다. 이때에 윤후는 군사들을 타일러 말하기를, '만약 전공(戰功)이 있는 사람이면 귀천을 가리지 않고 다 벼슬을 줄 것이다. 그대들은 내 말을 믿지 않는 일이 없도록 하라.' 하고, 드디어 관노(官奴)의 장부와 문서를 가져다가 불태워 버리고, 또 노획한 마소를 나눠 주니 사람들이 모두 죽음을 무릅쓰고 적진으로 달려나가 싸웠다. 그러자 몽고병들은 기세가 좀 꺾어져 다시 남쪽으로 내려오지 못하였다. 이 싸움의 공으로 그는 감문위상장군(監門衛上將軍)으로 임명되고, 그 밖에 군공이 있는 사람은 관노·백장에 이르기까지도 차등있게 벼슬을 내렸다.

〈李　滉〉

  朝鮮王朝實錄:조선 태종 때부터 철종 때까지의 역사적 사실을 편년체로 쓴 기록. 1893권.

  滉天資粹美, 材識穎悟, 幼而喪考, 自力爲學, 文章夙成, 弱冠遊國庠. 時經己卯之禍, 士習浮薄, 以禮法自律, 不恤人譏笑, 雅意恬靜, 雖爲母老, 由科第入仕通顯, 非所樂也. 乙巳之難, 幾陷不測, 且見權奸濁亂, 力救補外以出, 旣而兄瀣忤權倖寃死. 自是決意退藏, 拜官多不就, 專精性理之學, 得朱子全書, 讀而喜之, 一遵其訓, 以眞知實踐爲務, 諸家衆說之同異得失, 皆旁通曲暢, 而折衷於朱子, 義理精微, 洞見大原, 道成德立, 愈執謙虛, 從遊講學者, 四方而至, 達官貴人, 亦傾心嚮慕, 多以講學飭躬爲事, 士風爲之丕變. 明廟嘉其恬退, 累進爵徵召, 皆不起, 家居禮安之退溪, 仍以寓號, 晩年築室陶山, 有山水之勝, 改號陶叟. 安於貧約, 味於淡泊, 利勢紛華, 視之如浮雲, 然, 平居不務矜持, 若無甚異於人, 而於進退辭受之節, 不敢分毫蹉過. 其僑居漢城, 隔家有栗樹, 數枝過墻, 子熟落庭, 恐家僮取啖, 每自手拾, 投之墻外, 其介潔如此. 上之初服, 朝野顒望, 皆以非滉, 不能成就聖德, 上亦眷注特異, 滉自以年老, 智才不足當大事, 又見世衰俗澆, 上下無可恃, 儒者難以有爲, 懇辭寵祿, 必退乃已. 上聞其卒嗟悼, 贈祭加厚, 太學及弟子, 會葬者數百人. (朝鮮王朝實錄)

이황은 타고난 자질이 아주 훌륭하고, 재주와 식견이 남보다 뛰어나게 총명하였다. 그는 어려서 아버지를 여의고 스스로의 힘으로 공부하여 문장이 숙성하고 약관에 국학(國學)에 출입하였다. 이때 기묘사화(1519)를 겪어 선비들의 기습(氣習)이 부박하였으므로, 예법을 스스로 지키면서 남들의 비웃음을 사지 않고, 고상한 뜻이 안온·침착하였는데 어머니가 늙었으므로 과거에 급제하여 벼슬길로 나가 훌륭하게 되었으나 이를 좋아하지 않았다. 을사사화(1545)로 거의 헤아릴 수 없는 형편에 빠지고, 또 권세를 가진 간신들이 내정을 어지럽힘을 보고는 스스로 외직으로 나갔는데, 얼마 안 되어 형 해(瀣)가 권신들을 거슬러 억울하게 죽음을 당하였다. 이로부터 벼슬길에서 물러나기로 결심하고, 벼슬에 임명되어도 나아가지 않고 오로

지 성리학에 정진했는데, ≪주자전서≫를 얻어서 읽으며 기뻐하고 한결같이 가르침을 지켜 그 진리를 알고 실천하는 데에 힘썼고, 여러 성리 학자들의 학설의 동이(同異)·득실(得失)을 모두 자세하게 통달하여 이를 주자의 학설에 절충하며, 올바른 도리를 자세히 연구하여 그 근본 원리를 속속들이 꿰뚫어보고, 도리를 이루고 덕행을 세워 놓았으나 더욱 겸허한 몸가짐을 지키니, 그의 뜻을 따라 공부하려는 사람이 사방에서 모여들고 높은 벼슬아치와 귀한 사람들도 마음을 기울여 사모하였다. 그는 학문을 연구하되 실천 궁행하여 선비들의 기풍이 크게 달라졌다.

명종은 그가 편안히 물러나 있는 것을 가상하게 여겨 여러 번 벼슬을 높여 불렀으나, 그는 다 나아가지 않고, 예안의 퇴계에 살면서 그대로 고을 이름(퇴계)을 호로 붙였고, 늙어서는 도산에 집을 짓고 살았는데 그 산천의 경치가 좋으므로 도수(陶叟:도산 늙은이)라고 호를 고쳤다. 그는 가난한 생활에 안정하고 담박한 삶에 취미를 붙여, 세도와 호화로운 생활을 뜬구름처럼 보았다. 그러나 일상 생활에 긍지를 힘쓰지 않아서 남보다 매우 다른 점이 없는 것 같았으나, 나서고 물러나고 사양하고 받고 하는 절도에는 감히 조금도 어긋남이 없었다.

그가 한성(서울)에 살 때에 이웃집 밤나무 몇 가지가 담장을 넘어왔다. 밤이 익어 뜰에 떨어지자 집안 아이들이 주워 먹을까 염려하여 밤이 떨어질 때마다 손수 주워서 담장 밖으로 던졌다. 그의 개결하기가 이러하였다.

선조가 처음으로 임금이 되었을 때에 백성들이 어진 정

사를 바라, 모두들 이황이 아니면 거룩한 덕망을 이룰 수 없으리라 하고, 선조 또한 특별한 뜻을 기울였으나 황은 자신의 나이가 늙어서 지혜와 재능이 큰일을 감당할 수가 없고 또 세상 풍속이 쇠약하여 상하가 믿을 수 없고, 선비로서는 일을 하기 어렵게 됨을 보고, 간곡히 임금의 사랑과 벼슬을 사양하고 물러날 따름이었다. 선조는 그의 부음을 듣고 크게 슬퍼하여 장례할 비용을 많이 보내 주었고, 태학 및 제자로서 장례에 참여한 사람이 수백 명이었다.

〈李　珥〉

十七年正月十六日, 吏曹判書李珥卒. 珥自爲兵判, 盡瘁成疾, 至是疾甚, 上委醫救藥. 時, 徐益以巡撫御史赴關北, 上令就問邊事, 子弟以爲病方少間, 不宜勞動, 請辭接應, 珥曰'吾此身只爲國耳, 正復因此加重, 亦命也.'强起延待, 口號六條方略以授之, 書畢而氣塞復甦, 踰日而卒, 年四十九. 上驚悼, 發聲哀哭, 進素膳三日, 恤典加厚, 百官僚友, 館學諸生, 衛卒市民, 流外庶官, 庶胥僕隷, 皆奔集奠哭, 窮閭小民, 往往相吊出涕, 曰'民生無福矣.'發靷之夜, 遠近會送, 炬火燭天, 數十里不絶. 珥, 京中無宅, 居家無餘栗, 親友裒賻殮葬, 且爲買小宅, 以與其家屬, 猶不能存活. 珥字叔獻, 號栗谷, 生而神異, 廓然有大志, 聰明夙慧, 七歲已能通經著書. 至性孝順. 十二歲父病, 刺臂出血, 泣禱先祠, 父病卽瘳. 爲學不雕篆, 而文章夙成, 名聞四方, 因喪母悲毁, 誤染禪學, 十九歲入金剛山, 從事戒定, 山中譁言生佛出矣. 旣而省悟其非, 反而專精正學, 不待師承, 洞見大原, 剖析精微,篤信力行. 珥資稟甚高, 充養益厚. 淸明和粹, 坦易英果, 待人處物, 一出於誠信, 恩嫌愛惡, 一毫不以介意, 人無愚智, 無不歸心. (上同)

　선조 17년(1584) 정월 16일에 이조판서 이이가 죽었다. 이(珥)는 병조판서가 된 뒤로부터 피로하여 병이 들었는데 이때에 이르러 병세가 심하여졌으므로, 왕은 의원으로 하여금 약을 써서 구제하게 하였다. 이때에 서익(徐益)이 순무어사로서 관북지방으로 부임하므로 왕은 그(珥)에게 가서 변방의 일을 묻게 하였는데, 그 자제들이 병세가 좀 나아졌으므로 수고롭게 움직이지 않음이 좋으리라 생각하여 '접견을 사양하십시오' 하였더니, 이이는 말하기를 '내 몸은 다만 나라를 위할 따름이다. 이로 인하여 다시 병이 중해진다 하더라도 운명이지.' 하고 억지로 일어나서 그를 맞이하며 구두(口頭)로 여섯 가지 방략을 불러 주어 다 쓰게 한 다음 기절하였다가 소생하였으나, 그 이튿날에 죽으니 그때 나이가 49세였다.

　선조는 그 비보를 듣고 놀라고 슬퍼하여 소리를 내어 울고, 간소한 음식을 3일 동안 올리게 하고 부의를 후하게 보내었다. 문무 백관들과 관학 제생들, 나졸, 시민들과 일반 관리와 아전, 종들까지 모두 분주히 모여들어 전(奠)을 올려 통곡하고, 일반 백성들도 서로 조상(弔喪)하고 눈물을 흘리며 말하기를 '살아 있는 백성들이 복이 없다' 하고 발인하는 날 밤에는 원근 할 것 없이 모여들어 보내는데, 횃불이 하늘을 비춰 수십 리를 잇달았다.

　이이는 서울에 집이 없었고, 그가 살던 집에는 남은 식량이 없었으므로, 벗들이 수의와 부의(賻儀)를 모아 대렴하여 장사를 지내고, 또 조그만 집을 마련하여 그 가족들에게 주었으나 그래도 잘 살아갈 수 없었다.

이이의 자는 숙헌(叔獻)이고, 호는 율곡(栗谷)이다. 그는 천생적으로 남달리 신통하여 넓고 큰 뜻을 가졌고, 총명하고 지혜로워서 7세 때에 이미 경서에 능통하였고, 성품이 지극히 효성스러웠다. 12세 때에 아버지가 병들자, 팔을 찔러 피를 내어 울면서 사당에 빌었더니 아버지 병이 나았다. 그는 애써 공부하고 문장이 숙성하여 이름이 사방에 알려졌다. 그런데 어머니가 세상을 떠나자, 슬픔으로 인하여 잘못 불교에 물들게 되어서, 17세 때에 금강산으로 들어가서 이에 전념하였는데, 산중에서 생불(生佛)이 나타났다는 말이 떠돌았다. 그는 얼마 후에 그 그릇됨을 깨닫고 나와 다시 바른 학문(儒學)을 연구하는 데에 힘을 기울였는데, 스승의 가르침을 받지 않고서 유학의 근본 도리를 속까지 환히 통달하고, 그 내용을 세밀히 분석하여 착실히 믿고 힘써 실행하였다.

이이는 천성이 아주 고상하고, 길러진 소양이 더욱 후하고, 마음이 맑고 밝고 깨끗하고 화순하고, 행동이 너그럽고 아름다워 남을 대하거나 일을 처리할 때에는 한결같이 성실한 믿음에서 나오고, 싫어하고 미워하는 일을 사랑으로 대하여 털끝만치도 마음속에 두지 않으니, 어리석고 지혜롭고를 가릴 것 없이 다 그 마음을 의지하지 않는 사람이 없었다.

〈懲毖錄序〉

懲毖錄: 선조 때에 유성룡이 지은 임진왜란의 手記. 16권.

懲毖錄者何? 記亂後事也. 其在亂前者, 往往亦記, 所以本其始也. 嗚呼! 壬辰之禍, 慘矣, 浹旬之間, 三都失守, 八方瓦解, 乘輿播越. 其得有今日, 天也. 亦由祖宗仁厚之澤, 固結於民, 而思漢之心未已, 聖上事大之誠, 感動皇極, 而存邢之師屢出, 不然則殆矣. 詩曰 '予其懲, 而毖後患.' 此懲毖錄所以作也. 若余者以無似, 受國重任於流離板蕩之際, 危不持, 顚不扶, 罪死無赦, 尙視息畎畝間, 苟延性命, 豈非寬典? 憂悸稍定, 每念前日事, 未嘗不惶愧靡容, 乃於閑中, 粗述耳其目所逮者, 自壬辰至于戊戌, 總若干言, 因以狀・啓・疏・箚・文・移及雜錄附其後. 雖無可觀者, 亦皆當日事蹟, 故, 不能去, 旣以寓畎畝惓惓願忠之意. 又以著愚臣報國無狀之罪云. (懲毖錄)

≪징비록≫이란 무엇인가? 임진왜란이 일어난 후의 사실을 기록한 것이다. 여기에는 임진왜란 전의 것도 가끔 기록하여 놓기도 하였는데, 이는 임진왜란이 시발된 근본을 밝히려는 까닭이다.

아! 임진왜란의 전화는 실로 참혹하였다. 수십 일 동안에 세 도읍지(서울・개성・평양)을 지키지 못하고 팔도강산이 부숴져 떨어졌으며, 임금은 피난길에 올라 고초를 겪었다. 오늘날을 부지하게 된 것은 하늘의 도움이고, 또한 조종(祖宗)의 어질고 후한 은택이 백성들에게 굳게 맺어져서, 그들의 나라를 생각하는 마음이 그치지 않은 탓이며, 성상께서 명나라를 위하는 정성이 그들을 감동시켜 형개(邢玠)의 군사(명나라 구원병)가 여러 번 나와 도왔기 때문이다. 그렇지 않았더라면 나라가 위태로웠을 것이다.

≪시경≫에 이르기를 '내 지난 일을 징계하여 뒷날의 근심거리를 경계한다'고 하였는데, 이것이 ≪징비록≫을 지은 까닭이다. 나같이 보잘것없는 사람이 나라의 중요한 책임을 전란중에 맡아서 그 위태로운 판국을 바로잡지도 못하고 넘어지는 형세를 붙들지도 못하였으니, 그 죄는 죽는다고 해도 용서를 받을 수 없는 것인데, 오히려 시골 구석에 살면서 구차스럽게 목숨을 이어 나가고 있으니, 어찌 성상의 너그러운 은전(恩典)이 아니겠는가?

근심과 두려움이 좀 진정되고 늘 지난날의 겪은 일들이 생각될 때마다 황송하고 부끄러워서 실로 몸둘 곳을 모르겠다. 이에 한가로움 속에서 그 견문하고 경험한 것들을 임진년(1592)부터 무술년(1598)까지 대략 기술하니, 이것이 얼마 가량 되고, 또 장계(狀啓)·소차(疏箚)·문이(文移)와 및 잡록(雜錄)을 그 뒤에 붙여 놓았다. 이는 비록 볼 만한 것이 못 되지만, 이 또한 그 당시의 사적(事蹟)들이므로 빼놓을 수 없는 것이다. 이것으로써 전원(田園)에 몸을 의지하며 참된 마음으로 나라에 충성하는 뜻을 표하고, 또 어리석은 신하로서 나라의 은혜에 보답할 공적이 없는 죄를 밝힌다.

② 敎養類

〈五倫〉

※ 童蒙先習:조선 중종 때에 박세무(朴世茂)가 어린이를 위하여 지은 윤리적인 교양서. 1책.

天地之間, 萬物之衆, 惟人最貴, 所貴乎人者, 以其有五倫也. 是故, 孟子曰 '父子有親・君臣有義・夫婦有別・長幼有序・朋友有信.' 人而不知有五常, 則其違禽獸不遠矣. (童蒙先習)

하늘과 땅 사이에는 온갖 물건이 많지만, 그 중에서 오직 사람이 가장 고귀하다. 사람을 귀하다고 하는 까닭은 그들에게 다섯 가지 인륜이 있기 때문이다. 이런 까닭으로 맹자는 말하기를 '아버지와 아들 사이에는 친애함이 있어야 하고, 임금과 신하 사이에는 의리가 있어야 하고, 남편과 아내 사이에는 분별이 있어야 하고, 어른과 어린이 사이에는 질서가 있어야 하고, 벗들 사이에는 믿음이 있어야 한다.'고 하였다.

사람으로서 항상 지켜야 할 다섯 가지의 바른 행실이 있음을 알지 못하면 금수와 거리를 둠이 멀지 않다.

〈廉義〉

※ 明心寶鑑:고려 충렬왕 때 사람 추적(秋適)이 어린이들의 교육을 위해서 여러 책에서 뽑아서 만든 교양서. 1책.

高句麗平原王之女, 幼時好啼, 王戲曰 '以汝將歸于愚溫達.' 及長, 欲下嫁于上部高氏, 女以王不可食言, 固辭, 終爲溫達之妻. 蓋溫達家貧, 行乞養母, 時人目爲愚溫達也. 一日, 溫達自山中負楡皮而來, 王女訪見曰 '吾乃子之匹也.' 乃賣首飾, 而買田宅器物, 頗富, 多養馬以資溫達, 終爲顯榮.
(明心寶鑑)

　고구려 평원왕(平原王)의 딸(平岡公主)은 어렸을 때에 잘 울어서, 왕이 희롱하여 말하기를 '너를 장차 바보 온달(溫達)에게 시집보내야겠다.' 하였다. 그가 자라게 되자 왕은 상부(上部)의 고씨에게 시집보내려 하니, 공주는 '임금으로서 거짓말을 해서는 안 됩니다.'라며 굳이 사양하고 마침내 온달의 아내가 되었다.

　온달은 집이 가난하여 돌아다니며 밥을 빌어 그 어머니를 봉양하였으므로, 이때 사람들은 그를 가리켜 '바보 온달'이라 하였다. 그런데 하루는 온달이 산에서 느릅나무 껍질을 벗겨 짊어지고 돌아오니, 평강공주가 찾아와서 그를 보고 말하기를 '저는 당신의 배필입니다.'라고 하여 부부가 되고는 머리에 꽂는 장식품을 팔아서 전답과 집, 그릇 등속을 사서 자못 부유하게 살게 되고 많은 말을 기르며 온달을 도와서, 마침내 벼슬과 명망이 높아지고 영화를 누리게 되었다.

〈持身〉

　※ 擊蒙要訣:선조 때의 유학자 이이(李珥)가 젊은이들의 심신 수양을 위해 엮은 교양서. 1책.

　學者必誠心向道, 不以世俗雜事, 亂其志, 然後 爲學, 有基址. 故, 夫子曰 '主忠信.' 朱子釋之曰 '人不忠信, 事皆無實, 爲惡則易, 爲善則難, 故, 必以是爲主焉.' 必以忠信爲

主, 而勇下工夫, 然後 能有所成就. 黃勉齋所謂, 眞實心地・刻苦工夫, 兩言, 盡之矣. (擊蒙要訣)

학업을 닦는 사람은 반드시 참된 마음으로 그 길로 향하고, 세상의 여러 가지 일로 해서 그 뜻을 어지럽히지 않은 연후에 공부를 해나가야만 그 기초가 잡히는 것이다. 그러므로 공자는 말하기를 '진심을 다하고 거짓이 없는 것을 으뜸으로 한다.' 하였고, 주자는 이를 해석하여 말하기를 '사람이 참되고 미덥지 않으면 하는 일이 다 진실함이 없어서, 악하게 되기는 쉽고 착하게 되기는 어렵다. 그러므로 반드시 이를 으뜸으로 삼아야 한다.' 하였다. 그러니, 반드시 참되고 미더움을 으뜸으로 삼고 용감하게 공부를 해나간 다음에야 능히 성취되는 것이 있을 것이다. 황면재(黃勉齋)의 이른바 '참되고 성실한 마음을 바탕으로 애써 공부하라.'는 두 마디의 말은 그 뜻을 다 말하였다고 하겠다.

〈諭四學諸生文〉

※ 海東續小學 : 조선 고종 때에 박재형(朴在馨)이 젊은이의 심신 수양을 위하여 중국의 ≪소학≫을 본떠서 만든 교양서. 6권.

退溪先生諭四學諸生曰 '國家設學養士, 其意甚隆, 師生之間, 尤當以禮義相先, 師嚴生敬, 各盡其道. 自今諸生, 凡日用飲食, 無不周旋於禮義之中, 惟務相飭勵, 灑濯舊習, 推入事父兄之心, 爲出事長上之禮, 內主忠信, 外行遜悌, 以副國家右文興學設校養士之意. (海東續小學)

퇴계 선생이 4부학당의 여러 학생들에게 타이르기를

'나라가 4부학당을 설치하고 선비를 양성하는 그 뜻은 매우 큰 것이니, 스승과 학생 사이에는 마땅히 예절과 의리를 서로 먼저하며, 스승은 엄격하고 학생은 공경하여 각각 그 맡은 바 도리를 다할 것이다. 지금으로부터 여러 학생들은 일상 생활에 있어 예절과 의리에 맞도록 행동하지 않는 일이 없어야 하며, 오직 서로서로 경계하고 격려하여 낡은 습관을 깨끗이 씻어 버리기에 힘쓰고, 집안에 들어와서 부형을 섬기는 마음을 미뤄, 나아가 어른을 섬기는 예절을 다하며, 안으로는 참되고 미더운 마음가짐을 으뜸으로 삼고, 밖으로는 공손하고 공경하는 행실을 실천하여 나라에서 글을 숭상하고 학문을 일으키고 학교를 설치하고 선비를 양성하는 뜻에 부응하도록 하라.' 하였다.

〈見金如石〉

崔侍中瑩年十六, 父雍戒之, 曰 '汝當見金如石.' 公終身佩服, 服食儉約, 屢至空乏, 見乘肥衣輕者, 不啻如犬豕, 雖身都將相, 久典兵權, 關節不行, 賞賜民田, 皆固辭不受. (上同)

시중 최영이 나이 열여섯 살 때(1331)에 아버지 옹(雍)은 그를 경계하여 말하기를, '너는 마땅히 황금(돈)을 보기를 돌같이 하라.' 하였는데, 공은 죽을 때까지 이 말을 마음속에 새겨서 의식(衣食)을 검소·절약하여 여러 번 궁핍한 지경에 이르렀다. 공은 살진 말을 타고 좋은 옷을 입은 사람을 보면 개돼지같이 여길 뿐만 아니라, 비록 그의 신분이 장수와 재상을 지냈고, 오랫동안 병권(兵權)을 맡아 보았어도, 뇌물을 주고받는 따위의 부정을 행하지 않았고, 나라에서 상으로 내려 준 민전(民田)도 다 굳이 사양하고 받지 않았다.

〈麻衣太子〉

※ 東京誌(東京通志) : 고려 때에 동경(경주)의 내력을 적은 책, 14권. 작자 미상.

敬順王謀降高麗, 王子曰 '國之存亡, 必有天命, 當與忠臣義士, 收合人心, 以死自守, 力盡後已. 豈宜以一千年社稷, 輕以與人?' 王不聽, 王子哭泣辭王, 徑入皆骨, 巖倚草屋, 麻衣草食, 以終其身. 史臣曰 '王子義烈, 可與北地王諶爭光明, 而名不傳, 不獨安市城主之失其身名, 東方文獻埋沒可惜.'(東京誌)

(신라) 경순왕이 고려에 항복하려고 도모하자, 왕자(마의태자)가 말하기를 '나라의 존망은 반드시 천명에 달려 있는 것이니, 마땅히 충신·의사(義士)와 더불어 백성들의 마음을 거두어 모아 가지고, 죽음으로써 스스로 지키다가 힘이 다 없어진 후에 그만두어도 좋겠는데, 어찌 1천년 동안 이어온 사직(나라)을 하루아침에 가벼이 남에게 주어야 합니까?' 하고 반대하였으나, 왕은 들어주지 않았다. 그러자 왕자는 슬피 울면서 왕을 하직하고 길을 떠나 개골산(설악산의 寒溪山古城)으로 들어가서 항거하다가, (금강산으로 옮겨) 바위에 의지하여 초막을 짓고, 베옷을 입고 나물을 뜯어먹으며 살다 그 일생을 마쳤다. 사신이 말하기를 '왕자의 의로운 정열은 가히 북쪽 지방의 왕심

(王誐)과 그 광명을 다툴 만하나, 그 이름도 전하지 않는다. 뿐만 아니라 저 안시성주의 훌륭한 이름도 잃어버렸다. 우리나라의 옛날 문헌이 많이 매몰된 것은 가히 애석한 일이다.' 하였다.

〈八馬碑〉
※東國輿地勝覽: 조선 성종 때에 노사신(盧思愼) 등이 엮은 우리 나라 팔도 지리지. 50권.

崔碩(高麗順孝主時人), 知昇平府, 以廉謙稱. 府故事, 邑倅替還, 必贈八馬惟所擇. 碩秩滿還, 邑人進馬請擇良, 碩笑曰 '馬能至京, 足矣, 何擇爲至家?' 歸其馬, 邑人不受. 碩曰 '吾守汝邑, 吾有牝馬生駒, 今帶以來, 是我之貪也.' 竝其駒還之. 自是贈馬之幣, 遂絶, 邑人頌德立石, 號八馬碑. (東國輿地勝覽)

최석(고려 충렬왕 때의 사람)은 승평부사(昇平府使)가 되었는데, 청려하고 겸손한 사람이라고 칭찬받았다. 이 고을의 옛 풍속으로 원님이 갈려 돌아갈 때에는 반드시 말 여덟 필을 주면서 좋은 말로 가려 가게 하였다. 최석도 임기가 차서 돌아가게 되었는데, 고을 사람들이 말을 올리면서 좋은 말을 가려 가라고 청하였다. 최석은 웃으면서 말하기를 '말은 서울까지 타고 돌아가면 충분하지, 무슨 까닭으로 집에까지 그런 말을 가려 가지고 돌아간다는 말인가?' 하고 그 말을 돌려 보냈으나, 고을 사람들은 그 뜻을 받아들이지 않았다.

석은 말하기를 '내가 그대들의 고을 원으로 부임할 때에 빈마(牝馬:암말)를 가지고 갔었는데, 그놈이 망아지를 낳아서 데리고 왔으니 이것도 나의 탐욕이다.' 하며 그 망아지도 아울러 돌려 보냈다. 그로부터 원님이 교체될 때에 말을 보내 주던 폐습은 드디어 끊어졌는데, 고을 사람들은 그 덕망을 칭송하는 비석을 세우고 이를 팔마비(八馬碑)라고 불렀다.

〈丹心歌〉

※ 海東樂府 : 광해군 때 심광세(沈光世)가 지은 우리 나라 사시집(史詩集). 1책.

圃隱鄭先生夢周, 麗季爲侍中, 忘身殉國, 欲扶社稷. 我太祖設宴, 請之作歌, 侑酒以觀其意, 圃隱作歌送酒, 曰 '此身死了死了, 一百番更死了, 白骨爲塵土, 魂魄有也無, 向主一片丹心, 寧有改理也歟?' (海東樂府)

포은 정몽주 선생은 고려 말엽에 시중이 되어, 몸을 나라에 바치어 기울어지는 사직을 붙들려 하였다. 어느 날 태조(이성계)는 잔치를 베풀어 그에게 노래짓기를 청하고 술을 권하며 그 뜻을 살펴보았는데, 포은은 노래를 지어 술잔을 돌려 보내며 말하기를 '이 몸이 죽고 죽어 일백 번 고쳐 죽어, 백골이 진토되어 넋이야 있고 없고, 임 향한 일편단심이야 가실 줄이 있으랴?' 하였다.

〈嘉 言〉

張旅軒先生曰 '虛爲萬實之府, 靜爲萬化之基, 貞爲萬事之榦, 謙爲萬益之柄, 儉爲萬福之源.' (海東續小學)

장여헌(張旅軒:顯光) 선생이 말하기를 '빈 것은 온갖 것을 채우는 창고가 되고, 고요한 것은 온갖 것을 변화시키는 터전이 되고, 곧은 것은 온갖 일의 줄기가 되고, 겸손한 것은 온갖 이로움의 근본이 되고, 아끼는 것은 온갖 행복의 근원이 되는 것이다.' 하였다.

〈莊 陵〉
端宗大王遜于寧越, 賜死之日, 人皆畏懼, 莫敢收斂, 有一老吏嚴興道, 具棺槨衣衾, 自擇葬地, 備諸需而厚葬. 其族屬, 以大禍將迫, 止之, 吏曰 '爲善受罪, 吾所甘心.' 遂成其墓, 今莊陵. (上同)

단종대왕이 임금 자리를 내놓고 영월에 있다가 사사(賜死)하던 날, 사람들은 모두 두려워하여 감히 시체를 거두어 묻는 사람이 없었는데, 한 늙은 아전(영월호장) 엄흥도(嚴興道)가 관곽과 수의를 갖추어 가지고 가서, 스스로 장사지낼 곳을 가려 온갖 제수를 마련한 다음 후하게 장사를 지냈다. 이때에 그 일가 사람들은 큰 화가 닥칠 것이라면서 이를 만류하려 하였으나, 그는 말하기를 '선행을 하다가 벌을 받는 것은 나는 마음으로 달게 여기는 바다.' 하고, 드디어 그 무덤을 만들었는데, 그것이 지금의 장릉(莊陵)이다.

〈烈女崔氏〉
烈女崔氏, 叅判致雲之女. 少時, 父敎以詩書, 夫死, 爲文以祭, 曰 '鳳凰于飛和鳴樂只, 鳳飛不下凰獨哭只. 搔首問天

天默默只, 天長地闊恨無極只. (上同)

　열녀 최씨는 참판을 지낸 최치운의 딸이다. 어릴 때에 아버지가 시서를 가르쳤는데, 남편이 죽으니 글을 지어 제사를 지냈다. 그 시가의 내용은 이러하다.

　　봉황 한 쌍이 하늘로 날아
　　정답게 노래부르면서 즐기다가
　　수컷이 황천으로 날아가서 내려오지 않으니
　　암컷만 홀로 울고 다닙니다.
　　머리를 쥐어뜯으며 하늘에 물어 봐도
　　하늘은 묵묵히 대답이 없고,
　　하늘은 까마득하고 땅은 드넓고
　　한은 끝이 없습니다.

③ **文章類**
〈夜出古北口記〉

※ 熱河日記:정조 때에 박지원(朴趾源)이 열하를 다녀온 견문기. 26권.

自燕京至熱河也, 道昌平則西北出居庸關, 道密雲則東北出古北口. 自古北口循長城, 東至上海關七百里, 西至居庸關二百八十里, 中居庸山海, 而爲長城險要之地, 莫如古北口. 蒙古之出入, 當爲其咽喉, 則設重關以制其陘塞焉.(中略) 夜出古北口, 時夜已三更, 出重關, 立馬長城下, 測其高, 可十餘丈. (中略) 其城下, 乃飛騰戰伐之場, 而今四海不用兵矣, 猶見其四山圍合, 萬壑陰森. 時月上弦而蟲聲四起, 長風蕭然, 林谷俱鳴. 其獸嶂鬼巘. 如列戟摠于而立, 河潟兩山間鬪狼, 如鐵馬金鼓也. 天外有鶴鳴五六聲, 淸戞如笛聲長嫋, 或曰此天鵝也. (中略) 余自幼, 膽薄性怯, 或晝入空室, 夜遇昏燈, 未嘗不髮動脈跳, 今年四十四, 其畏性如幼時也. 今中夜獨立於萬里長城之下, 月落河鳴, 風凄燐飛, 所遇諸境, 無非可驚可愕, 可奇可詭, 而忽無畏心, 奇興勃勃, 公山草兵, 北平虎石, 不動于中, 是尤所自幸者也. (下略) (熱河日記)

연경(燕京)으로부터 열하에 이르는데, 창평(昌平)을 거치면 서북으로 거용관(居庸關)에 나오게 되고 밀운(密雲)을 거치면 동북으로 고북구(古北口)에 나오게 된다. 고북구로부터 만리장성을 돌면 동쪽으로 산해관(山海關)에 이르기까지는 700리이고, 서쪽으로 거용관에 이르기까지는 280리인데, 거용관과 산해관의 중간 지점에 있으면서 만리장성의 중요한 곳으로는 고북구만한 곳이 없다. 몽고인들이 출입하는 데에는 여기가 항상 그 숨통이 되는 곳이므로, 겹으로 관문을 설치하여 그 요새를 감당하고 있다.

밤에 고북구를 나오니 때는 이미 삼경이다. 겹으로 쌓은 관문을 나와서 말을 만리장성 아래 세워 놓고, 그 높이를 헤아려 보니 10여 길이나 되겠다. 그 성 밑은 곧 날고 뛰고 치고 베던 싸움터로 지금은 여러 나라가 군사를 쓰지 않지만, 오히려 사방으로 산이 둘러싸이어 수많은 골짜기가 음산하다.

때마침 상현달이 산마루턱에 걸려 떨어지려 하는데, 그 빛이 칼을 달궈 물에 담가 시퍼렇게 갈아 놓은 것 같다. 조금 있다가 달이 산마루로 기울어지니, 오히려 뾰족한 두

끝을 드러내어 갑자기 불빛처럼 붉게 변하여 두 개의 불똥이 산마루에 솟은 듯하다. 북두칠성은 반쯤 관문 속에 꽂혔는데, 벌레 소리는 사방에서 일어나고, 거센 바람은 쓸쓸하여 숲과 골짜기가 함께 울린다. 그 짐승 같은 언덕과 귀신 같은 바위들은 창을 벌여 꽂은 듯, 방패를 모아 놓은 듯하고, 물결이 두 갈래 산골에서 쏟아져 흐르는 소리가 군사들이 싸울 때에 말을 달리고 북을 울리는 소리와 같다. 하늘 저편에서 학 울음소리가 대여섯 번 들리는데, 맑고 길게 뻗침이 피리 부는 소리처럼 간드러진다. 어떤 사람은 이를 거위 울음소리라고 했다.

나는 어려서부터 담력이 작고 겁이 많은 성품이라, 혹 낮에 빈 방에 들어가거나 밤에 등불만 희미해도, 아닌게 아니라 머리털이 쭈볏쭈볏하고 혈맥이 뛰었는데 올해 44세가 되었지만 그 두려워하는 성품은 어릴 때와 같다. 지금 밤중에 홀로 만리장성 밑에 서 있으려니, 달은 떨어지고 강물은 울리고, 바람결은 처량하고 반딧불은 반짝여, 당하는 바 여러 가지 환경이 놀랍고 두렵고 기이하고 괴이하지만, 문득 두려운 마음이 없어지고 기이한 흥취가 일어나서 팔공산(八公山)의 초목병이나 북평(北平)의 호석(虎石)도 나를 놀래 움직이지 못하니 이 더욱 다행스러운 것이다.

〈訣告我二千萬同胞兄弟文〉
※ 閔泳煥:구한 말의 충신. 1905년 을사조약이 체결되자 이 글을 남기고 자결하였다.

國恥民辱, 乃至於此, 我人民, 將且殄滅於生存競爭之中. 大抵苟且要生者死, 期死者還生, 諸公何不諒此? 泳煥一死, 仰報皇恩, 幷謝我二千萬同胞, 泳煥雖死不死, 陰助諸君於九泉之下, 我同胞二千萬奮勵, 堅確志氣, 益勉學問, 結心戮力, 回復我自由獨立, 死者喜笑於冥冥之中. 訣告于二千萬同胞兄弟. (閔泳煥)

나라의 부끄러움과 백성의 욕됨이 이 지경에 이르렀으니, 우리 국민들은 장차 생존경쟁 속에 죽어 없어지리라. 대저 구차스럽게 살려고 하는 사람은 죽고 죽음을 기약하는 사람은 도로 살아날 것인데, 여러분은 어찌하여 이를 헤아리지 못하는가? 영환은 한번 죽어 나라의 은혜를 갚고, 아울러 우리 2천만 동포에게 사과하련다. 영환은 비록 죽더라도 죽지 아니하고, 가만히 여러분을 저승에서 도울 것이니, 우리 2천만 동포들은 힘써 격려하여 그 의지와 기운을 확고하게 하고, 더욱 학문에 힘쓰고, 마음을 단결하고 힘을 다하여 우리나라의 자유와 독립을 회복한다면, 죽는 나도 저승에서 기뻐할 것이다. 2천만 동포형제들에게 이별을 알린다.

〈訓民正音〉
世宗二十八年, 王以爲諸國各制文字, 以記其國之方言, 獨我國無之, 遂親制正音二十八字, 開局禁中, 命鄭麟趾・申叔舟・成三問・崔恒 等, 詳加解釋, 名曰訓民正音. 正音分爲初中終聲, 字雖簡易, 轉換無窮, 諸語音文字所不能記者,

悉通無礙. (下略) (文獻撮錄)

　세종 28년(1446)에 왕은 '여러 나라가 각각 문자를 만들어서 그 나라의 말을 기록하지만, 오직 우리나라만이 없다.' 하고 드디어 친히 정음(正音) 28자를 만들고, 이에 관한 관청을 궁중에 설치하여, 정인지·신숙주·성삼문·최항 등에게 명하여 자세히 해석을 더하게 하고, 이름하기를 '훈민정음'이라고 하였다.
　훈민정음은 첫소리·가운뎃소리·끝소리로 만들었는데, 그 글자는 비록 간편하고 쉽지만, 그 변화와 활용법이 무궁하여 모든 말과 소리 중에 글자로 기록할 수 없는 것까지 다 통용하여 거리낌이 없었다.

〈上疏文〉
※ 己卯錄:효종 때의 김육(金堉)이 기묘사화(1519)에 관한 사실을 적은 책.

伏以人主之心, 莫善於公, 莫病於偏. 公則生明, 偏則生闇, 明而於天下之事, 無所不通, 闇而於天下之事, 無所不蔽. 故, 人主苟能公而明, 則事之是非, 人之邪正, 幾雖未形, 而能燭能察, 如或偏而闇, 則事之是非, 人之邪正, 迹雖已著, 而不知不悟. 然則, 天下國家之一治一亂, 君子小人之一消一長, 豈不由於君心之公與不公, 明與不明哉? 然, 人主之心, 非本不公也, 一失於偏則不公, 非本不明也, 一入於闇則不明. 偏則不惟偏於一也, 事事人人而闇焉. 夫如是則是非安得不倒, 邪正安得不混, 善言何自而入, 善化何由而出乎? 國脉日斲, 猶固其非, 士氣日喪, 而猶不知悔, 卒之宗社傾覆, 而國家顚亡者何限? 故, 君子恐其不公, 而小人幸其偏, 君子恐其不明, 而小人幸其闇. 是故, 君子愛君, 而欲行其道, 小人謬己, 而欲遂其利. 爲人君者, 可不公一心之源, 不使偏繫得以害之, 明一心之本, 不使昏闇得以間之, 扶植正道, 拔去邪慝哉? 公則不惟公於一也, 事事人人而公焉, 明則不惟明於一也, 事事人人而明焉. 夫如是則是非以之而得定, 邪正以之而得下, 襃一而可以勸萬, 懲一而可以礪百, 公論得以勝私議, 陽剛得以伏陰柔, 元氣益隆, 國祚愈長, 豈不美哉? (己卯錄續集)

엎드려 생각하오니, 임금의 마음은 공정한 것보다 좋은 것이 없고, 편벽한 것보다 걱정거리가 없습니다. 공정하면 밝은 점이 생기고 편벽하면 어두운 점이 생깁니다. 밝으면 세상일에 통하지 않은 것이 없고, 어두우면 세상일에 가려지지 않는 것이 없습니다. 그러므로 임금이 진실로 공정하고 밝으면, 일의 옳고 그른 점과 사람의 그릇됨과 올바름에 있어서 그 기미가 비록 이미 나타났더라도 알지 못하고 깨닫지 못하게 됩니다. 그렇다면 세상과 나라가 다스려지고 어지러워지는 것과 군자와 소인이 사라지고 성하여짐이 어찌 임금의 마음이 공정함의 여부와 밝고 어두움에 말미암지 않으오리까? 그러하오나 임금의 마음이 본래 공정하지 않음은 아니지만, 한 번 편벽한 데로 빠지면 공정하지 못하게 되고, 본래 밝지 않음이 아니지만 한 번 어두운 데로 빠지면 밝지 못하게 되는 것입니다. 편벽하여지면

한 가지 일에만 편벽할 뿐 아니라, 일이나 사람에게도 어두워집니다. 대체로 이와 같이 된다면 옳고 그름이 어찌 뒤틀리지 않으며, 그릇됨과 올바름이 어찌 혼돈되지 않으며, 착한 말이 어디로부터 들어오고, 착한 교화가 어디로부터 나오리이까?

나라의 명맥이 날마다 깎이어도 오히려 그 그릇된 점을 고집하고, 사기(士氣)가 날마다 상실되어도 오히려 뉘우칠 줄 알지 못하다가, 마침내는 종묘와 사직이 기울어져 엎어지고 나라가 넘어져 망한 것이 얼마나 많습니까? 그러므로 군자는 임금이 공정하지 못할까 염려하고 소인은 임금이 편벽하게 되는 것을 다행으로 여기며, 군자는 임금이 밝지 못할까 염려하고 소인은 임금이 어두워지는 것을 다행으로 여기는 것입니다. 이런 까닭으로 군자는 임금을 사랑하여 그 올바른 도리를 행하려 하고, 소인은 자기를 그릇되게 만들어 그 이익을 성취하려 합니다.

임금된 사람은 한 마음의 근원을 공정하게 하여 편벽되어 해(害)를 당하지 않게 해야 하며, 한 마음의 근본을 밝게 하여 어두운 점으로 하여금 틈나지 않게 하여 올바른 도리를 뿌리박아 주고, 사특한 짓을 뽑아 없애지 않으오리까? 공정하여지면 한 가지 일에만 공정할 뿐 아니라 일이나 사람들에게 공정하여지고, 밝아지면 한 가지 일에만 밝아질 뿐 아니라 일이나 사람들에게 밝아질 것입니다. 대체로 이렇게 된다면, 옳고 그른 점이 이로 해서 정하여지고, 그릇됨과 올바름이 이로 인해서 가려져서, 한 사람을 표창하면 만 사람을 권장하게 되고, 한 사람을 징계하면 백 사람을 깨끗하게 만들어서, 공명정대한 의론이 사사로운 의론을 이기고, 밝고 굳센 기운이 어둡고 나약한 기운을 눌러서, 원기는 더욱 크게 일어나고 나라의 운수는 더욱 더 발전할 것이오니 어찌 훌륭하지 않으오리까?

〈愛生惡死〉

※ 李睟光 : 조선 중엽의 명신. 호는 지봉(芝峰), 시호는 문간(文簡), 실학(實學)의 선구자. 저서에 ≪지봉유설(芝峰類說)≫ 등이 있다.

愛生惡死, 人與物同也. 但人有智, 而物無智, 人能言, 而物不能言, 人力能制物, 而物不能制人. 故, 殺而食之不忌, 此豈天理? 爲君子者, 宜有惕念哉? (李睟光)

살기를 좋아하고 죽기를 싫어하는 것은 사람과 동물이 한가지다. 다만 사람은 지혜가 있으나 동물은 지혜가 없으며, 사람은 말을 할 수 있으나 동물은 말을 할 수 없고, 사람의 힘은 동물을 제어할 수 있으나 동물은 사람을 제어할 수 없다. 그러므로 잡아먹기를 꺼리지 않으니 이 어찌 하늘의 도리리오? 군자 된 사람은 마땅히 두려워하는 생각을 가져야 할 것이다.

〈伸救箚〉

※ 鄭琢 : 선조 때의 명신. 호는 약포(藥圃), 시호는 정간(貞簡). 벼슬은 좌의정. 그는 경사·천문·지리·병법에 능통하고, 이순신 ·곽재우(郭再祐)·김덕령(金德齡) 등 명장을 발탁했다.

(前略) 夫將臣者, 軍民之司命, 國家危急之所係, 其重如此, 故, 古之帝王, 委任閫寄, 別示恩信, 非有大何, 則曲護而全安之, 以盡其用, 厥意有在. 大抵人才, 國家之利器, 雖至於譯官算士之類, 苟有才藝, 則皆當愛惜, 況如將臣之有才者, 最關於敵愾禦侮之用, 其可一任用法, 而不爲之饒貸耶? 舜臣實有將才, 才兼水陸, 無或不可, 如此之人, 未易可得. 邊民之所屬望, 敵人之所嚴憚. 若以律名之甚嚴, 而不暇容貸, 不問功罪之相準, 不念功能之有無, 不爲徐究其情勢, 而終致大譴之地, 則有功者無以自勸, 有能者無以自勵, 雖至挾憾如元均者, 恐亦未能自安. 中外人心, 一樣解體, 此實憂危之象, 而徒爲敵人之幸. 一舜臣之死, 固不足惜, 於國家所關非輕, 豈不重可爲之慮乎? (下略) (鄭琢)

　장신(將臣)에게는 군민(軍民)의 생명이 맡겨지고 국가의 안위가 달려 있는 것입니다. 그 중요함이 이와 같은 까닭으로, 옛날 제왕이 병권을 맡길 때에 특별히 은혜와 미더움을 보이고 큰 잘못이 없으면 곡진하게 보호하고 전적으로 그 완전함을 보장하며, 그 역량을 다 발휘하도록 한 것이오니, 그 의의가 실로 이에 있는 것입니다. 대체로 인재는 나라의 이기(利器)이므로, 비록 통역관이나 계산사라 하더라도 참으로 재주가 있으면 다 사랑하고 아낌이 마땅하옵는데, 하물며 장신으로서 재능이 있는 사람은 적을 막는 데에 가장 중요하게 쓰일 것이옵거늘, 그런 책임을 맡길 장신에게 어찌 좀 잘못이 있다고 하여 법대로만 다스리고 너그럽게 용서하지 않으오리까?

　순신(舜臣)은 실로 장수 재목입니다. 그 재주는 수륙을

겸하여 어떤 일이라도 능하지 않은 것이 없사오니, 이 같은 사람은 쉽사리 얻을 수 없습니다. 그러므로 변방 백성들이 희망을 붙이는 바요 적들이 꺼리는 바이온데, 만약 율령의 명분이 엄격하다고 해서 조금도 용서하지 않으시며, 또한 공과 죄의 경중을 묻지 않거나, 공과 능력의 유무를 생각하지 않으며, 좀 서서히 그 사정을 따져 보지 아니하시다가 마침내 크게 잘못되는 처지에 이른다면, 공이 있는 사람은 스스로 애를 쓰지 않을 것이오며, 유능한 사람은 스스로 힘을 쓰지 않을 것이오며, 비록 원한을 품고 있는 원균(元均)과 같은 사람이라 할지라도 역시 스스로 편안하게 지낼 수 없게 될까 염려할 것입니다. 이렇게 되면 온 나라 백성들의 마음이 한결같이 풀어지고 말 것이오니, 이는 실로 근심스럽고 위태로운 형상이오며, 한갓 적도들에게 다행한 일이 될 뿐입니다.

한 사람 순신의 죽음은 실로 애석하지 않으오나, 나라에 관계되는 것은 가벼운 일이 아니오니, 어찌 신중하게 생각하지 않으오리까?

〈賑恤飢民〉

※ 柳成龍:선조 때의 명상(名相). 호는 서애(西厓). 시호는 문충(文忠). 저서로 ≪서애집(西厓集)≫, ≪징비록(懲毖錄)≫ 등이 있다.

請發軍糧餘粟, 賑恤飢民, 許之. 時賊據京城已二年, 鋒焰所被, 千里蕭然, 百姓不得耕種, 餓死殆盡. 城中餘民, 聞余在東坡, 扶携擔負而至者, 不許其數. 查總兵於馬山路中, 見小兒匍匐飮死母乳, 哀而收之, 育於軍中, 謂余曰 '倭賊未退, 而人民如此, 將奈何?' 乃歎息曰 '天愁地慘矣.' 余聞之, 不覺流涕. (柳成龍)

 군량의 남은 곡식을 내어 굶주린 백성들을 구제하자고 청하였더니 이를 윤허하였다. 이때 왜적은 서울을 점거한 지 이미 2년이나 되었으므로, 병화로 인한 피해 때문에 천리길이 쓸쓸하고, 백성들은 농사를 지을 수가 없어서 굶어죽거나 거의 없는 상태였다. 성 안에 남아 있던 백성들은 내가 동파(東坡)에 와 있다는 말을 듣고는, 노인은 부축하고 어린아이는 이끌며, 이고 지고서 밀어닥치어 그 수를 헤아릴 수가 없었다.

 사총병(查摠兵)이 마산으로 가는 길에 어린아이가 엉금엉금 기어서 죽어 있는 어머니의 젖을 빨고 있는 것을 보고 가엾게 여겨 그를 데려다가 군중에서 기르면서, 나에게 일러 말하기를 '왜적들이 아직 물러가지도 않았는데, 백성들의 형편이 이와 같으니 장차 어떻게 하겠습니까?' 하면서, 이어 탄식하기를 '하늘도 탄식하고 땅도 슬퍼할 일입니다.' 하였다. 나는 이 말을 듣고 저도 모르게 눈물이 흘렀다.

(2) 中國名文選

① 經書類
〈論語抄〉

曾子曰 '吾日三省吾身, 爲人謀而不忠乎? 與朋友交而不信乎? 傳不習乎?'(學而)

증자가 말하기를 '나는 날마다 세 가지 일에 대하여 내 자신을 반성한다. 남을 위하여 도모하는 일이 성실하지 않았는가? 벗들과 더불어 사귀는 일이 미덥지 않았는가? 스승이 전하여 준 학업이 잘 익혀지지 않았는가?' 하였다.

子曰 '君子食無求飽, 居無求安, 敏於事而愼於言, 就有道而正焉, 可謂好學也已.'(學而)

공자가 말하기를 '군자는 먹는 데에 배부른 것을 요구하지 않고, 거처하는 데에 편안한 것을 요구하지 않고, 일을 처리하는 데에 민첩하고, 말을 하는 데에 신중하고, 훌륭한 스승에게 나아가서 자신을 바로잡으면 가히 학문을 좋아하는 사람이라고 이르겠다.' 하였다.

子曰, '道之以政, 齊之以刑, 民免而無恥, 道之以德, 齊之以禮, 有恥且格'(爲政)

공자가 말하기를 '백성을 인도하되 정령(政令)으로써 하고 백성을 다스리되 형벌로써 한다면, 백성들은 죄를 모면

하기에 힘쓰고 양심의 부끄러움은 없어지며, 백성을 인도하되 도덕으로써 하고, 백성을 다스리되 예법으로 한다면, 부끄러움도 깨닫고 바른 행실도 이루어질 것이다.' 하였다.

子曰 '吾十有五而志于學, 三十而立, 四十而不惑, 五十而知天命, 六十而耳順, 七十而從心所欲不踰矩.' (上同)
공자가 말하기를 '내가 열다섯 살에 학문에 뜻을 두어 서른 살에 학문의 체계가 서고 마흔 살에 미혹하지 않고, 쉰 살에 천명을 알게 되고, 예순 살에 어떤 말은 들어도 다 이해가 되고, 일흔 살에 마음에 따라 하고 싶은 대로 해도 법도를 넘지 않았다.' 하였다.

子曰 '溫古而知新, 可以爲師矣.' (上同)
공자가 말하기를 '옛것을 공부하여 간직하면서 새로운 것을 알면, 가히 남의 스승이 될 만하다.' 하였다.

子曰 '富與貴, 是人之所欲也, 不以其道得之, 不處也, 貧與賤, 是人之所惡也, 不以其道得之, 不去也. 君子去仁, 惡乎成名? 君子無終食之間違仁, 造次必於是, 顚沛必於是.' (里仁)
공자가 말하기를 '부귀는 곧 사람들이 바라는 것이지만 그 올바른 도리로써 아니 하고 얻었으면 누리지 않아야 하고, 빈천은 곧 사람들이 싫어하는 것이지만 그 올바른 도리로써 아니 하고 얻었으면 버리지 않아야 한다. 군자가 인(仁)을 버리면 어찌 바른 이름을 이루랴? 군자는 식사를 마칠 짧은 시간이라도 인을 어김이 없어야 하니, 잠깐 동안에도 반드시 이렇게 하고, 급할 때에도 반드시 이렇게 할 것이다.' 하였다.

子曰 '知者樂水, 仁者樂山, 知者動, 仁者靜, 知者樂, 仁者壽.'(雍也)
공자가 말하기를 '지혜로운 사람은 물을 좋아하고, 어진 사람은 산을 좋아하며, 지혜로운 사람은 활동하고, 어진 사람은 정숙하며, 지혜로운 사람은 즐거워하고, 어진 사람은 오래 산다.' 하였다.

子曰 '三人行, 必有我師焉, 擇其善者而從之, 其不善者而改之.'(述而)
공자가 말하기를 '세 사람이 일을 같이 하면 반드시 나의 스승 될 만한 사람이 있으니, 그 좋은 점을 가려서 따르고, 그 좋지 않은 점을 찾아서 고치도록 하라.' 하였다.

子曰 '主忠信, 毋友不如己者, 過則勿憚改.'(子罕)
공자가 말하기를 '참되고 미더운 행실을 으뜸으로 하고, 자기만 같지 못한 사람을 벗하지 말며, 잘못하면 고치기를 꺼리지 말라.' 하였다.

子曰 '知者不惑, 仁者不憂, 勇者不懼.'(上同)
공자가 말하기를 '지혜로운 사람은 미혹하지 않고, 어진 사람은 근심하지 않으며, 용감한 사람은 두려워하지 않는다.' 하였다.

顔淵問仁, 子曰 '克己復禮爲仁. 一日克己復禮, 天下歸仁焉. 爲仁由己, 而由人乎哉,' 顔淵曰 '請問其目.' 子曰 '非禮勿視, 非禮勿聽, 非禮勿言, 非禮勿動.' 顔淵曰 '回雖不敏, 請事斯語矣.' (顔淵)

안연(顔淵)에 대하여 물으니, 공자가 말하기를, '자신의 욕망을 극복하고 올바른 예법으로 돌아감을 인이라 한다. 하루 동안 자신의 욕망을 극복하고 올바른 예법으로 돌아간다면, 세상 사람들이 다 인으로 돌아갈 것이다. 인을 하는 것은 자신에게 달려 있지 남에게 달려 있겠는가?' 하였다. 안연이 말하기를 '청컨대 그 자세한 조목을 듣고 싶습니다.' 하니, 공자는 말하기를 '예법에 어긋났거든 보지 말고, 예법에 어긋났거든 듣지 말고, 예법에 어긋났거든 말하지 말고, 예법에 어긋났거든 행동하지도 말라.' 하였다. 안연이 말하기를 '회(回:안연)가 비록 불민하더라도 이 말씀을 받들겠습니다.' 하였다.

子貢問曰 '有一言而可以終身行之者乎?' 子曰 '其恕乎. 己所不欲, 勿施於人.' (衛憲公)

자공이 묻기를 '한마디 말을 가지고 죽을 때까지 행할 만한 것이 있습니까?' 하니, 공자가 말하기를 '그것은 너그럽게 용서함이다. 자기가 하고 싶지 않은 것을 남에게 시키지 말라.' 하였다.

子曰 '當仁, 不讓於師.' (上同)

공자가 말하기를 '인(仁)을 행할 때에는 스승에게도 양보할 필요가 없다.' 하였다.

子曰 '君子有三戒, 少之時, 血氣未定, 戒之在色, 乃其壯也, 血氣方剛, 戒之在鬪, 乃其老也, 血氣旣衰, 戒之在得.' (季氏)

공자가 말하기를 '군자는 평생에 세 가지 경계할 일이 있으니 젊을 때에는 혈기가 안정되지 않으니 경계할 점이 여색에 있고, 장년에 이르러서는 혈기가 바야흐로 강하니 경계할 점이 싸우는 데에 있고, 늙어서는 혈기가 벌써 쇠약하였으니 경계할 점이 탐내는 데에 있다.' 하였다.

〈孟子抄〉

梁惠王曰 '寡人之於國也, 盡心焉耳矣. 河內凶, 則移其民於河東, 移其粟於河內, 河東凶, 則亦然. 察隣國之政, 無如寡人之用心者, 隣國之民, 不加少, 寡人之民, 不加多, 何也?' 孟子對曰 '王好戰, 請以戰喩. 塡然鼓之, 兵刃旣接, 棄甲曳兵而走, 或百步而後止, 或五十步而後止, 以五十步笑百步, 則何如?' 曰 '不可. 直不百步耳, 是亦走也.' 曰 '王如知此, 無望民之多於隣國也.' (梁惠王)

양나라 혜왕(전국시대 위나라의 제후. 뒤에 양나라 혜왕)이 말하기를 '과인이 나라를 다스리는 데에 마음껏 정성을 다하고 있습니다. 하내 지방에 흉년이 들면 그 백성을 하동 지방으로 이동시키고, 그 지방의 식량을 하내 지방으로 옮기며, 하동 지방에 흉년이 들면 또한 그렇게 하고 있습니다. 이웃 나라의 정사를 살펴보건대 과인의 마음 쓰는 것 같은 점이 없는데, 이웃 나라의 백성은 더 줄지 않고, 과인의 백성이 더 많아지지 않음은 무슨 까닭입니까?' 하였다. 맹자는 대답하기를 '임금께서 전쟁을 좋아하시니 전쟁하는 것을 비유하여 말씀드리겠습니다. 북소리를 요란하게 울리고 창칼을 휘두르며 서로 맞붙어 싸우다가, 밀려서 갑옷을 버리고 무기를 끌고 달아나는데, 어떤 사람은 백 보를 간 뒤에 멈추고 어떤 사람은 오십 보를 간 뒤에 멈춰서, 오십 보 달아난 것으로써 백 보 달아난 것을 비웃는다면 어떻게 되겠습니까?' 하니, 혜왕은 말하기를 '안 되오. 바로 백 보를 달아나지 않았을 뿐이나, 그 또한 도망한 것이지요.' 하였다. 맹자는 말하기를 '왕께서 만약 이 뜻을 아신다면 백성들이 이웃 나라보다 많아지기를 바라지 마소서.' 하였다.

孟子曰 '仁則榮, 不仁則辱. 今惡辱而居不仁, 是猶惡濕而居下也. 如惡之, 莫如貴德而尊士. 賢士在位, 能者在職, 國家閒暇. 及是時, 明其政刑, 雖大國, 必畏之矣.' (公孫丑上)

맹자가 말하기를 '임금이 어질면 영화롭고 어질지 않으면 욕된다. 지금 욕되기를 싫어하면서 어질지 않은 정사를 하는 것은 이는 마치 습기를 싫어하면서 그 밑에 사는 것과 같은 것이다. 만약 이를 싫어한다면, 덕망이 있는 이를 귀히 하고 사군자(士君子)를 높이는 것만 같지 못하다. 어진 사람이 임금을 보좌하는 자리에 있고, 유능한 사람이 알맞은 직책을 맡고 있으면 나라가 한가로울(태평할) 것이다. 이러한 때에 그 정령과 형벌을 밝혀 나라를 잘 다스린다면, 아무리 큰 나라라도 반드시 두려워할 것이다.' 하였다.

'惻隱之心, 仁之端也. 羞惡之心, 義之端也. 辭讓之心, 禮之端也, 是非之心, 智之端也. 人之有是四端也, 猶其有四體也. 有是四端, 而自謂不能者, 自賊者也. 謂其君不能者, 賊其君者也.' (公孫丑上)

'남을 가엾게 여기는 마음은 인(仁)의 시초이고, 악을 부끄러워하는 마음은 의(義)의 시초이고, 남에게 사양하는 마음은 예절(禮)의 시초이고, 옳고 그름을 가리는 마음은 지혜(智)의 시초이다. 사람이 이 사단(四端:네 가지 도리의 시초)을 가지고 있는 것은 마치 사체(四體:팔다리)를 가지고 있는 것과 같다. 이 사단을 가지고 있으면서 스스로 잘 실행할 수 없다고 말하는 사람은 자신을 해치는 사람이고, 그 임금이 이를 잘 실행할 수 없다고 말하는 사람은 그 임금을 해치는 사람이다.' 하였다.

孟子曰 '愛人不親, 反其仁, 治人不治, 反其智, 禮人不答, 反其敬, 行有不得者, 皆反求諸己, 其身正, 而天下歸之.' (離婁上)

맹자가 말하기를 '남을 사랑해도 친해지지 않으면 그 어짊을 반성하고, 남을 다스려도 다스려지지 않으면 그 지혜를 반성하고, 남을 예대해도 답례하지 않으면 그 공경함을 반성하고, 행하여도 뜻대로 안 되는 것이 있으면 모두 자기 자신에게 찾아 반성하라. 그 자신의 몸가짐이 바르고서야 세상 사람들이 그에게 귀의할 것이다.' 하였다.

孟子曰 '自暴者, 不可與有言也. 自棄者, 不可與有爲也. 言非禮義, 謂之自暴也. 吾身不能居仁由義, 謂之自棄也. 仁人之安宅. 義人之正路也, 曠安宅而不居, 舍正路而弗由, 哀哉!' (離婁上)
  맹자가 말하기를 '자포(自暴)하는 사람은 함께 의논할 수 없고, 자기(自棄)하는 사람은 함께 일할 수도 없다. 말이 예의에 어긋남을 자포라 이르고, 자기 자신이 인(仁)에 입각하여 살고 의를 따라 행할 수 없는 것을 자기(自棄)라 이른다. 인은 사람의 마음을 깃들일 편안한 집이고, 의는 사람이 행할 바른 길이다. 편안한 집을 비워 두고 살지 않으며, 바른 길을 버리고 따르지 않으니 슬프다.' 하였다.

誠者天之道也, 思誠者人之道也. 至誠而不動者, 未之有也, 不誠未有能動者也. (離婁上)
  참된 것은 하늘의 도리이고, 참된 것을 생각하는 것은 사람의 도리이다. 지극히 성실하고서 남의 마음을 감동시키지 않는 것은 없으며, 성실하지 않고서는 남의 마음을 감동시킬 수 없는 것이다.

孟子曰, '君子有三樂, 而王天下, 不與存焉. 父母俱存, 兄

弟無故, 一樂也. 仰不愧於天, 俯不怍於人, 二樂也. 得天下英才, 而敎育之, 三樂也.'(盡心下)

맹자가 말하기를 '군자에게 세 가지 즐거움이 있으나, 세상에 왕노릇 하는 것은 주어 있지 않다. 부모가 함께 살아 계시고, 형제가 무고한 것이 첫째 즐거움이요, 우러러 보아 하늘에 부끄럽지 않고, 굽어보아 남에게 부끄럽지 않는 것이 둘째 즐거움이고, 세상에 뛰어난 인재를 얻어서 이들을 가르치는 것이 셋째 즐거움이다.' 하였다.

孟子曰 '不信仁賢, 則國空虛, 無禮義, 則上下亂, 無政事, 則財用不足.'(盡心下)

맹자가 말하기를 '임금이 어진 사람을 믿지 않으면 나라가 텅 비고 예의가 없으면 상하가 어지러워지며, 잘 다스려지는 일이 없으면 재정이 모자라는 것이다.' 하였다.

〈大學抄〉

大學之道, 在明明德, 在親民, 在止於至善. 古之欲明明德於天下者, 先治其國, 欲治其國者, 先齊其家, 欲齊其家者, 先修其身, 欲修其身者, 先正其心, 欲正其心者, 先誠其意, 欲誠其意者, 先致其知, 致知在格物. (經 一章)

대학 교육의 도리는 밝은 덕을 밝혀 주는 데에 있고 백성들을 새롭게 하는 데에 있고, 지극히 착한 행실에 머무르게 하는 데에 있다.

옛날에 밝은 덕을 세상에 밝히려는 사람은 먼저 그 나라를 잘 다스려야 하고, 그 나라를 다스리려는 사람은 먼저 그 가정을 잘 정제하여야 하고, 그 가정을 정제하려는 사람은 먼저 그 자신을 수양해야 하고, 그 자신을 수양하려는 사람은 먼저 그 마음을 잘 바로잡아야 하고, 그 마음을 바로잡으려는 사람은 먼저 그 뜻을 참되게 하여야 하고, 그 뜻을 참되게 하려는 사람은 먼저 그 앎을 확실하게 하여야 하고, 앎을 확실하게 하는 데에는 사물의 진리를 깊이 연구하여야 한다.

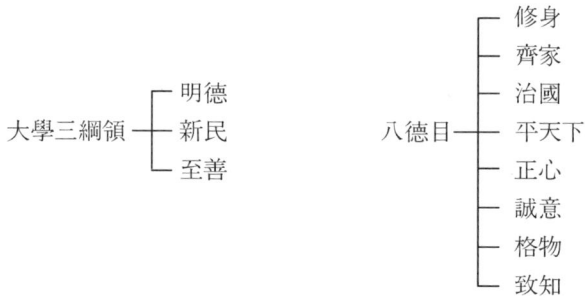

〈中庸抄〉

天命之謂性, 率性之謂道, 修道之謂教. 道也者不可須臾離也, 可離非道也. 是故, 君子戒愼乎其所不睹, 恐懼乎其所不聞, 莫見乎隱, 莫顯乎微. 故, 君子愼其獨也. 喜怒哀樂之未發, 謂之中, 發而皆中節, 謂之和. 中也者, 天下之大本也, 和也者, 天下之達道也. 致中和, 天地位焉, 萬物育焉.
(第一章)

하늘이 사람에게 부여한 자질을 성품이라 이르고, 성품을 좇는 것을 도리라 하고 도리를 닦는 것을 교육이라 이른다. 도리는 사람에게서 잠깐 동안이라도 떠나서는 안 된다. 떠난다면 도리가 아니다. 그러므로 군자의 마음은 보이지 않는 데에서 경계하고 삼가며, 듣지 않는 데에서 두려워하며, 숨기는 일을 보이지 않고 은밀한 일을 나타냄이 없다. 그러므로 군자는 그가 혼자 알고 있는 것을 삼가는 것이다.

희로애락의 감정을 나타내지 않는 것을 중(中)이라 이르고, 나타내어 그 뜻이 다 절도에 맞는 것을 화(和)라 한다. 중이란 것은 세상의 큰 근본이고, 화란 것은 세상에 널리 통하여야 할 도(道)이다. 중과 화의 도가 바르게 이루어지면 하늘과 땅이 자리잡히고 만물이 길러진다.

在下位不獲乎上, 民不得而治矣, 獲乎上有道, 不信乎朋友, 不獲乎上矣, 信乎朋友有道, 不順乎親, 不信乎朋友矣, 順乎親有道, 反諸身不誠, 不順乎親矣, 誠身有道, 不明乎善, 不誠乎身矣. 誠者, 天之道也, 誠之者, 人之道也. 誠者, 不勉而中, 弗思而得, 從容而中道, 聖人也. 誠之者, 擇善而固執之者也, 博學之, 審問之, 愼思之, 明辨之, 篤行之. (第二十章)

아랫자리에 있으면서 윗사람에게 신망을 얻지 못하면 백성을 뜻대로 다스릴 수 없을 것이다. 윗사람에게 신망을 얻는 방도가 있으니, 벗에게 신망을 얻지 못하면 윗사람에게도 신망을 얻지 못하고, 벗에게 신망을 얻는 방도가 있으니, 어버이에게 순종하지 않으면 벗에게도 신망을 얻지 못하고, 어버이에게 신망을 얻는 방도가 있으니, 자신을 반성하는 데에 성실하지 않으면 어버이에게도 순종하지 못하고, 자신을 성실하게 하는 방도가 있으니, 착한 일을 하는 데에 분명하지 못하면 그 자신에게도 성실하지 못하다. 성실한 것은 하늘의 도리이고, 성실하게 하는 것은 사람의 도리이다. 성실한 사람은 힘쓰지 않고도 도리에 맞고, 생각하지 않고도 도리를 터득하고, 조용히 있어도 도리에 맞으니, 이는 성인의 행실이고, 성실하게 하는 사람은 착한 행실을 가려 이를 고집하는 사람이라. 널리 배우고 자세히 묻고 신중히 생각하고 밝게 판단하고 착실히 실행할 것이다.

〈孝經抄〉

※ 孝經:공자가 그 제자인 증자(曾子)에게 효도의 도리를 가르쳐 준 내용의 책.

子曰 '夫孝德之本也, 敎之所由生也. 身體髮膚, 受之父母, 不敢毁傷, 孝之始也, 立身行道, 揚名於後世, 以顯父母, 孝之終也. 夫孝始於事親, 中於事君, 終於立身.'(開宗明義章)

공자가 말하기를 '대체로 효도는 도덕의 근본이다. 가르칠 도리가 여기로부터 발생하는 것이다. 몸·팔다리·머리털·살갗 따위는 부모에게서 받은 것이니, 감히 다치거나 상하지 않는 것이 효도의 시작이고, 입신 출세하여 올바른 도를 행해서 이름을 후세에 드날리어 부모의 명예를 나타내는 것이 효도의 끝맺음이다. 대체로 효도는 어버이를 섬기는 데에서 시작되고 임금을 섬기는 데에서 중심이 되며, 출세하는 데에서 끝을 맺게 된다.' 하였다.

〈易經抄〉
天尊地卑, 乾坤定矣, 卑高以陳, 貴賤位矣, 動靜有常, 剛柔斷矣, 方以類聚, 物以群分, 吉凶生矣, 在天成象, 在地成形, 變化見矣. 是故, 剛柔相摩, 八卦相盪, 鼓之以雷霆, 潤之以風雨, 日月運行, 一寒一暑. 乾道成男, 坤道成女, 乾知大始, 坤作成物, 乾以易知, 坤以簡能, 易則易知, 簡則易從, 易知有親, 易從則有功, 有親則可久, 有功則可大, 可久則賢人之德, 可大則賢人之業, 易簡則天下之理得矣, 天下之理得而成位乎其中矣. (繫辭上)

하늘은 높고 땅은 낮아서 하늘과 땅의 근본이 정하여지고, 낮고 높음이 벌어져서 귀하고 천한 도리가 자리잡히고, 움직이고 고요함이 일정한 법도가 있어서 강하고 부드러운 힘이 나누어지고, 사방으로 같은 무리끼리 모이고 만물도 같은 부류끼리 나누어져서 좋은 일과 나쁜 일이 생기고, 하늘에서는 형상이 이루어지고 땅에서는 형체가 이루어져서 온갖 변화가 나타난다.

이런 까닭으로 강하고 부드러운 힘이 서로 마주치고, 이 힘으로 인하여 만물의 형상이 마련되고 움직여서 요란한 천둥이 쳐서 비가 적시며, 바람이 불고 해와 달이 운행되어 춥고 더운 형상을 나타낸다.

하늘은 남성을 이루고 땅은 여성을 이루며, 하늘은 큰 시동을 일으키고 땅은 그 힘을 받아 육성시키며, 하늘은 쉽게 시동함을 알고 땅은 간략하게 따라 기르는 것이다.

쉽게 알고 움직이면 친하여 어울리는 힘을 가지고, 쉽게 따르면 큰 공을 이룰 수 있는 것이다. 친함이 있으면 오래 갈 수 있고, 공이 있으면 더 큰 보람을 이룰 수 있다. 오래면 어진 사람의 훌륭한 덕망이 되고, 크면 어진 사람의 보람 있는 일이 된다. 쉽고 간략으로 해서 세상의 근본 진리를 터득할 수 있고, 세상의 근본 진리를 터득함으로 해서 세상 만물이 자리잡히게 된다.

〈禮記抄〉

※ 禮記:5오경(五經)의 하나. 공자와 그 후학(後學)자들이 지은 예법에 관한 책. 131편.

凡音者, 生人心者也, 情動於中. 故, 形於聲, 聲於文, 謂之音. 是故, 治世之音, 安以樂, 其政和, 亂世之音, 怨以怒, 其政棄, 亡國之音, 哀以思, 其民困. (樂記)

무릇 음악은 사람의 마음에서 생기는 것으로서 감정이 마음속에서 움직여 나타나는 것이다. 그러므로 뜻을 소리로 형상화하고 글로 소리 내는 것을 음악이라고 한다. 이러한 까닭으로 세상을 잘 다스리는 음악은 즐거움으로써 안정되어 그 정사가 순조롭고, 세상을 어지럽게 하는 음악은 노여움으로써 원망되어 그 정사가 버려지고, 나라를 망하게 하는 음악은 슬프게 만들어 그 백성들은 곤궁하여진다.

② **史書類**

〈擊壤歌〉

※ 十八史略:원나라 증선지(曾先之)가 중국의 《십팔사

(十八史)≫를 요약해서 엮은 책. ≪십칠사≫에다 ≪송사(宋史)≫를 추가하였다.

帝堯, 其仁如天, 其知如神. 都平陽, 治天下五十年, 不知天下治歟, 不治歟? 億兆願戴己歟, 不願戴己歟? 問左右不知, 問外朝不知, 問在野不知. 乃微服游於康衢, 有老人含哺鼓腹, 擊壤而歌曰 '日出而作, 日入而息, 鑿井而飲, 耕田而食, 帝力於我, 何有哉?'(十八史略)

요임금은 그 인자함이 하느님 같고, 지혜로움이 신과 같았다. 그는 평양에 도읍하고 세상을 50년 동안 다스렸는데, 세상이 잘 다스려지는지 그렇지 않은지, 백성들이 자기를 추대하는지 그렇지 않은지를 알지 못하여, 이를 측근 신하들에게 물어 봐도 모르고, 관리들에게 물어 봐도 모르므로, 곧 변장하고 거리에 나가 봤더니, 어떤 노인이 배불리 먹고 땅을 두드리며 노래하였다. '해가 뜨면 나가 일하고 해가 지면 들어와 쉬고, 우물을 파고 물을 마시고 밭을 갈아 밥 지어 먹으니, 임금의 힘이 내게 무슨 소용이 있으랴?'

〈先從隗始〉

齊伐燕破之, 燕人立太子平爲君, 是昭王. 弔死問生, 卑辭厚幣, 以招賢者. 問郭隗曰 '齊因孤之國亂, 而襲破燕, 孤極知燕小不足以報, 誠得賢士, 與共國, 以雪先王之恥, 孤之願也. 先生視可者, 得身事之.' 隗曰 '古之君, 有以千金使涓人求千里馬者, 買死馬骨五百金而返. 君怒, 涓人曰 "死馬且買之, 況生者乎? 馬今至矣." 不期年, 千里馬至者三. 今王必

欲致士, 先從隗始, 況賢於隗者, 豈遠千里哉?' 於是, 昭王
爲隗改築宮, 師事之. 於是, 士爭趨燕, 樂毅自魏往, 以爲亞
卿任國政. 已而使毅伐齊, 入臨淄, 齊王出走, 毅乘勝, 六月
之間, 下齊七十餘城. (十八史略)

　제나라가 연나라를 정벌하니, 연나라 사람들은 태자 평
(平)을 세워 임금으로 삼았는데, 이가 곧 소왕이다. 왕은
전사자를 조상(弔喪)하고 생존자를 위문하며, 말을 정중
히 하고 예물을 후하게 주어 어진 인재를 초빙하였다. 곽
외(郭隗)에게 묻기를 '제나라가 우리나라의 어지러움을 틈
타 쳐들어와서 연나라를 파괴하였소. 나는 연나라가 작아
서 그 원수를 갚지 못할 것을 잘 알고 있으므로, 진심으로
어진 인재를 얻어서 함께 나라의 정사를 의논하며 선왕의
부끄러움을 씻는 것이 나의 소원이오. 선생은 그럴 만한
사람을 보아서 내가 그를 섬겨 뜻을 이룰 수 있게 하여 주
시오.' 하니, 곽외가 말하기를 '옛날에 어느 임금이 천금으
로써 연인(涓人;환관)'을 시켜 천리마를 구하게 한 사실이
있습니다. 그가 죽은 천리마의 뼈를 오백금을 주고 사가지
고 돌아오자 임금이 노하니, 환관은 말하기를 "죽은 말도
사려는데, 하물며 산 것임이리오? 말이 곧 올 것입니다."
하더니 1년이 채 못 되어 천리마 세 마리가 왔다고 합니
다. 지금 전하께서 꼭 어진 선비를 부르고자 하시면 저 외
(곽외)로부터 시작하소서. 하물며 외보다 훌륭한 사람이
어찌 천리를 멀다 하리이까?' 하였다. 이리하여 소왕은 곽
외를 위하여 다시 궁전을 짓고 그를 스승으로 섬겼다. 이
러자 선비들이 다투어 연나라로 모여들었다. 악의(樂毅)

는 위(魏)나라에서 왔으므로 아경(亞卿:부상)으로 삼아 국정을 맡겼다. 얼마 있다가 왕은 악의로 하여금 제나라를 치게 하였는데, 그가 임치(臨淄:首都)로 쳐들어가니 제나라 임금은 도망하였다. 악의는 승세를 타고 여섯 달 동안에 제나라 70여 성을 함락시켰다.

〈漢三傑〉
※ 史記:한나라의 사마천(司馬遷)이 지은 역사책. 황제(黃帝) 때부터 한나라 무제(武帝) 때까지 엮은 정사(正史)로 130권.

高祖曰 '夫運籌策帷幄之中, 決勝於千里之外, 吾不如子房, 鎭國家, 撫百姓, 給饋餉, 不絶糧道, 吾不如蕭何, 連百萬之衆, 戰必勝, 攻必取, 吾不如韓信. 此三人者, 皆人傑也, 吾能用之, 此吾所以取天下.'(史記)

한나라 고조가 말하기를 '대저 작전 계획을 장막 안에서 마련하여 승리를 천리 밖에서 결정하게 하는 일은 내가 자방이만 같지 못하고, 국가를 안정시키고 백성을 어루만지며 군량을 공급하여 양도가 끊어지지 않게 하는 일은 내가 소하만 같지 못하고, 백만 군사를 거느리고 싸우면 반드시 이기고 치면 반드시 빼앗는 일은 내가 한신만 같지 못하다. 이 세 사람은 다 뛰어난 인물이다. 내 능히 이들을 등용하여 쓴 것이 곧 천하를 가지게 된 까닭이다.' 하였다.

〈四面楚歌〉

項王軍壁垓下, 兵少食盡, 漢軍及諸侯兵, 圍之數重. 夜聞漢軍四面皆楚歌, 項王乃大驚曰'漢皆已得楚乎? 是何楚人之多也? 項王則夜起飮帳中, 有美人名虞, 常幸從, 駿馬名騅, 常騎之. 於是項王, 乃悲歌慷慨, 自爲詩, 曰'力拔山兮氣蓋世? 時不利兮騅不逝, 騅不逝兮可奈何? 虞兮虞兮奈若何?' 歌數闋, 美人和之, 項王泣數行下, 左右皆泣, 莫能仰視. 於是項王, 乃欲東渡烏江, 烏江亭長艤船待, 謂項王曰'江東雖小, 地方千里, 衆數十萬人, 亦足王也, 願急渡. 今獨臣有船, 漢軍至, 無以渡.' 項王笑曰'天之亡我, 我何渡爲? 且籍與江東子弟八千人, 渡江而西, 今無一人還, 縱江東父兄, 憐而王我, 我何面目見之? 縱彼不言, 籍獨不愧於心乎?' 乃謂亭長曰'吾知公長者, 吾騎此馬五歲, 所當無敵, 嘗一日行千里, 不忍殺之, 以賜公.' (史記)

항왕(초패왕 항우)의 군사가 해하성(垓下城)에서 가로막혀 군사는 줄고 식량은 다하였는데, 한나라 군사와 제후의 군사가 이를 몇 겹으로 포위하였다. 밤에 들으니 한나라 군사가 다 초나라 노래를 불렀다. 항왕은 크게 놀라 말하기를 '한나라 군사가 이미 초나라 군사를 다 손에 넣었는가? 이 어찌 초나라 군사가 이렇게 많으랴?' 하고 밤중에 일어나서 장막 속에서 술을 마셨는데, 우미인(虞美人)은 항상 그의 사랑을 받으며 모셨고, 준마인 오추마는 언제나 그를 태우고 다녔다. 이때에 항왕은 슬픈 노래로 강개한 뜻을 실어 시를 지었는데, 이르기를 '힘은 산을 빼고 기개는 세상

을 덮을 만하건만, 때가 불리한지 오추마도 가려 하지 않는
구나. 우미인, 우미인이여! 그대를 어찌하리?' 하였다. 노
래를 몇 번 부르고 우미인이 이에 화답하니, 항왕은 눈물을
흘리고 측근도 다 울며 쳐다볼 수 없었다.

이에 항왕은 동쪽으로 오강을 건너려 하였는데, 오강정
장(烏江亭長)이 배를 대고 기다리다가 항왕에게 이르기를
'강동이 비록 작으나 지방이 천리이고 백성들도 수십만 명
이오니, 또한 왕노릇 하기에 충분합니다. 원컨대 대왕께서
는 급히 건너소서. 지금은 홀로 신에게만 배가 있사오니,
한나라 군사가 오더라도 건널 수가 없습니다.' 하니, 항왕
은 웃으며 말하기를 '하늘이 나를 망하게 하는데 내 어찌
건너가겠는가? 또 내가 강동 자제 8천 명과 함께 이 강을
건너 서쪽으로 달려갔다가 지금 한 사람도 돌아오지 못하
였는데, 비록 강동의 부형들이 가엾게 여겨 나를 왕으로
삼는다 한들, 내 스스로 마음에 부끄럽지 않겠는가?' 하고
곧 정장에게 이르기를 '나는 그대의 훌륭한 점을 알고 있
다. 내가 타던 오추마는 지금 다섯 살인데, 대적할 만한
상대가 없다. 일찍이 하루에 천리를 가는 좋은 말이라, 차
마 죽일 수 없으므로 공에게 준다.' 하였다.

〈畵虎類狗〉
※ 後漢書:송나라 범엽(范曄)이 지은 후한의 역사책.
100권.

馬援戒兄子嚴敦曰 '龍伯高敦厚周愼, 吾願汝曹効之, 杜季
良豪俠好義, 吾不願汝曹効之. 効伯高不得, 猶爲謹敕士, 所

謂刻鵠不成, 尙類鶩, 效季良不得, 陷爲天下輕薄子, 所謂畵虎不成, 反類狗者也.'(後漢書)

마원(馬援)이 형의 아들 엄(嚴)과 돈(敦)을 타일러 말하기를 '용백고(龍伯高)는 돈독하고 관후하고 주도하고 신중하였으니, 나는 너희들이 그를 본받기를 원하고, 두계량(杜季良)은 호걸답고 협기가 있어서 의로운 일 하기를 좋아하였으나, 나는 너희들이 그를 본받기를 원하지 않는다. 이는 용백고를 본받다가 뜻대로 안 되면 오히려 삼가고 경계하는 선비는 되겠으니, 이른바 "고니를 새기다가 안 되면 오히려 집오리는 닮게 된다"는 말이고, 두계량을 본받다가 뜻대로 안 되면 세상에서 경박한 사람으로 떨어지게 될 것이니, 이른바 "호랑이를 그리다가 안 되면 도리어 개와 비슷하게 된다"는 말이다.' 하였다.

③ 子集類

〈學不可以已〉
※ 荀子:전국시대 조(趙)나라의 순황(荀況)이 쓴 책. 33편.

學不可以已. 靑取之於藍, 而靑於藍, 氷水爲之, 而寒於水. 木直中繩, 繫而爲輪, 其曲中規, 雖有槁暴, 不復挺者, 輮使之然也. 故, 木受繩則直, 金就礪則利. 君子博學, 而日三省乎己, 則智明, 而行無過矣. 故不登高山, 不知天之高也, 不臨深谿, 不知地之厚也, 不聞先王之遺言, 不知學問之大也. (荀子)

학문은 그만두어서는 안 된다. 푸른 빛은 쪽에서 나왔으나 쪽보다 푸르고, 얼음은 물로 되었으나 물보다 차갑다. 나무가 곧아도 먹줄을 놓아 휘어잡아 바퀴를 만들면 그 굽은 것이 규격에 맞아서, 비록 햇볕에 말리더라도 다시 펴지지 않는 것은 휘어 놓은 것이 이를 그렇게 되어 버리게 한 것이다. 그러므로 나무는 먹줄을 받으면 곧아지고, 쇠는 숫돌에 갈면 날카로워지는 것이다. 군자가 널리 배우고 날마다 세 번 자신의 몸가짐을 반성하면, 지혜가 밝아지고 행하는 일의 잘못이 없는 것이다. 그러므로 높은 산에 올라 보지 않으면 하늘의 높음을 알지 못하고, 깊은 골짝에 다다라 보지 않으면 땅의 두꺼움을 알지 못하고, 성현들의 남긴 말을 들어 보지 않으면 학문의 위대함을 알지 못한다.

〈天下莫柔弱〉

※ 老子:춘추시대 이이(李耳)가 지은 책. 도가(道家)로서 ≪도덕경≫ 2편이 있다.

天下莫柔弱于水, 而攻堅彊者, 莫之能, 先以其無以易之也, 故, 柔之勝剛, 弱之勝彊, 天下莫不知莫能行. 是以聖人云 '受國之垢, 是謂社稷主, 受國之不祥, 是謂天下王.' (老子)

세상에 물보다 부드럽고 유약한 것은 없으나, 굳고 강한 것을 치는 것으로는 이보다 능하고 나은 것이 없으니, 그것은 근본 바탕을 바꾸는 일이 없기 때문이다. 그러므로 부드러운 것이 굳센 것을 이기고, 약한 것이 강한 것을 이긴다는 것은 세상에서 알지 못하는 사람이 없는데 이를 잘 실행하지는 못한다. 이런 까닭으로 성인은 말하기를 '나라의 치욕을 받는 것을 곧 사직의 주인이라 이르고, 나라의 상서롭지 못한 것을 받는 것을 곧 천하의 임금이라 이른다.' 하였다.

〈樹立難 去之易〉
※ 韓非子:전국시대의 법학자 한비(韓非)가 지은 책. 20권.

陳珍貴於魏王, 惠王曰'必善事左右. 夫楊橫樹之卽生, 倒樹之卽生, 折而樹之又生. 然, 使十人樹之, 而一人拔之, 卽無生楊矣. 夫以十人之衆, 樹易生之物, 而不勝一人者何也? 樹之難, 去之易也. 子雖工自樹於王, 而欲去子者, 衆矣. 子必危矣.'(韓非子)

진진(陳珍)이 위왕에게 귀여움을 받았는데, 혜왕(惠王:魏王)이 말하기를 '반드시 측근에서 잘 섬기도록 하라. 대저 버드나무는 가로 심어도 곧 살고, 거꾸로 심어도 곧 살고, 꺾어서 심어도 산다. 그러나 열 사람으로 하여금 심게 하고, 한 사람으로 하여금 뽑게 한다면 곧 사는 버드나무는 없을 것이다. 대저 열 사람이 심어서 쉽게 사는 것을, 한 사람을 이기지 못하는 것은 무슨 까닭인가? 이는 심기는 어렵고 없애기는 쉽기 때문이다. 그대는 비록 공 들여 스스로 왕을 세워 놓았으나, 그대를 없애 버리려는 사람이 많으면 그대는 반드시 위태로울 것이다.' 하였다.

〈知彼知己〉

※孫子:제나라 손무(孫武)가 지은 병서(兵書). 1권 13편.

知彼知己, 百戰不殆, 不知彼而知己, 一勝一負, 不知彼不知己, 每戰必敗. (孫子)

저편을 알고 자신을 알면 백 번 싸워도 위태롭지 않고, 저편을 알지 못하고 자신만 알면 한 번 이기고 한 번 지며, 저쪽을 알지 못하고 자신도 알지 못하면 싸울 때마다 반드시 패한다.

〈狐假虎威〉

※ 戰國策(國策):한나라의 유향(劉向)이 전국 시대의 사실을 12국으로 나눠 편찬한 책.

虎求百獸而食之, 得狐, 狐曰 '子無敢食我也, 天帝使我長百獸, 今子食我, 是逆天帝命也. 子以我爲不信, 吾爲子先行, 子隨我後, 觀百獸之見我而敢不走乎?' 虎以爲然, 故, 遂與之行, 獸見之皆走. 虎不知獸畏己而走, 以爲畏狐也. (戰國策)

호랑이가 온갖 짐승을 찾아 잡아먹으려다가 여우를 잡았는데, 여우가 말하기를 '그대는 감히 나를 잡아먹을 수 없다. 하느님이 나로 하여금 온갖 짐승들의 어른 노릇을 하게 하였으니, 지금 그대가 나를 잡아먹으면 이는 하느님의 명을 거역하는 것이다. 그대가 나를 믿지 못하겠으면 내 그대를 위해 앞서서 갈 터이니, 그대는 내 뒤를 따라와서 온갖 짐승들이 나를 보고서 감히 도망하지 않는가를 구경하겠는가?' 하니, 호랑이는 그렇게 하겠다고 생각하였으므로 드디어 그와 함께 다녔더니, 짐승들이 그를 보고 다 도망하였다. 호랑이는 짐승들이 저를 두려워하여 도망하는 줄 알지 못하고 여우를 두렵다고 생각하였다.

〈文章〉
※ 曹丕:위나라 문제. 조조(曹操)의 맏아들로 시문(詩文)에 뛰어났다.

蓋文章經國之大業, 不朽之盛事, 年壽有時而盡, 榮辱止乎其身, 二者必至之常期, 未若文章之無窮. 是以古之作者, 寄身於翰墨, 見意於篇籍, 不假良史之辭, 不託飛馳之勢, 而聲名自傳於後. (曹丕)

대개 문장이란 나라를 다스리는 위대한 사업이고 썩지 않는 성대한 일이다. 사람의 수명은 때에 따라서 다하고 영화와 욕됨은 그 자신에게 그치는 것이니, 이 두 가지는 반드시 일정한 시기에 극하게 되니, 문장의 무궁함만 같지 못하다. 이럼으로써 옛날 작가는 몸을 글 쓰는 데에 의지하고 뜻을 책에 나타내어, 훌륭한 역사가의 말을 빌리지 아니하고, 날고 뛰는 권세에 의탁하지 않고도 그 명성이 저절로 후세에 전하여졌다.

〈四維〉
※ 管子: 제나라 관중(管仲)이 지은 책. 24권.

國有四維, 一維絕則傾, 二維絕則危, 三維絕則覆, 四維絕則滅. 傾可正也, 危可安也, 覆可起也, 滅可復錯也. 何謂四維? 一曰禮, 二曰義, 三曰廉, 四曰恥. 禮不踰節, 義不自進, 廉不蔽惡, 恥不從枉. 故不踰節, 則上位安, 不自進, 則民無巧詐, 不蔽惡, 則行自全, 不從枉, 則邪事不生. (管子)

나라에 네 가지 벼리(근본 법도)가 있으니, 첫째 벼리가 끊어지면 기울고, 둘째 벼리가 끊어지면 위태롭고, 셋째 벼리가 끊어지면 뒤집히고, 넷째 벼리가 끊어지면 멸망한다. 기울어진 것은 바로잡을 수 있고, 위태로운 것은 안정시킬 수 있고, 뒤집힌 것은 일으킬 수 있으나, 멸망한 것은 다시 조처할 수 없다.

무엇을 네 가지 벼리라고 이르는가? 첫째는 예도, 둘째는 의리, 셋째는 청렴, 넷째는 수치이다.

이는 곧 예도는 절도를 넘지 않는 것, 의리는 스스로 나서지 않는 것, 청렴은 과오를 덮어 두지 않는 것, 수치는 그릇된 일을 따르지 않는 것이다. 그러므로 절도를 넘지 않으면 윗자리에 있어도 편안하고, 스스로 나서지 않으면 백성들이 교묘하게 속이지 않고, 과오를 덮어 두지 않으면 행하는 일이 자연 안전하고, 그릇된 일을 따르지 않으면 옳지 않은 일이 생기지 않는다.

〈學者須是務實〉

※ 近思錄:송나라 주희(朱熹)와 여조겸(呂祖謙)이 지은 책. 14권.

學者須是務實, 不要近名方是. 有意近名, 則是僞也. 大本已失, 更學何事? 爲名與爲利, 淸濁雖不同, 然, 其利心則一也. (近思錄)

공부하는 사람은 모름지기 성실에 힘쓰고, 명예를 가까이 하려 하지 않아야 한다는 말이 곧 옳다. 명예를 가까이 하는 데에 뜻을 두면 이는 거짓이다. 큰 근본을 이미 잃어 버린다면 다시 무엇을 공부하리오? 명예를 위하는 것과 이익을 위하는 것은 맑고 흐림이 비록 같지 않으나, 그 탐욕은 곧 마찬가지다.

④ **文章類**

〈歸去來辭〉
※ 진(晉)의 도잠(陶潛)이 팽택령(彭澤令)을 사직, 전원(고향)으로 돌아가면서 그 심회를 적은 글.

  歸去來兮, 田園將蕪, 胡不歸? 旣自以心, 爲形役, 奚惆悵而獨悲? 悟已往之不諫, 知來者之可追. 實迷途其未遠, 今是而昨非. 舟搖搖以輕颺, 風飄飄而吹衣. 問征夫以前路, 恨晨光之熹微.

  돌아가련다. 전원이 장차 묵밭이 되려는데 어찌 돌아가지 않으리오? 이미 스스로의 마음으로써 몸을 시달리게 만들었으니, 어찌 실망하여 홀로 슬퍼하리오? 지나간 일은 뉘우쳐 봐도 고쳐지지 않음을 깨달았고, 다가올 일은 잘 가다듬어야 할 것을 알았다. 실로 갈 길을 헤매었으나 그리 멀어진 것은 아니니, 지금은 옳고 어제까지는 그른 점을 깨달았다.

  뱃머리는 흔들흔들 경쾌하게 떠나가고 바람은 살랑살랑 옷자락을 휘날린다. 길손에게 앞길을 물어 보고 새벽빛이 희미한 것을 여러 번 한탄한다.

乃瞻衡宇, 載欣載奔, 僮僕歡迎, 稚子候門. 三徑就荒, 松菊猶存. 携幼入室, 有酒盈樽. 引壺觴以自酌, 眄庭柯以怡顔. 倚南窓以寄傲, 審容膝之易安. 園日涉以成趣, 門雖設而常關. 策扶老以流憩, 時矯首而游觀, 雲無心以出岫, 鳥倦飛而知還. 景翳翳以將入, 撫孤松而盤桓.

기다린다. 세 갈래 작은 길은 거칠 대로 거칠어졌으나, 소나무와 국화만은 그대로 남았구나. 아이들의 손을 잡고 방 안으로 들어가니, 맛있게 익은 술이 항아리에 가득하다. 술잔을 잡아당겨 스스로 퍼마시고, 정원수를 바라보며 기쁜 표정을 지어 본다. 남쪽 창가에 기대 앉아 마음대로 행동하니, 방 안은 좁지만 마음은 편안하다. 정원은 날이 갈수록 정취에 무르익고, 문은 비록 달았으나 닫힌 채 그대로다. 지팡이에 의지하여 쉬고 싶으면 쉬다가도, 때때로 머리를 들어 사방을 바라보니, 구름은 무심히 산골짜기를 돌아나오고, 새들은 날다가 지쳐도 돌아갈 줄 아는구나. 햇빛은 뉘엿뉘엿 서산으로 지려는데, 고송(孤松)을 어루만지며 그 주위를 맴돈다.

歸去來兮, 請息交以絶游. 世與我而相遺, 復駕言兮焉求? 悅親戚之情話, 樂琴書以消憂. 農人告予以春及, 將有事於西疇. 或命巾車, 或棹孤舟, 旣窈窕以尋壑, 亦崎嶇而經丘. 木欣欣以向榮, 泉涓涓而始流. 善萬物之得時, 感吾生之行休.

돌아가자, 교제도 그만두고, 노는 일도 끊어 버리기로

하자. 세상사와 나와는 서로 잊어버리기로 하였으니, 다시 수레를 타고 무엇을 구하리오? 친척들의 정다운 이야기를 즐기기도 하고, 거문고 타고 책 읽기를 즐기며 온갖 시름을 없애 버리리라. 농부들이 나에게 봄이 왔다고 알려 주니, 장차 서주로 가서 농사일을 해야겠다. 어떤 때는 달구지를 몰고 어떤 때는 쪽배를 저어서 고요한 골짜기를 찾아보기도 하고, 또는 험준한 언덕길을 달려 보기도 하련다. 나무는 생기가 올라 꽃피러 야단이고, 샘물은 솟아올라 졸졸 흘러간다. 만물은 때를 만나 저마다 즐기건만, 내 삶은 얼마 안 가서 끝나리라 느껴진다.

  已矣乎! 寓形宇內復幾時, 曷不委心任去留? 胡爲乎遑遑欲何之? 富貴非吾願, 帝鄕不可期. 懷良辰以孤往, 或植杖而耘耔, 登東皐以舒嘯, 臨淸流而賦詩, 聊乘化以歸盡. 樂夫天命復奚疑? (陶潛)

  모든 일은 끝났구나! 내 몸을 세상에 붙여 둠이 또 얼마나 되겠는가? 어찌 가고 머무름을 자연에 마음대로 맡기지 아니하고, 어찌하여 허둥지둥 어디로 가려 하는 것인가? 부귀는 내 원하는 것이 아니고, 신선들이 산다는 곳엔 갈 생각도 아니 한다. 좋은 시절을 생각하며 혼자서 걸어도 보고, 혹은 지팡이를 세워 놓고 김도 매고 흙도 뛰지리라. 동쪽 언덕에 올라가 노래를 불러 보기도 하고, 맑은 강물에 나아가 시를 짓기도 하리라. 애오라지 자연의 조화에 맡겨 사는 대로 살다 죽으면 되는 것이고, 천명을 즐기면 그만이지 또 무엇을 의심하랴?

〈漁父辭〉

※ 전국시대 초나라의 굴원(屈原:이름은 平)이 그의 결백성을 서술한 글. 그의 저서로 ≪초사(楚辭)≫ 20편이 있다.

屈原旣放, 遊於江潭, 行吟澤畔, 顔色憔悴, 形容枯槁. 漁父見而問之曰 '子非三閭大夫與? 何故至於斯?' 屈原曰 '擧世皆濁, 我獨淸, 衆人皆醉. 我獨醒. 是以見放.' 漁父曰 '聖人不凝滯於物, 而能與世推移, 世人皆濁, 何不淈其泥而揚其波, 衆人皆醉, 何不餔其糟而歠其醨? 何故深思高擧, 自令放爲? 屈原曰 '吾聞之, 新沐者必彈冠, 新浴者必振衣, 安能以身之察察, 受物之汶汶者乎? 寧赴湘流, 葬於江魚之腹中, 安能以皓皓之白, 而蒙世俗之塵埃乎?' 漁父莞爾而笑, 鼓枻而去, 乃歌曰 '滄浪之水淸兮, 可以濯吾纓, 滄浪之水濁兮, 可以濯吾足.' 遂去不復與言. (屈原)

굴원이 추방되어 강담(江潭)에서 노닐 때에 호숫가를 거닐며 시를 읊었는데, 안색은 파리하고 몰골이 메말랐다. 어부가 그를 보고 묻기를 '당신은 삼려대부(三閭大夫)가 아닙니까? 무슨 까닭으로 여기에 오셨지요?' 하니, 굴원은 '온 세상은 다 흐린데 나 홀로 맑고, 모든 사람이 다 술에 취하였는데 나 홀로 깨어 있었으므로 추방당하였소.' 하였다.

어부는 말하기를 '성인(聖人)은 사물에 구애되지 않고 세상의 돌아가는 형세에 잘 어울린다고 하니, 세상 사람이 다 흐리거든, 어찌하여 진흙에 빠져 그 물결이라도 휘젓지 않으며, 여러 사람들이 술에 취하였거든, 어찌하여 그 지개미를 먹고 그 묽은 술이라도 들이마시지 않습니까? 무슨 까닭으로 깊이 생각하고 고결하게 행동하여 스스로 내쫓기게 되었습니까?' 하니 굴원이 말하기를 '내가 듣건대 새로 머리를 감은 사람은 반드시 갓을 떨어서 쓰고 새로 몸을 씻은 사람은 반드시 옷을 떨어서 입는다고 하는데, 어찌하여 깨끗한 몸을 가지고 더러운 것을 받아들일 수 있겠소? 차라리 소상강으로 달려가서 물고기의 뱃속에 장사지낼지언정, 어찌하여 깨끗한 몸으로써 어지러운 세상의 더러운 먼지를 뒤집어쓴단 말이오?' 하니, 어부는 빙그레 웃고 삿대로 뱃전을 두드리고 가면서 노래 부르기를 '창랑의 물결이 깨끗하면 내 갓끈을 씻을 것이고 창랑의 물결이 흐리면 내 발을 씻으리라.' 하고 마침내 가버리고 다시는 함께 말하지 않았다.

〈赤壁賦〉

※ 송나라 소식(蘇軾)이 적벽강에서 뱃놀이하면서 자연과 인생의 정경을 서술한 글. 그의 호는 동파(東坡). 당송팔대가(唐宋八大家)의 한 사람.

壬戌之秋, 七月旣望, 蘇子與客, 泛舟遊於赤壁之下, 淸風徐來, 水波不興. 擧酒屬客, 誦明之月詩, 歌窈窕之章, 少焉, 月出於東山之上, 徘徊於斗牛之間, 白露橫江, 水光接天. 縱一葦之所如, 凌萬頃之茫然, 浩浩乎如馮虛御風, 而不知其所止, 飄飄乎如遺世獨立, 羽化而登仙.

임술년(송나라 신종:1802) 가을 7월 16일(음력)에 나는 배를 띄우고 적벽강에서 놀았는데, 맑은 바람은 천천히 불어오고 물결은 일지 않았다. 술잔을 들어 손님에게 권하며 명월의 시를 읊으면서 요조(窈窕)의 장(章)을 노래불렀는데, 이윽고 달이 동산 위에 솟아나와서 북두성과 견우성의 사이를 배회하니, 흰 이슬은 강물에 깔리고 물빛과 달빛은 하늘에 닿아서 하나가 되었다. 거룻배가 가는 대로 맡겨 아득히 넓은 물결을 떠나가니, 드넓은 강물 위에 몸이 허공에 떠, 바람을 타는 듯 그 머무르는 곳을 알지 못하고, 펄펄 나부끼어 속세를 버리고 홀로 날개돋쳐 신선이 되어 하늘로 날아오르는 것 같았다.

於是飮酒樂甚, 扣舷而歌之, 歌曰 '桂棹兮蘭槳, 擊空明兮泝流光, 渺渺兮予懷, 望美人兮天一方.' 客有吹洞簫者, 倚歌而和之, 其聲嗚嗚然, 如怨如慕, 如泣如訴, 餘音嫋嫋, 不如絶縷, 舞幽壑之潛蛟, 泣孤舟之嫠婦.

이에 술을 마시고 흥에 겨워 뱃전을 두드리며 노래한다.
'계수나무로 만든 노와 목란나무 상앗대로
달빛이 잠긴 물결을 가르니,
물결은 달빛을 타고 허공으로 치솟는다.
아득한 내 마음이여!
아름다운 그 사람이 어디 있는지 그리워라.'
손님 중에 퉁소를 잘 부는 사람이 있어서 내 노래에 따라 장단을 맞추니, 그 소리가 처량하여 원망하는 듯 사모하는 듯, 우는 듯 호소하는 듯하고, 그 여운이 가냘프나 끊어지지 않고 실처럼 이어져서 깊은 골에 숨은 도룡뇽을 춤추게 하고, 외로이 배를 타고 떠나는 홀어미를 흐느끼게 한다.

蘇子愀然正襟, 危坐而問客曰 '何爲其然也?' 客曰 '月明星
稀, 烏鵲南飛, 此非曹孟德之詩乎? 西望夏口, 東望武昌, 山
川相繆, 鬱乎蒼蒼, 此非孟德之困於周郎者乎? 方其破荊州,
下江陵, 順流而東也, 舳艫千里, 旌旗蔽空, 釃酒臨江, 橫槊
賦詩, 固一世之雄也. 而安哉? 況吾與子, 漁樵於江渚之上,
侶魚鰕而友麋鹿? 駕一葉之輕舟, 擧匏樽以相屬, 寄蜉蝣於
天地, 渺滄海之一粟, 吾生之須臾, 羨長江之無窮. 挾飛仙以
遨遊, 抱明月而長終, 知不可乎驟得, 託遺響於悲風.'

나는 낯빛을 가다듬고 단정하게 앉아서 손에게 묻기를
'어쩌면 그렇게도 잘 붑니까?' 하였더니, 그는 말하기를
'달빛이 밝아서 별은 드물고 까막까치가 남쪽으로 날아가
니 이는 조맹덕(조조)의 시(短歌行)가 아닌가? 서쪽으로
하구(夏口)를 바라보고 동쪽으로 무창(武昌)을 바라보니,
산과 강물이 서로 이어져 울창하게 퍼렇다. 여기는 맹덕이
주랑(周郎:周瑜)에게 괴로움을 당하던 데가 아닌가? 바야
흐로 형주(荊州)를 쳐부수고 강릉으로 내려와서 순류(順
流)를 타고 동진하던 때에 배 떼가 천리를 잇달고 깃발이
하늘을 덮었었다. 술잔을 기울이며 강물에 임하여, 창을
가로놓고 시를 지었으니 진실로 일세의 영웅이라 그런데
지금은 어디에 있는지?

더구나 나와 그대(함께 뱃놀이하는 사람)는 강가에서
고기잡고 나무하면서 물고기와 새우의 짝이 되고, 사슴들
과 벗하는 처지니 더 말할 것이 있겠는가? 이렇게 한 조
각의 배를 타고 술잔을 들어 서로 전하지만 하루살이 같
은 생명을 천지에 의지하고 있으니, 아득한 푸른 바다에

한 알의 좁쌀이라, 나는 한평생이 잠깐임을 슬퍼하고, 장강(양자강)의 영원함을 부러워한다. 신선과 짝지어 날면서 자유롭게 놀고, 밝은 달을 안고 운명을 같이하기란 갑자기 얻을 수 없음을 알았으니, 이 퉁소 소리의 여운을 쓸쓸한 가을 바람에 붙여 본다.' 하였다.

蘇子曰 '客亦知夫水與月乎? 逝者如斯, 而未嘗往也, 盈虛者如彼, 而卒莫消長也. 蓋將自其變者而觀之, 則天地曾不能以一瞬, 自其不變者而觀之, 則物與我皆無盡藏也, 而又何羨乎? 且夫天地之間, 物各有主, 苟非吾之所有, 雖一毫而莫取, 惟江上之淸風, 與山間之明月, 耳得之而爲聲, 目遇之而成色, 取之無禁, 用之不竭, 是造物者之無盡藏也, 而吾與子之所共適.' 客喜而笑, 洗盞更酌, 肴核旣盡, 杯盤狼藉, 相與枕藉乎舟中, 不知東方之旣白. (蘇軾)

나는 말하기를 '손님도 저 물과 달의 이치를 아는가? 물은 이렇게 흘러가지만 일찍이 다 흘러가 버리지 않았고 찼다가 이지러지는 달은 저렇듯 변하나 마침내 없어지거나 자라나지 못하는 것이다. 대개 그 변하는 점으로 본다면 천지도 일찍이 한순간이 그대로일 수 없고 그 변하지 않는 점으로 본다면 자연과 내가 다함이 없는 것이니 또 무엇을 부러워하리오? 또 대체로 하늘과 땅 사이에 만물은 각각 임자가 있는지라, 실로 나의 소유가 아니면 비록 조그만 것이라도 가질 수 없다. 그러나 오직 강 위에 부는 맑은 바람과 산 속에 비치는 밝은 달만은 귀로 그 바람 소리를 감상할 수 있고 눈으로 그 달빛을 완상할 수 있다.

이를 가져도 제지함이 없고 써도 다하지 않으니 이는 조물주가 만든 무진장한 창고이고, 나와 그대가 함께 마음대로 즐길 수 있는 것이다.' 하였다. 손은 기쁘게 웃으면서 술잔을 씻어 다시 술을 권하여, 안주가 모조리 없어지고 술잔과 소반이 어지러워졌는데, 우리들은 서로 베개삼아 배 안에 뒹굴면서 동녘이 이미 훤하게 밝은 줄도 몰랐다.

〈春夜宴桃李園序〉

※ 당나라 시선(詩仙) 이백(李白)이, 봄날 밤에 형제들과 동산에서 잔치를 베풀고 놀며 그 감상을 서술한 글.

夫天地者, 萬物之逆旅, 光陰者百代之過客, 而浮生若夢, 爲歡幾何? 古人秉燭夜遊, 良有以也. 況陽春召我以煙景, 大塊假我以文章? 會桃李之芳園, 序天倫之樂事. 群季俊秀, 皆爲惠連, 吾人詠歌, 獨慚康樂. 幽賞未已, 高談轉淸, 開瓊筵以坐花, 飛羽觴而醉月, 何申雅懷? 如詩不成, 罰依金谷酒數. (李白)

대체로 하늘과 땅은 만물의 여인숙(旅人宿)이고, 흐르는 세월은 영원한 나그네라, 덧없는 삶은 꿈과 같으니 즐거움을 누린들 얼마 동안이랴? 옛사람이 촛불을 밝히고 밤에 놀던 것도 실로 까닭이 있었다. 하물며 따뜻한 봄이 나를 아지랑이 낀 경치로써 부르고, 조물주는 나에게 문장을 빌려 주었음에랴?

이에 복숭아꽃, 오얏꽃이 핀 향기로운 동산에 모여, 집안 형제들의 즐거운 잔치를 베풀었다. 여러 아우들의 뛰어난 재능은 옛날 사혜련(謝惠連:사영운의 從弟)에게 견주겠으니, 내가 읊으려는 노래는 다만 강락후(康樂侯:謝靈運)를 못 따를까 부끄럽구나. 그윽한 경치의 감상이 채 끝나지도 않았는데, 고상하고 우아한 이야기는 시원하게 오가누나. 좋은 잔치를 벌여 꽃 속에 자리잡고 아름다운 술잔을 주고받아 달빛 속에 취하는데 좋은 시를 짓지 않는다면 어떻게 흥겨운 회포를 펴겠는가? 만일 시를 못 지으면 금곡(晋나라 石崇이 金谷의 모임에서 詩 못 하는 이에게 벌주 서 말씩 먹였다는 故事)의 주량대로 마시게 하여 벌 주리라.

〈出師表〉
※ 촉한(蜀漢)의 재상 제갈양(諸葛亮)이 출전하면서 후주 유선(劉禪)에게 올린 글.

先帝創業未半, 而中道崩殂, 今天下三分, 益州罷敝, 此誠危急存亡之秋也. 然, 侍衛之臣, 不懈於內, 忠志之士, 忘身於外者, 蓋追先帝之殊遇, 欲報之於陛下也. 誠宜開張聖聰, 以光先帝遺德, 恢弘志士之氣, 不宜妄自菲薄, 引喻失義, 以塞忠諫之路也. 宮中府中, 俱爲一體, 陟罰臧否, 不宜異同. 若有作姦犯科及爲忠善者, 宜付有司, 論其刑賞, 以昭陛下平明之治, 不宜偏私, 使內外異法也.

선제(先帝:劉備)께서 왕업을 시작하신 지 반도 못 되어 중도에 돌아가시고, 지금 천하는 셋으로 갈라서 익주(益州)가 피폐하여 쇠망하였으니, 이는 실로 위급하여 존망을 가리는 때입니다. 그러나 시위하는 신하가 안에서 게으르지 아니하고, 충성된 인사가 밖에서 제 몸을 잊고 있음은 이는 대개 선제께 받은 특별한 대우를 폐하께 갚으려는 것입니다.

참으로 폐하의 총명을 크게 열으시어 선제께서 남기신 덕망을 빛내고 뜻있는 인사들의 기개를 널리 길러야 합니다. 함부로 자신의 덕망이 엷다고 하여 의리에 어긋나는 비유를 이끌어 충성스런 간언을 올리는 길을 막아서는 옳지 아니합니다.

궁중과 조정이 혼연일체가 되어야 하오니, 착한 사람을 상 주고, 악한 자를 벌 줌이 틀려서는 안 됩니다. 만일 간악한 짓을 저질러 죄를 범하는 자와 충직하고 착한 행실을 하는 사람이 있으면, 마땅히 유사(有司:당무자)에게 넘겨, 형벌과 상을 의논하여 폐하의 공정하고 밝은 정치를 세상에 밝혀 보이시고 사(私)에 치우쳐 안팎의 법도를 달리하여서는 아니 되옵니다.

侍中侍郎郭攸之·費褘·董允等, 此皆良實, 志慮忠純. 是以先帝簡拔, 以遺陛下, 愚以爲宮中之事, 事無大小, 悉以咨之, 然後施行, 必能裨補闕漏, 有所廣益. 將軍向寵, 性行淑均, 曉暢軍事, 試用於昔日, 先帝稱之, 曰能. 是以衆議擧寵爲督, 愚以爲營中之事, 事無大小, 悉以咨之, 必能使行陣和睦, 優劣得所也. 親賢臣, 遠小人, 此先漢所以興隆也, 親小人遠賢人, 此後漢所以傾頹也. 先帝在時每與臣論此事, 未嘗不歎息痛恨於桓靈也. 侍中尙書長史叅軍, 此悉貞亮死節之臣也, 陛下親之信之, 則漢室之隆, 可計日而待也.

시중·시랑 곽유지(郭攸之)·비위(費褘)·동윤(董允) 등은

다 선량하고 진실하며 의지와 사려가 충직하고 순박합니다. 이러한 까닭으로 선제께서 가려 뽑아 폐하께 전하였사오니, 신은 생각하기를 궁중의 일은 대소사를 막론하고 다 이들에게 자문하신 뒤에 시행하시면, 반드시 모자라는 것을 보충하여 널리 이익되는 점에 있으리이다. 장군 상총(向寵)은 성품과 행실이 깨끗하고 공평하며, 군사(軍事)에 밝아서 지난날 시험하여 써보시고, 선제께서는 그를 칭찬하여 유능하다고 말씀하시므로, 여러 사람들이 의논한 다음 상총을 추천하여 도독으로 삼았사오니, 신의 생각으로는 영문 안의 일은 대소사를 불문하고 다 그와 상의하시면, 반드시 군대들을 화목하게 만들고, 그 우열에 따라 알맞은 일을 맡길 수 있을 것입니다. 현신(賢臣)을 가까이하고 소인을 멀리함은 저 선한(先漢)을 훌륭하게 만든 까닭이며, 소인을 가까이하고 현신을 멀리함은 이 후한을 넘어가게 한 까닭입니다. 선제께서 계실 때에 신과 더불어 이 일을 의논하실 때마다 늘 환제(桓帝)·영제(靈帝) 때의 일을 탄식하시고 원망하시기를 마지않았습니다. 시중상서(侍中尙書)·장사(長史)·참군(叅軍)은 다 의지가 굳고 죽음으로 절개를 지킬 만한 신하들이오니, 폐하께서는 이들을 가까이하고 신임하시면 한나라 왕실의 융성은 가히 날짜를 헤아려 기다릴 만큼 빠를 것입니다.

臣本布衣, 躬耕南陽, 苟全性命於亂世, 不求聞達於諸侯, 先帝不以臣卑鄙, 猥自枉屈, 三顧臣於草廬之中, 諮臣以當世之事. 由是感激, 許先帝以驅馳, 後值傾覆, 受任於敗軍之際, 奉命於危難之間, 爾來二十有一年矣. 先帝知臣謹愼, 故, 臨崩寄臣以大事也. 受命以來, 夙夜憂勤, 恐託付不效, 以傷先帝之明, 故, 五月渡瀘, 深入不毛. 今南方已定, 兵甲已足, 當獎率三軍, 北定中原, 庶竭駑鈍, 攘除姦凶, 興復漢室, 還于舊都, 此臣所以報先帝, 而忠陛下職也. 至於斟酌損益, 進盡忠言, 則攸之, 褘·允之任也.

　신은 본래 서민으로서, 몸소 남양에서 농사를 지어 구차스레 목숨을 난세에 보전하며 제후의 영달을 바라지 않았사온데, 선제께서는 신을 미천하다 아니 하시고 외람스럽게도 스스로 몸을 굽히시어, 세 번이나 신의 오막살이를 찾아보시고 신에게 당면한 세상사를 물으셨습니다. 이로 말미암아 감격하여 선제를 위하여 힘을 다해 일할 것을 허락하였더니, 훗날 국운이 기울어지게 되자 중대한 임무를 패전할 즈음에 받잡고, 명을 위급하고 어려운 때에 받들어 지금까지 21년이 되었습니다. 선제께서는 신이 하는 일이 신중한 줄로 아셨으므로, 붕어(崩御)하실 때에 신에게 중대한 일을 맡기셨습니다. 명을 받은 이래로 밤낮 근심하기를 부탁하신 일이 보람이 없어, 선제의 총명을 손상할까 두려워하였습니다. 그러므로 5월에 노수를 건너서 멀리 풀도 안 자라는 남중으로 들어갔던 것입니다. 이제 남쪽 지방이 벌써 평정되고 무기와 군사도 이미 충분하오니, 마땅히 3군을 거느리고 북쪽으로 중원을 쳐서 이를 평정할 때입니다. 바라옵건대, 노둔한 힘을 다하여 간흉한 위나라를 치고, 다시 한나라 황실을 일으켜서 옛 서울(長安)로 돌아가도록 하십시오. 이는 신이 선제의 은총을 보답하고 폐하께 충성하는 직분이라고 생각하는 까닭입니다. 더구나 손해가 되고 이익이 되는 일을 헤아려 폐하께 모든 충언을 아뢰는 일은 곧 곽유지·비위·동윤의 임무입니다.

願陛下託臣以討賊興復之效, 不效則治臣之罪, 以告先帝之靈, 若無興德之言, 責攸之·褘·允等之咎, 以彰其慢. 陛下亦宜自謀以諮諏善道, 察納雅言, 深追先帝遺詔. 臣不勝受恩感激, 今當遠離, 臨表涕泣, 不知所云. (諸葛亮)

원컨대 폐하께서는 신에게 적을 토벌하여 다시 한나라 황실을 일으키는 데에 효과를 거둘 수 있는 책임을 맡기시어, 보람이 나지 않으면 신의 죄를 다스려 선제의 영령께 아뢰도록 하시고, 만약 덕을 일으키는 충언을 올리지 않으면 유지·위·윤 등의 허물을 책망하시어 그 게으른 점을 드러내 주십시오. 폐하께서 마땅히 스스로 도모하시어 좋은 대책을 자문하시고, 신하들의 훌륭한 말을 받아들이시어 깊이 선제께서 남기신 말씀을 따르소서. 신은 은총을 받은 감격을 누르지 못하와 지금 멀리 출전하면서 이 표(表:품은 뜻을 적어 황제에게 올리는 글)를 올리려니 눈물이 흘러서 무슨 말씀을 아뢰야 할지 모르겠습니다.

〈陳情表〉
※ 東晉의 효손 이밀(李密)은 무제가 태자선마(太子洗馬)의 벼슬을 내렸으나 할머니 봉양을 이유로 이〈진정표

〉를 올려 사양하였다.

　臣以險釁, 夙遭愍凶, 生孩六月, 慈父見背, 行年四歲, 舅奪母志, 祖母劉閔臣孤弱, 躬親撫養. 臣少多疾病, 九歲不行, 零丁孤苦, 至於成立, 旣無叔伯, 終鮮兄弟, 門衰祚薄, 晚有兒息, 外無期功强近之親, 內無應門五尺之童, 煢煢孑立, 形影相弔, 而劉夙嬰疾病, 常在牀蓐, 臣侍湯藥, 未嘗廢離.

　신은 험악한 운수로 일찍이 어버이를 여읜 불행을 당하와, 태어난 지 여섯 달 만에 아버지에게 버림을 당하였고, 네 살이 되던 해에는 외숙이 어머니를 개가시켰으므로, 할머니는 신의 외로움을 가엾게 여겨 몸소 돌보아 길러 주었습니다. 신은 어릴 때 병이 많아서 아홉 살까지 잘 걷지도 못하였고, 뜻을 잃고 외로이 고생을 하면서 성년이 되었사오나, 원래 숙부·백부도 없어서 마침내는 형제도 적으며, 집안도 쇠하고 복도 박하여 늦게야 자식을 두었지만, 밖으로는 도와 줄 만한 가까운 친척이 없고, 안으로는 문 밖에 나아가 손님을 맞을 아이도 없사오니, 의지할 데가 없어 몸과 그림자가 서로 불쌍히 여기는 외로운 사람입니다. 그리고 할머니도 일찍이 병이 들어 늘 자리에 누워 계시오나, 신이 모시고 약을 달여 드려야 하므로, 그 일을 그만두고 멀리 떠날 수 없습니다.

　逮奉聖朝, 沐浴淸化, 前太守臣逵, 察臣孝廉, 後刺史臣榮, 擧臣秀才, 臣以供養無主, 辭不赴. 會詔書特下, 拜臣郎中, 尋蒙國恩, 除臣洗馬, 猥以微賤, 當侍東宮, 非臣隕首. 所能上報, 臣具以表聞, 辭不就職, 詔書切峻, 責臣逋慢, 郡縣逼迫, 催臣上道, 州司臨門, 急於星火, 臣欲奉詔奔馳, 則以劉病日篤, 欲苟順私情, 則告訴不許, 臣之進退, 實爲狼狽.

성조(聖朝)를 받드는 데에 이르러서는 맑은 교화를 입었사온데, 전에 태수를 지낸 신(臣) 규(逵)는 신의 효성과 염결을 알아 주셨고 그 후 자사(刺史)로 온 신 영(榮)은 신을 수재로 천거하였으나, 신은 할머니의 공양을 맡길 사람이 없으므로 사양하고 나아가지 않았습니다. 그러하온데, 마침 조서(詔書)가 특별히 내려 신을 낭중(郞中) 벼슬로 임명하시고, 이윽고 나라의 큰 은혜를 입어 신에게 선마(洗馬) 벼슬을 제수하시어, 외람되게도 미천한 몸으로 동궁(태자)을 모시게 되었사오니, 신은 죽어도 폐하의 은혜를 갚을 수 없습니다. 그러하오나 신은 자세한 글월을 올려 사양하고 벼슬자리에 나아가지 않았사온데, 조사는 아주 엄중하여 신의 회피하고 태만함을 책망하시고, 태수(郡縣)는 핍박하여 신에게 길 떠나기를 재촉하고, 자사(州司)는 집에까지 와서 성화보다 다급하게 졸랐습니다. 신이 조서를 받들고 달려가려 하오면 할머니의 병세가 날로 심각하여지고, 구차히 사정(私情)을 따르려 하오면 아뢰고 호소하여도 윤허하지 않으시니 신의 진퇴 문제는 참으로 낭패이옵니다

伏惟聖朝以孝治天下, 凡在古老, 猶蒙矜育, 況臣孤苦, 特爲尤甚? 且臣少事僞朝, 歷職郎署, 本圖官達, 不矜名節. 今臣亡國之賤俘, 至微至陋, 過蒙拔擢, 寵命優渥, 豈敢盤桓, 有所希冀? 但以劉日薄西山, 氣息奄奄, 人命危淺, 朝不慮夕. 臣無祖母, 無以至今日, 祖母無臣, 無以終餘年, 母孫二人, 更相爲命. 是以區區, 不能廢遠.

생각하오면 성조는 효도로써 세상을 다스리시어 모든 늙은이들도 오히려 불쌍히 여겨져 양육받거늘, 하물며 신은 홀로 고생함이 특별히 자심함이리오? 또한 신은 젊었을 때에 촉한(蜀漢)을 섬겨서 낭서 벼슬을 지냈고, 본래 벼슬하여 출세를 도모하였사오니, 명예와 절개를 자랑하지 아니합니다. 이제 신은 망국(촉한)의 천한 포로이오라 지극히 미천하옵거늘, 과분하게 발탁하여 총애하심이 남달리 후하시온데, 어찌 감히 머뭇거리며 더 높은 벼슬을 바라오리까? 다만 할머니가 서산으로 해가 기울어지듯 숨이 끊어지려 하오니, 사람의 목숨이란 위태롭고 가냘픈 것이오라, 아침에 저녁 일을 헤아리지 못할 실정입니다. 신은 할머니가 없었더라면 오늘에 이를 수가 없었을 것이요, 할머니도 신이 없으면 남은 수명을 마칠 수 없는 처지오니, 할머니와 손자 두 사람은 서로 한 생명을 이루고 있는 형편입니다. 이에 변변치 못한 글월을 올려, 할머니의 봉양을 그만두고 멀리 떠날 수 없음을 말씀드립니다.

臣密今年四十有四, 祖母劉今九十有六. 是臣盡節於陛下之日長, 報劉之日短也. 烏鳥私情, 願乞終養. 臣之辛苦, 非獨蜀之人士及二州牧伯, 所見明知, 皇天后土, 實所共鑑. 願陛下矜憫愚誠, 聽臣微志. 庶劉僥倖, 保率餘年, 臣生當隕首, 死當結草. 臣不勝怖懼之情, 謹拜表以聞. (李密)

신 밀은 올해 나이 마흔네 살이옵고, 할머니는 지금 아흔여섯입니다. 이러하오니 신이 폐하께 절의를 다할 날은 길지만, 할머니에게 은혜를 갚을 날은 짧습니다. 까마귀가 보은하는 사정 같사오니, 원컨대 할머니의 봉양을 마치게 하여 주옵소서. 신의 괴로움은 다만 촉한의 인사 및 두 고을 원이 분명히 알고 있을 뿐만 아니옵고, 천지 신명도 실로 함께 알고 있는 것입니다. 원컨대 폐하께서는 신의 어리석은 정성을 가엾게 여기시어 신의 조그마한 뜻을 윤허하여 주옵소서. 바라건대 할머니가 요행스럽게 여생을 잘 보전하다가 돌아가게 된다면, 신은 살아서는 목숨을 바치겠고 죽어서는 결초보은(結草報恩)하겠습니다.

〈師說〉
※ 당나라 한유(韓愈)가, 공부하는 사람이 스승을 따라야 하는 근본 도리를 말한 글. 자는 퇴지(退之), 호는 창려(昌黎). 당송팔대가의 한 사람. 저서에 ≪창려집≫ 40권, ≪외집(外集)≫ 등.

古之學者, 必有師. 師者所以傳道受業解惑也. 人非生而知之者, 孰能無惑? 惑而不從師, 其爲惑也, 終不解矣. 生乎吾前, 其聞道也, 固先乎吾, 吾從而師之, 生乎吾後, 其聞道也亦先乎吾, 吾從而師之, 吾師道也, 夫庸知其年之先後生於吾乎? 是故, 無貴無賤, 無長無少, 道之所存, 師之所存也.
 옛날의 학자는 반드시 스승이 있었다. 스승이란 진리를 전하여 주고, 학업을 인도하여 주며 의혹을 풀어 주는 까닭이다. 사람은 나서 곧 사물의 진리를 아는 것이 아니니

누군들 의혹이 없으랴? 의혹을 가지면서 스승을 좇지 않으면 그 의혹은 끝내 풀리지 않는다. 나보다 먼저 나서, 그 진리를 들은 것이 실로 나보다 먼저라면, 내가 좇아 그를 스승으로 삼을 것이고 나보다 뒤에 났다 하더라도 그 진리를 들은 것이 나보다 먼저라면, 내가 좇아 그를 스승으로 삼을 것이니, 어찌 그 나이가 나보다 선후 출생임을 알아 가릴 것인가? 이런 까닭으로 귀한 사람도 없고 천한 사람도 없으며, 어른이나 젊은이 할 것 없이, 진리가 있는 데에는 스승이 있는 것이다.

嗟乎! 吾之不傳也久矣, 欲人之無惑也難矣. 古之聖人, 其出人也遠也, 猶且從師而問焉. 今之衆人, 其去聖人也亦遠矣, 而恥學於師. 是故. 聖益聖, 愚益愚, 聖人之所以爲聖, 愚人之所以爲愚, 其皆出於此乎?

아! 스승의 도리가 전해지지 않은 지 오래니, 사람의 의혹을 없애려 하기는 어렵다. 옛날의 성인은 남보다 뛰어난 점이 원대하였으나 오히려 스승을 좇아 진리를 물었다. 지금의 일반 사람들은 성인과의 거리가 역시 멀지만 스승에게 배우기를 부끄러워한다. 그러므로 성인은 더욱 성스러워지고 어리석은 사람은 더욱 어리석어진다. 성인이 성스러워지는 까닭과 어리석은 사람이 어리석어지는 까닭은 그것이 다 이러함에서 생기는지?

愛其子, 擇師而敎之, 於其身也, 則恥師焉, 惑矣. 彼童子之師, 授之書, 而習其句讀者也, 非吾所謂傳其道, 解其惑者也. 句讀之不知, 惑之不解, 或師焉, 或不焉, 小學而大遺, 吾未見其明也.

　사람들은 그 아들을 사랑하여 스승을 가려 글을 가르치지만, 그 자신은 스승삼기를 부끄러워하니 미혹한 것이다. 저 아이들의 스승은 그들에게 글을 가르치는 데에 글귀 읽는 것을 익혀 주는 것이니, 내가 말하는 이른바 진리를 전수하고 의혹을 풀어 주는 것은 아니다. 글귀 읽는 것을 모르고 의혹을 못 푸는 데에 따라 혹은 스승을 두거나 또 두지 않거나 하니, 작은 진리는 배우고 큰 진리는 놓쳐 버리는 것이라, 나는 그것을 현명하다고 보지 않는다.

　巫醫藥師百工之人, 不恥相師, 士大夫之族, 曰師曰弟子云者, 則群聚笑之, 問之則曰 '彼與彼年若也, 道相似也.' 位卑則足羞, 官盛則近諛, 嗚呼師! 道之不復可知矣. 巫醫藥師百工之人, 君子鄙之, 今其智乃反, 不能及, 其可怪也歟.

　무당·의원·약사 및 온갖 기술자들은 서로 스승됨을 부끄러워하지 않는데, 사대부들은 스승이니 제자니 하는 것을 무리지어 웃는다. 물어 보면 '저 사람과 저사람은 나이가 서로 같고, 학식의 정도가 서로 비슷하다.'고 말한다. 벼슬이 낮으면 부끄러워하고 벼슬이 높으면 가까이하여 아첨하니, 아! 스승의 도리가 회복되지 않음을 알 만하다. 무당·의원·약사 등 온갖 기술자들을 군자는 비천하게 여기지만, 지금 그 지혜가 도리어 이들에게 못 미치니, 그것이 가히 괴탄할 일이로다.

聖人無常師, 萇弘·師襄·老聃·郯子之徒, 其賢不及於
孔子. 孔子曰'三人行必有我師焉'故, 弟子不必不如師. 師
不必賢於弟子. 聞道有先後, 術業有專攻, 如斯而已.

성인은 일정한 스승이 없었으니 장홍(萇弘:음악가)과
사양(師襄:음악가)와 노담(老聃:老子)과 담자(郯子:정치
가. 공자의 스승)들은 어진 점이 공자에게 미치지 못하였
다. 공자는 말하기를 '세 사람이 일을 하면 그 중에는 반
드시 나의 스승이 있다.'고 하였다. 그러므로 제자가 반드
시 스승보다 못한 것이 아니고, 스승이 반드시 제자보다
어진 것은 아니다. 진리를 듣고 아는 데에 선후가 없고,
기술을 익히는 데에 전공(專攻)이 있으니 이와 같을 따름
이다.

李氏子蟠, 年十七, 好古文, 六藝經傳, 皆通習之, 不拘於
時, 請學於余. 餘嘉其能行古道, 作師說以貽之. (韓愈)

이씨의 아들 반(蟠)은 나이 열일곱 살에 고문(古文:六
朝 이전의 문장)을 좋아하여 육예(六藝:시경·서경·역
경·춘추·예기·악경) 경전을 다 능통하게 익혔는데, 시
기에 구애하지 않고 배우기를 나에게 청하였다. 나는 그가
옛날의 진리를 잘 공부하는 것을 가상하게 여겨서 사설
(師說)을 지어 그에게 주었다.

〈雜說〉
※ 한유(韓愈)가 말(馬)을 비유하여 영웅호걸이라도 그

를 알아 주는 사람이 있어야만 그의 능력을 발휘할 수 있다는 글. 그의 잡설에 용·의원·학·말의 네 가지가 있다.

　世有伯樂, 然後有千里馬. 千里馬常有, 而伯樂不常有. 故, 雖有名馬, 祇辱於奴隷之手, 駢死於槽櫪之間, 不以千里稱也. 馬之千里者, 一食或盡粟一石, 食馬者不知其能千里而食也, 是馬雖有千里之能, 食不飽, 力不足, 才美不外見. 且欲與常馬等, 不可得, 安求其能千里也? 策之不以其道, 食之不能盡其材, 鳴之, 不能通其意, 執策而臨之, 曰'天下無良馬!'嗚呼! 其眞無馬耶? 其盡不識馬耶? (上同)

　세상에 백락(伯樂)이 있은 연후에 천리마가 있다. 천리마는 항상 있지만 백락은 항상 있는 것이 아니다. 그러므로 비록 명마가 있다고 하더라도, 다만 노예들의 손에 욕되게 살다가 마구간에서 나란히 죽어 버리니 '천리마'라고 일컬어지지 않는다. 하루에 천리를 달리는 말은 단번에 곡식 한 섬을 먹기도 하는데 말을 먹이는 사람은 그 말이 천리를 달릴 수 있는 줄 모르고 먹이니 이 말이 비록 천리를 달릴 능력이 있더라도 먹는 것이 배부르지 못하고 힘이 모자라서 훌륭한 재능이 드러나지 않는다. 또 보통 말들처럼 만들려 해도 뜻대로 안 될 것이니, 어찌 그 능력이 천리를 달릴 수 있게 만들겠는가? 이를 채찍질함에 그에 적당한 방법을 쓰지 않고, 이를 먹이는 데에 그 재능을 다할 수 없게 하고, 이를 울리는 데 그 의사를 잘 통하게 하지 못하고는, 채찍을 잡고 말 앞으로 다가가서 말하기를 '세상에 좋은 말이 없다.'고 하니, 아! 정말 좋은 말이 없는지, 정말 좋은 말을 알지 못하는 것인지?

〈愛蓮說〉

※ 송나라 염계(濂溪) 주돈이(敦周頤)가 연꽃을 사랑하여 군자의 덕이 있는 꽃이라고 말한 글. 그는 송나라 성리학의 비조(鼻祖). 저서에 ≪태극도설≫ ≪통서≫ 등.

水陸草木之花, 可愛者甚蕃. 陶淵明獨愛菊, 自李唐來, 世人甚愛牡丹, 予獨愛蓮之出淤泥而不染, 濯清漣而不妖, 中通外直, 不蔓不枝, 香遠益清, 亭亭淨植, 可遠觀而不可褻翫焉. 予謂'菊花之隱逸者也, 牡丹花之富貴者也, 蓮花之君子者也.' 噫! 菊之愛, 陶後鮮有聞, 蓮之愛, 同予者何人? 牡丹之愛, 宜乎衆矣. (周敦頤)

물이나 뭍에 자라는 초목의 꽃으로서 사랑할 만한 것이 매우 많다. 도연명(陶淵明)은 유독 국화를 사랑하였고, 당나라 이래로 세상 사람들은 모란꽃을 매우 사랑하였다. 그런데 나는 유독 연꽃을 사랑한다. 그것은 진흙 속에서 나왔으나 더러움에 물들지 않고, 맑은 물결에 씻겨도 요염하지 않고, (꽃 줄기)는 속이 비어 있어도 겉은 곧고, 덩굴지지 않고, 가지치지 않으며 향기는 고상하고 더욱 청아하며, 꼿꼿이 조촐하게 서 있어서 멀리서 구경할 수 있어도 가까이서는 완상할 수 없다. 나는 일러 '국화는 속세를 떠나 사는 꽃 같고, 모란꽃은 부귀를 누리는 꽃 같고, 연꽃은 군자다운 꽃이다.'고 하겠다. 아? 국화를 사랑하는 사람을 도연명 이후에는 드물게 들었는데, 연꽃을 사랑하기를 나와 같이 하는 사람은 몇 사람이나 될는지? 모란꽃을 사랑하는 사람은 의당 많을 것이다.

7. 名詩選

(1) 韓國名詩選

① 五言詩

〈山居〉   # 李仁老   ※고려 명종 때의 학자. 문장과 글씨에 능함. 저서 ≪파한집(破閑集)≫ 등.
春去花猶在,   봄철은 지났으나 꽃은 아직 남아 있고,
天晴谷自陰.   하늘은 갰건만 골짜기엔 그늘 졌네.
杜鵑啼白晝,   두견새가 처량하게 대낮에 우니,
始覺卜居深.   으슥한 산골집임을 비로소 깨닫겠네.

〈絶命詞〉 # 成三問 ※ 조선 초기의 충신. 집현전 학사로 한글 창제에 공이 큼. 사육신의 한 사람.
擊鼓催人命,   북소리는 둥둥둥 인명을 재촉하는데,
回首日欲斜.   고개를 돌려 보니 해는 벌써 기울어지려네.
黃泉無客店,   황천 가는 길엔 주막도 없을 테니,
今夜宿誰家.   오늘 밤은 뉘 집에서 묵을꼬?

〈江南曲〉 # 許蘭雪軒 ※조선 선조 때 여류시인. 허균의 누이. 저서에 ≪허난설헌집≫이 있다.
人言江南樂,   남들은 강남땅이 즐겁다고 하지만,
我見江南愁.   나는 강남에서 근심으로 지낸다오.
年年沙浦口,   해마다 백사장의 포구에서,
腸斷望歸舟.   돌아올 임의 배를 애타게 바란다오.

〈奉世宗旨教賦雲〉 # 任元濬 ※조선 초기의 문신. 호는 사우당(四友堂).

駘蕩三春後,	나른한 춘삼월도 어느 새 지났는데,
悠揚萬里雲.	까마득히 뜬구름이 한가로이 날아가네.
凌風千丈直,	시원한 바람결에 천길 만길 뻗어가고,
暎日五花文.	아름다운 햇빛 받아 오색 꽃들 무늬 졌네.
祥光凝玉殿,	상서로운 빛은 옥전(玉殿)에 서려 있고,
瑞氣擁金門.	상서로운 기운은 금문에 어려 있네.
待得從龍日,	용을 따라갈 수 있는 그날을 기다려서,
爲霖佐聖君.	장마비가 되어 성군을 도우리라.

〈淮陽〉 # 李廷龜 ※ 인조 때의 대신. 호는 월사(月沙). 저서에 ≪월사집≫.

天擁重關險,	하늘은 관문의 험난함을 감싸 주고,
江蟠二嶺長.	강물은 두 산에 기다랗게 감겨 있네.
雲烟護仙窟,	구름과 연기는 선굴(仙窟:속세를 떠난 곳에다 지은 집)을 끼고 돌고,
日月近扶桑.	해와 달은 부상(扶桑:동녘)으로 다가서네.
秋膾銀鱗細,	가을 회는 은어의 얕은 맛
春醪栢葉香.	봄 술은 잣나무 잎 향기일세.
他時倘許代,	어느 날 만기가 되어 돌아간다 하더라도,
吾不薄淮陽.	내 회양 땅을 푸대접 않으리.

〈奉使日本〉 # 鄭夢周 고려 말기의 충신. 학자. 호는 포은(圃隱). 저서에 ≪포은집≫.

水國春光動,	섬나라엔 봄빛이 도는데,
天涯客未行.	먼 데서 온 나그네는 떠날 날이 멀었구나.

草連千里綠,　　풀빛은 파릇파릇 천리를 이어 퍼렇고,
月共兩鄕明.　　달빛은 두 나라 땅을 함께 밝혀 주리.
遊說黃金盡,　　여기저기 유세하느라 돈은 이미 떨어지고,
思鄕白髮生.　　고향을 그리워하다 흰 머리만 생겨났네.
男兒四方志,　　사나이 대장부의 크나큰 뜻은,
不獨爲功名.　　공명을 위함이 아니라 나라를 위함일세.

② 七言詩

〈踰大關嶺望親庭〉 # 申師任堂　※ 조선 중엽의 여류시인. 서화에도 능함. 율곡의 어머니.
慈親鶴髮在臨瀛,　늙으신 어머님을 동해(강릉)에 남겨 두고
身向長安獨去情.　나만 혼자 서울로 떠나는 마음이여.
回首北坪時一望,　고개를 북평으로 돌려 때때로 한 번씩 바라보니,
白雲飛下暮山靑.　흰구름 떠 있는 아래 저녁 산이 푸르구나.

〈山中作〉 # 崔沆　※ 고려 초기의 명신. 청백리(淸白吏)
滿庭月色無烟燭,　뜰을 비친 훤한 달빛은 연기 없는 촛불이고,
入座山光不速賓.　자리에 든 산 경치는 청하지 않은 손님일세.
更有松絃彈譜外,　게다가 소나무 스치는 소리는 악보 없는 음악인데
只堪珍重未傳人.　존귀하고 중하지만 남에게는 전할 수 없네.

〈過松江墓〉 # 權韠　※ 광해군 때의 학자. 호는 석주(石洲).
空山木落雨蕭蕭,　텅 빈 산에 낙엽 지고 비마저 쓸쓸한데,
相國風流此寂廖.　재상(송강)의 즐긴 풍류가 이렇게도 적

	막혔던가.
惆悵一杯難更進,	서글퍼라, 좋아하던 술 한잔 다시 권하기도 어렵고,
昔年歌曲卽今朝.	옛날 부르던 그 노래도 들을 길 없는 오늘일세.

〈春日吟〉　# 申最　※ 인조 때의 문인. 호는 춘소(春沼). 문장, 특히 부(賦)에 능하였다.

滿地梨花白雪香,	눈같이 흰 배꽃은 온 천지에 향기를 풍기는데,
東風無賴損幽芳.	샛바람은 심술궂게 그윽한 향기를 가시게 하네.
春愁漠漠心如海,	봄 시름은 아득하지만 마음은 바다 같고,
樓燕雙飛繞畫樑.	제비들은 짝을 지어 대들보를 넘나드네.

〈送秋日感懷〉　# 金尙憲　※조선 중기의 학자, 호는 청음(淸陰). 병자호란 때의 척화(斥和)로 유명. 저서에 ≪청음집≫.

忽忽殊方斷送秋,	아득한 이역 만리 가을도 막 가는군,
一年光景水爭流.	일년이 지나는 게 흐르는 물 같구나.
連天敗草西風急,	시든 풀포기엔 가을 바람이 쌩쌩한데,
羃磧寒雲落日愁.	모래 덮인 추운 하늘 저녁녘에 시름하네.
蘇武幾時終返國?	소무(전한의 충신)야 어느 날에 고향으로 돌아갔나?
仲宣何處可登樓?	중선(위나라 시인 王粲)아 어디에서 등루부를 읊느냐?
騷人烈士無窮恨,	원한에 울부짖는 시인, 열사들아.
地下傷心亦白頭.	저승에 가도 속상하고 머리 또한 희어질걸.

〈林亭遣閒〉　# 申緯　※ 조선 말기의 학자. 호는 자하(紫霞). 시·글씨·그림에 능하였다.

地僻林亭似遠郊,　호젓한 숲속 정자는 먼 교외 같아,
更無門鑰客來敲.　잠긴 문을 두드리는 손님도 없구나.
墻頭每過鵝兒酒,　담 머리엔 거위 새끼가 술 먹으러 넘어오고,
簾額偏當燕子巢.　발 짬에는 제비집이 비스듬이 붙어 있네.
一霎東風芳杜岸,　스쳐오는 샛바람에 둔덕이 향기롭고,
半規明月杏花梢.　반달은 환하게 살구나무 끝에 걸려 있네.
詩逋畵債春來甚,　못 쓴 시와 그림 빚이 봄 들어 심해지니,
懶情從嗔筆硯抛.　게으른 마음에 화난 대로 붓·벼루를 내던진다.

③ 樂府

〈鄭瓜亭曲〉　# 李齊賢　※ 고려 말엽의 학자·시인. 호는 익재(益齊).

憶君無日不霑衣,　내 임을 그리워하여 옷깃을 적시지 않는 날이 없으니,
政似春山蜀子規.　마치 봄 동산에서 우는 소쩍새와도 같습니다.
爲是爲非人莫問,　옳으니 그르니 하는 말을 남에게 묻지 마소.
只應殘月曉星知.　지는 달과 샛별만이 알고 있으리다.

〈梨花月白〉　# 申緯

梨花月白三更天,　배꽃에 달은 밝고 밤은 벌써 삼경인데,
啼血聲聲愁杜鵑.　피를 토하며 슬피 우는 수심에 잠긴 두견

이 소리.
儘覺多情原是病, 다정도 병인 것을 훤히 다 알았구려,
不關人事不成眠. 인간사와 무관하련만 한잠도 못 이뤘네.

〈鄕樂府五首〉　# 崔致遠　※ 신라 말기의 학자. 자(字)는 고운(孤雲).

金　丸
回身掉臂弄金丸, 뱅뱅돌며 팔을 흔들어 금환을 희롱하면,
月轉星浮滿眼看. 달은 돌고 별은 떠서 눈 안에 가득하네.
縱有宜僚那勝此? 의료(宜僚)가 있다 한들 이보다 낫겠는가?
定知鯨海息波瀾. 경해(鯨海) 물결이 잔잔함을 이것으로 알겠구나.

月　顚
肩高項縮髮崔嵬, 어깨를 높이고 목을 움츠려 머리털은 빳빳이 서고,
攘臂群儒鬪酒杯. 분기(奮起)한 선비들이 술잔을 다투누나.
聽得歌聲人盡笑, 노래 소리 들릴 때마다 모두 다 웃는 소리,
夜頭旗幟曉頭催. 밤 들어 꽂은 깃발이 새벽을 재촉하네.

大　面
黃金面色是其人, 황금빛 탈 쓴 사람 저게 바로 그 사람,
手抱珠鞭役鬼神. 붉은 채찍 손에 잡고 귀신을 부린다네.
疾步徐趨呈雅舞, 빨리 뛰다 천천히 걷다 아무(雅舞)를 추게 되면,
宛如丹鳳舞堯春. 완연하여라, 붉은 봉황이 요춘(堯春)을

춤추는 듯.

束　毒
蓬頭藍面異人間,　　쑥대 머리에 파란 얼굴 이상한 사람들이,
押隊來庭學舞鸞.　　떼를 지어 뜰에 나와 난새춤을 배우누나.
打鼓冬冬風瑟瑟,　　북소리는 둥둥둥 바람은 살랑살랑,
南奔北躍也無端.　　남으로 달리고 북으로 뛰며 그칠 줄을 모르누나.

狻　猊
遠涉流沙萬里來,　　멀고 먼 사막을 건너 만리길을 오느라고,
毛衣破盡着塵埃.　　털들이 다 해져서 먼지만 덮어썼군.
搖頭掉尾馴仁德,　　머리를 흔들고 꼬리를 치며 인덕을 길들이니,
雄氣寧同百獸才.　　왕성한 기상이 어찌 뭇 짐승의 성질과 같으리?

(2) 中國名詩選

① 五言詩

〈春 曉〉　# 孟浩然　※ 당나라의 시인. 이름은 호(浩). 절의를 숭상함. 저서에 ≪맹호연집≫이 있다.
春眠不覺曉,　　봄철의 잠이 짙어 새벽이 된 줄도 몰랐는데,
處處聞啼鳥.　　여기저기서 새 우는 소리 들려오네.
夜來風雨聲,　　지난 밤부터 바람 불고 빗소리가 들렸으니,
花落知多少.　　고운 꽃이 얼마쯤 떨어졌음을 알겠구나.

〈四 詩〉　# 陶 潛　※ 진(晉)나라의 자연 시인. 자(字)는 연명(淵明).
春水滿四澤,　　봄물은 못마다 가득하고,
夏雲多奇峰.　　여름 구름은 기이한 봉우리가 많구나.
秋月揚明輝,　　가을 달은 밝은 빛을 드러내고,
冬嶺秀孤松.　　겨울 산마루엔 외론 소나무가 빼어났네.

〈絶 句〉　# 杜 甫　※ 당나라의 대 시인. 자는 자미(子美), 호는 소릉(少陵).
江碧鳥逾白,　　강물이 짙푸르니 새 더욱 희어지고,
山靑花欲然.　　온 산이 푸르니 꽃빛이 불타는 듯.
今春看又過,　　올 봄도 어느 새 또 한 번 지나나 보다,
何日是歸年?　　어느 날이 진정 고향으로 돌아갈 때일지?

〈王昭君〉 # 李白 ※ 당나라의 대 시인. 자는 태백(太白). 호는 청련(青蓮).

昭君拂玉鞍,	왕소군이 옥안장을 두 손으로 쥐어뜯으며,
上馬啼紅頰.	말에 오르니 눈물이 흘러 두 뺨을 적시는군.
今日漢宮人,	오늘까진 한나라 왕실의 후궁이지만,
明日胡地妾.	내일부턴 오랑캐의 가엾은 아내라오.

〈幽州夜歌〉 # 張說 ※당나라의 문학자. 저서에 ≪장연국공집(張燕國公集)≫이 있다.

涼風吹夜雨,	선들바람이 비 오는 밤에 불어,
蕭瑟動寒林.	낙엽 진 차가운 숲을 쓸쓸하게 뒤흔드네.
正有高堂宴,	진정 고당에서 잔치를 마련하니,
能忘遲暮心.	늙어 가는 서글픔을 그런 대로 잊겠구먼.
軍中宜劍舞,	군중에선 마땅히 칼춤을 추어야지,
塞上重笳音.	여기는 국경이라 호가 소릴 중히 여겨.
不作邊城將,	변성의 장수가 되어 여기 오지 않았던들,
誰知恩遇深.	어느 누가 깊은 은총을 알아 줄 수 있을는지?

〈登香積寺〉 # 王維 ※ 당나라 중엽의 궁정 시인이며 화가. 자는 마힐(摩詰). 남종화(南宗畫)의 개조.

不知香積寺,	향적사가 어딘지 도무지 알지 못해,
數里入雲峰.	몇 리를 걸어 구름 덮인 봉우리로 들어간다.
古木無人逕,	고목은 우거지고 오솔길도 못 찾는데,
深山何處鐘.	깊은 산골 어디선가 종소리가 들려오네.
泉聲咽危石,	졸졸졸 샘물 소리는 높은 바위에 막히고,
日色冷青松.	햇빛을 받아 소나무가 한결 깨끗하다.

薄暮空潭曲,   저문날 연못가에 우두커니 서 있다가,
安禪制毒龍.   고요히 합장하며 온갖 번뇌를 억누른다.

〈春望〉   # 杜甫
國破山河在,   나라는 망하였으나 산천이 그대로 있으니,
城春草木深.   성 안에는 봄이 오고 초목은 무성하구나.
感時花濺淚,   그때를 생각하면 꽃만 봐도 눈물이 흐르고,
恨別鳥驚心.   이별을 한스러워하니 새 소리만 들어도 놀라겠네.
烽火連三月,   전쟁이 석 달을 연달아 갈 길이 막혔으니,
家書抵萬金.   집에서 보내온 편지는 만금을 줘도 아깝잖아.
白頭搔更短,   흰머리는 긁어 놓아 더욱더 짧아졌고,
渾欲不勝簪.   비녀를 꽂으려도 견디어 내지 못하는군.

② **七言詩**
〈勸學詩(偶成)〉   # 朱熹   ※ 송나라의 대학자. 주자(朱子).

少年易老學難成,   소년은 늙기 쉽고 학문은 이루기 어려우니,
一寸光陰不可輕.   짧은 시간이라도 가벼이 해서는 안 된다.
未覺池塘春草夢,   아직 연못가에 봄풀의 꿈을 깨지도 못하였는데,
階前梧葉已秋聲.   뜰 앞에 오동잎은 벌써 가을 소리로구나.

〈九月九日憶山中兄弟〉   # 王維
獨在異鄕爲異客,   나홀로 타향에서 떠도는 나그네 되니,
每逢佳節倍思親.   아름다운 명절 때마다 가족 생각 갑절일세.

遙知兄弟登高處, 아득히 생각하면, 지금쯤 우리 형제는 높은 산에 올라가서,
遍揷茱萸少一人. 모두들 수유를 꽂고 '한 사람이 모자란다'고 이야기 할걸.

〈楓橋夜泊〉 # 張繼 ※ 당나라의 시인, 양양(襄陽) 사람.
月落烏啼霜滿天, 달은 지고 까마귀는 울고 서리가 흠뻑 내린 계절인데,
江楓漁火對愁眠. 단풍진 강가의 고기잡이 불은 수심에 겨워 졸고 있네.
姑蘇城外寒山寺, 고소성 밖에 있는 한산사 뜰에서는,
夜半鐘聲到客船. 밤중에 치는 종소리가 객선에까지 들려오네.

〈送元二使安西〉 # 王維
渭城朝雨浥輕塵, 위성에 내린 아침 비가 날리는 먼지를 적셔 주니,
客舍靑靑柳色新. 객사의 버들 빛이 푸릇푸릇 새롭구나.
勸君更進一杯酒, 그대에게 다시 한잔 술을 권하노니,
西出陽關無故人. 서쪽으로 양관을 벗어나면 술친구도 없으리다.

〈黃鶴樓〉 # 崔顥 ※ 당나라 시인. 이백(李白)이 그를 사모하였다.
昔人已乘黃鶴去, 옛사람이 이미 황학을 타고 가버렸으니,
此地空餘黃鶴樓. 여기는 텅 빈 황학루만 남았구나.
黃鶴一去不復返, 황학은 한 번 가곤 다시 돌아오지 않으니,
白雲千載空悠悠. 흰 구름만 천년 동안 부질없이 오락가락.

晴川歷歷漢陽樹,　갠 날 맑은 냇가엔 한양 숲이 역력하고,
芳草萋萋鸚鵡洲.　꽃다운 풀은 퍼렇게 앵무주에 무성하다.
日暮鄉關何處是?　해는 벌써 저무는데 고향 땅이 어디멘가?
烟波江上使人愁.　안개는 강물에 서려 남의 수심을 자아내네.

〈登金陵鳳凰臺〉　# 李白
鳳凰臺上鳳凰遊,　봉황대 위에서 봉황새가 다정하게 놀다가,
鳳去臺空江自流.　봉황이 가버리니 대(臺)는 비고 강물만 절로 흐른다.
吳宮花草埋幽徑,　오왕궁의 화초(미인)는 깊은 골에 파묻히고,
晉代衣冠成古丘.　진나라 의관(관리)은 옛 무덤을 이루었네.
三山半落靑天外,　삼산은 반쯤 떨어져 하늘가에 푸르고,
二水中分白露洲.　두 강은 갈라져 흘러 백로주를 감도누나.
總爲浮雲能蔽日,　뜬구름은 아득히 햇빛을 가려 덮고,
長安不見使人愁.　장안도 안 보이니 남의 수심을 자아내네.

③ 古 詩
〈子夜吳歌〉　# 李白

長安一片月,　서울 장안에는 한 조각 달이 밝고,
萬戶擣衣聲.　하 많은 가정에는 다듬이 소리 요란하다.
秋風吹不盡,　가을 바람은 쓸쓸히 불어 그칠 줄 모르는데,
總是玉關情.　사람들의 마음은 모두 옥관(한나라와 흉노의 국경관문)으로 쏠리누나.
何日平胡虜,　어느 날에야 오랑캐(흉노)를 죄다 평정하고,
良人罷遠征?　낭군님은 원정을 끝내고 돌아올지?

〈滕王閣〉　# 王勃　※ 당나라 고종 때의 문장가. 이 시는 〈등왕각서(滕王閣序)〉 끝에 붙인 것이다.

滕王高閣臨江渚,　높다란 등왕각은 강가에 우뚝 섰는데,
佩玉鸞鳴罷歌舞.　허리에 찬 구슬 방울 울리던 노래와 춤도 그쳤구나.
畵棟朝飛南浦雲,　화려한 누각에는 남포의 아침 구름이 스쳐 날고
朱簾暮捲西山雨.　붉은 주렴은 저물녘 비가 내려 쳐놓았네.
閒雲潭影日悠悠,　호수에 비친 한가로운 구름은 날로 유유히 흘러가니,
物換星移幾變秋?　세상의 변천은 이럭저럭 얼마나 바뀌었나?
閣中帝子今何在?　등왕각에서 놀던 왕손들은 지금 어디에 가 있는지?
檻外長江空自流.　난간 밖 양자강은 하염없이 흐른다.

지은이 약력

1917년 강원도 양양 출생. 호는 설악산인
親京법정대학법학과 졸. 사학·국학·한문학 연구
부산혜화여자고등학교 교감 등 교육계 30여년 역임
보성고등학교 교사 역임

저 서
《국난사개관》《대무신왕》《진흥대왕》《왕건》《역대위인전집》
《삼국사기 이야기》 고등학교 한문 교과서 등
역 서
《삼국사기》《고려사》《명심보감》《격몽요결》《효경》
《동몽선습》《해동명장전》《동국병감》《징빙록》《해동속소학》

한문해석입문 〈서문문고 213〉

개정판 발행 / 1999년 3월 20일
개정판 3쇄 / 2023년 5월 20일
지은이 / 김 종 권
펴낸이 / 최 석 로
펴낸곳 / 서 문 당
주소 / 경기도 고양시 일산서구 가좌동 630
전화 / 031-923-8258 팩스 / 031-923-8259
창업일자 / 1968.12.24
창업등록 / 1968.12.26 No.가2367
등록번호 / 제406-313-2001-000005호
ISBN 978-89-7243-413-9

초판 발행 / 1976년 3월 10일 * 잘못된 책은 바꾸어 드립니다